名师名校名校长

凝聚名师共识
回应名师关怀
打造名师品牌
培育名师群体

语文情味

趋向审美的课堂

QUXIANG SHENMEI DE KETANG

肖梦华——著

中国文联出版社

图书在版编目（CIP）数据

语文情味：趋向审美的课堂 / 肖梦华著. — 北京：
中国文联出版社，2024.3
ISBN 978-7-5190-5463-2

Ⅰ.①语… Ⅱ.①肖… Ⅲ.①中学语文课—课堂教学
—教学研究 Ⅳ.①G633.302

中国国家版本馆CIP数据核字（2024）第060285号

著　　者　肖梦华
责任编辑　刘　旭
责任校对　秀点校对
装帧设计　刘贝贝　李　娜

出版发行　中国文联出版社有限公司
社　　址　北京市朝阳区农展馆南里10号　　邮编　100125
电　　话　010-85923025（发行部）　010-85923091（总编室）
经　　销　全国新华书店等
印　　刷　北京四海锦诚印刷技术有限公司

开　　本　710毫米×1000毫米　　1/16
印　　张　16.75
字　　数　292千字
版　　次　2025年3月第1版第1次印刷
定　　价　58.00元

序 言

语文到底是什么？一直不敢追问与回答。长时间以来，自己一直简单地以为，语文就是那一本本语文书，那一张张语文试卷。

1999年，大学毕业后站上讲台，被诸多教学改革，也被诸多前辈与后辈学生及家长裹挟着前进。讲课文，做试卷，讲试卷，改作业。把大部分的时间花在提高学生们的分数上，云谲波诡，战战兢兢。早已忘却了语文课文中，那一帧帧秀丽的方块字，那一份份诗性的人文关怀，那一种种感人至深的浪漫情怀……我与我的学生，在枯燥中煎熬，在煎熬中慢慢沉淀。

有一段时间，自己反复做一个噩梦，梦见自己溺水，梦中的自己很奇怪，竟然会游泳，但不管如何费尽气力，都无法游出那无边的水域。远处零落可见的几根稻草，似在嘲笑自己淹溺在那平静而深旷的无垠湖水中。

我得承认自己的孤独与无助。这孤独与无助不是偶尔泛起的与人交谈做伴便能驱散的自怜的矫情，而是一场旷日持久的与厌世的拮抗。有时觉得这太让人无力与绝望了，自己无数次想着，我该逃离我的课堂，逃离那令人窒息的语文课本。

2016年，我荣列省、市名师工作室主持人行列。面对二十几位充满朝气、眼睛里亮着光的青年教师的期待，深感责任重大。为了不至于把这一批前途无量的年青老师带偏，只能沉下心来，对自己从教近20年的经验与教训进行了整理。我与助手花费几天几夜讨论自己工作室的理念，最终找了一个很俗气但又很高大上的句子：阳光心态，阳光语文。本意就是，拥阳光心态，教阳光语文。

一是希望我与我工作室的成员，在心态上阳光健康。在很多人的眼中，有教学个性又有一点教学水平的语文老师，总是不太安分的存在。殊不知，不少语文老师承担了诸多本不是自己的工作，如撰写公众号推文、某个领导的讲话稿之类，再加上三四十岁的年纪，上有老下有小，家里琐事一地鸡毛，眼里揉不下沙子的文人小脾气，确实容易发发牢骚。所以，心态阳光，成了我们中青年教师的人生必修课。

二是希望我与我工作室的成员，能在如阳光般温暖的语文中得到治愈，治愈我们一身的焦躁和恐慌。那些日常细碎的美好、回忆、感慨或反省，能为我们现实世界中的负重前行找到其意义，给予我们的努力和坚持一个合理的归途，也给予一切失败、怀疑、痛苦以最深的慰藉。轻与重、爱与痛、美好与残酷、坚韧与脆弱、永恒与瞬间、光明与黑暗，都是生活的一部分，也是语文的一部分。作为语文人，最最珍贵的，就是那些看似涓涓细流的努力和坚守，不一定最终把我们带向水到渠成的终点，但正是这份努力和坚守，让我们每一天都能从疲惫的状态中跳出来，抬头看看灿烂的星空，然后，有力量继续带着我们的使命在这个世界中走下去。

是的，语文是一束阳光，我们要有能力触摸到文字的温度，感受着生命的真实与力量，并把这份真实与力量一代代传递下去，让这世界因语文的存在、因语文人的存在，多一些温暖与感动。因为，四季轮回，树枯草长，唯阳光不变，它一如既往地灿烂、温暖，一如既往地带给我们无边无际的感动。

是的，语文是一束阳光，从不为人设限，总是静静地待在那里，新生—成长—枯萎—再次新生，等待与我们内心涌动的万千情感产生自然的碰撞与连接，然后，在与我们沉默的对视中给予我们拥抱、理解、启示和前行的伟力。

生命短暂，随波逐流并不困难，但我笃定初心可贵，不懂曲折，只愿顺应内心的自在做一个温暖而又有趣的人，过自己想要的生活。虽然一定会遭遇期待与现实僵持不下的困局，但是我却坚信，语文这一种阳光，总会伴随着我的一生，永远在我身侧。

肖梦华

2023年7月14日

目 录

第五章　案例：触摸语文柔软的文字

经历：所有过往
皆为成长

己何其幸运，求学期间，所遇的语文老师均为良师。他们一个个把"语文"这颗种子，不知不觉间，投射到我的心灵，生根，发芽，最终长成一棵浓荫蔽日的大树。可以说，是他们或多或少地影响了我从教语文的选择，也是他们，浸润我太多的故事，让我有了今日的成长。

自己又何其幸运，作为一名语文老师，所遇的学生可爱良善，他们包容了初上讲台时我的迷茫，包容了一段时间内自己的急功近利，在一节又一节看似平凡实则极不平凡的语文课中，彼此感受到了"语文"这两个字的神奇力量，丰润了一场又一场流年的怀想。

我和我的语文老师

一、我当初的语文选择

所有科目当中，自己一定是最喜欢语文的。所以当年高考填写志愿，我选择的所有院校与专业，都是师范院校的汉语言文学教育，无一例外。

很有意思，当时倒不是真的想当老师，而是知道自己考得不怎么好，而当时所有的院校中，师范院校的录取分数线是最低的，甚至听说每个月还有点补贴，基于当时的家庭确实贫困，这也成为我选择专业的一个很重要的几乎是决定性的因素。

此外，我特别害怕数学，从小学开始对数学就不感冒。犹记得小学四年级的时候发生的一件事。当时，教我数学的是我们学校的校长，对我们特别严格，对我尤为严格，因为当时我还算是个"尖子生"。于是，在一次学校组织的四、五年级数学竞赛中，我作为班上的种子选手参赛，只是，没有经过训练的我拿到试卷傻眼了：几乎没有会做的题。

试卷的内容我已没有了任何印象，只记得自己是流着泪出来的。分数出来后，30来分吧，分数低点估计也没有关系，最麻烦的是班上五个同学参赛，我竟然是最后一名。于是，我的数学老师——李小英校长在班上点名让我站起来，说："中午饭你别吃了……"本是一句玩笑，可自己当时是拿学校老师的话当圣旨的，更何况是校长的话，然后，我真的没敢去吃饭，一直饿到下午。

这件事对我的直接影响是，以后所有的考试中，我特别害怕与数字相关的一切东西。从小学到初中再到高中，数学一直是我的梦魇，让我战战兢兢，近乎求神拜佛。高考选择志愿，我就悄悄问过师兄师姐们："大学哪个专业可以不用学数学？"他们特别慷慨地告诉我：语文，大学的中文专业，除了书的页码是数字，其余一切都与数字无关。拿到录取通知看到确实是汉语言文学教育专业后，我感觉自己都要飞起来了。

二、我的启蒙老师

（一）对启蒙老师的深刻印象

其实，喜欢语文肯定也是受自己的语文老师的影响。最为重要的是我的启蒙老师——温凤生老师。

小时候，我很怕他，怕到听到他的名字就打颤，是真的，一点都不夸张。

很多小时候的往事都忘记了，忘得干干净净，除了八九岁的时候那次差点要我命的大病（高烧，满眼都是七彩的线条，一直晃动；好像半个多月说不出话……）但记得清清楚楚的是我小学一年级时的一件事。

我的小学一、二年级是在自己的村小读的（现在应该叫教学点）。一共7个小朋友，其中一年级4个、二年级3个，还有老师1个，既教语文，也教数学。一年级上课，二年级的学生则转身背向黑板，反之，二年级上课，一年级的我们就转过去做我们自己的作业。对了，我还记得我们的黑板烂了一个角，好多年都没有修好。

记得清楚的是那样一件事。一年级，学完拼音后开始学汉字，几个词组组合，算是一篇小课文：北京，天安门；我爱北京，我爱北京天安门。老师布置任务，让我们在放学前要背出来，背不出来就不能回家。

我没有背出来，无论我如何努力，都背不出来。于是，我不能回家。我的"学校"是村子里的一个破庙，周边到处都是坟茔，我的课桌（一张八仙桌，其实是供祭祀用的台）上方的神龛里供有一个倾倒了多年、面目狰狞的塑像。

我一个人就在这样的环境中待着，从下午放学待到太阳下山，直至夜幕降临，但老师没有发话，我不敢回家，即使我妈妈打着火把来接我，我也一直坚定地认为，老师还没有告诉我可以回家，所以我不能回家。再后来，我的表姐（我老师的爱人，她是我姑的女儿，而表姐又是我妈的养女，所以我的老师也是我的表姐夫，当然也可叫姐夫，或许正是这个原因，我的启蒙老师对我特别严厉）和我妈妈一起来接我，我依然坚持，不能回家……

这件事给我的教育是，以后背书要专心点要快点，否则就要留堂，就要留在这样一个特别恐怖的地方。于是，在一、二年级，我成了背书最快的那个人。表姐夫特别高兴，全然不知道我之所以背这么快的原因是那样一次让我痛苦的、至今难忘的经历。

时间过得挺快的，转眼就是二年级末，眼看着就可以脱离老师的魔爪。特别是，老师明确告诉我们说，期末考试是全乡抽查统测，谁每科均考80分以上，就可以升级。我暗暗下定决心，一定要考80分以上，升上三年级，去了完小（完全小学），就不用跟着现在的老师学习了，就不会挨骂，不会挨打，也不会有那恐怖的留堂了。

那年的抽测，我的语文数学两科成绩都超过了80分，记忆中好像在乡里的排名都挺高的，老师特别高兴，以至于后来有风声说，要把我的老师调去完小……我当时还傻傻地问，是用钩子"吊"吗？

老师没有被调去完小，我正松口气觉得自己终于要脱离魔掌获得自由，没承想，我的表姐夫、我的语文老师食言了，竟然让我们4个二年级的小朋友全部留级，理由是一年级之后的那一届，没有新生入学。我们升上三年级，一年级升上二年级，就没有了原来一年级的学生。然后"学校"就要撤并。于是，我和我的另外三个小伙伴，又莫名其妙地多读了一年二年级。

我在家里不肯去上学，哭。但我的语文老师直接抄起我，扛在肩上，非常夸张地把我扛去了学校，从村头扛到村尾。我屈服了，不屈服也不行啊，我家，我们村所有人都听老师的啊……

所幸，我没有逆反，虽然千般不愿万般无奈，但书还是在认真地读。只是我的语文老师身体不太好，这一年的绝大部分时间，都由我们村子里的另一个青年代课，所以后来倒没有吃什么苦。

三年的启蒙生活，就是在这样的紧张、害怕中度过的。当然，也有开心的时候，那肯定是放学后几个小伙伴跳梯田，就是学校外一排排的梯田，我们从最高处，一个一个往下跳。现在想起来，那时真的是不怕死啊，因为一些梯田有一层楼那么高，我们也是毫不犹豫地跳下去……

再记起的一件事，是第二次二年级的统测，我们几个小朋友被送到完小集中考试，语文的作文是写一篇观察日记。当时发生了一件很搞笑的事情。许多学校的语文老师在期末之前都会整理出一个叫复习提纲（实是讲义，复习资料）的东西，其中就印了几则日记的范文。不过，印的是"上学日记"，说有一天去上学，结果在去上学的路上，看到一头牛在吃人家的禾苗，然后就放下书包，下田把牛赶走，结果回学校的时候就迟到了，老师知道了学生迟到的原因是做好事后，不但没有批评，还表扬了"我"……多好的范文！描写细致，情节反转，还有"师慈生孝"，妥妥的美文啊。然后，当时的统测，所有二年级的小朋友都"赶牛"了。就我一个傻乎乎地写了一篇：我看见一只老鹰把我家的老母鸡抓走了。记得特别清楚，老鹰的"鹰"字我还写错了。结果，我出名了，因为一次意外的作文（当然，如果我当时也有复习提纲，我肯定也去"放牛"了）。

这次的经历，让我忽然找到了学习语文的兴趣点：作文。写好了作文，会有好多人用佩服的眼光看着你。而写好作文的诀窍是会讲故事而不是会背故事。于是，我一头扑进课外书中（所幸，我的堂兄潮州，也是一个特别爱看书的伙伴，从他那儿，我借到了很多很多书，小学、初中甚至高中的书），也真的慢慢地，从怕语文、渴望以脱离老师的方式来"认真"读书到真正喜欢语文而乐在其中，或许就是从这一次的"作文事件"开始的。

（二）启蒙老师的其他技能

其实，特别要感谢我的启蒙老师——温风生老师，他是我遇到的所有老师当中，最最让我感动而又敬佩的人。可以说，他在我人生中的指导地位无可撼动。不只是他对我的严厉看管让我不至过于顽劣而"长偏"，更重要的是，他确实是位超级热心又近乎全能的人物。

你能想象得出他其实还是个医生吗？村子里180多口人，谁有个大病小灾的，不分昼夜，随叫随到，神奇的是，还真是药到病除，几无差错。家乡是个小山村，村子里也没有医疗点，卫生院在离村子十几公里外的镇上，没有车，步行需要好几个小时，更遑论去20公里开外的县城了，所以，有这样一位神奇的"医生"对我们来说是多么幸运的事情！同时，他长期在这个村子里任教，从我大哥至我小妹，再到我大哥的儿女都是他的学生。现在整个村子里的青年全是他的学生，你可以想象他的威望有多高。

嗯，对，他还是村子里唯一的兽医。家家户户都养猪，却没有任何人指导，反正猪就吃些米糠、剩菜剩饭或者番薯藤蔓啥的（小时候的我们所做的事情除了放牛、砍柴，还有一个任务就是打猪草），算是顺其自然而长（"照猪养"是不是因这而来？）一旦猪生病了，几乎就束手无策了。这时候，我的老师又闪亮登场……

他的威望，他的全才，再加上家家都有小孩儿是他的学生。于是，他有了另外一个"职业"：家庭矛盾的调解员。谁家与谁家吵架了（印象中，乡民虽纯朴，但吵架却真不少啊，比如你家的牛吃我家的菜啥的），有什么难断之事，自然由他来秉公处理，双方还真就服气。

此外，他不是村组长（以前叫生产队长），但大多的村干部或乡干部下村组都愿意在他那儿落脚。写到这儿，忽然发现，自己的启蒙老师当初是多么的"不务正业"，若以现在的标准来衡量，他还能算是一个老师吗？你看，有老师趁没返校兼职送个外卖都躲不开口诛笔伐的。

但我知道，我的老师——温风生，在当时的田埠乡，甚至整个宁都县城，都算是一个特别优秀的民办教师。文明村那么多个自然小组，我们小组走出的大学生最多。自豪的是，我们这些走出来的大学生，无一例外都曾是他的学生。更何况，在我还是二年级学生的时候，他的事迹就登过报纸、上过新闻。直到今天，他早已退休安享晚年，但依然在为村子里的事情四处奔波，就在上周，还跟我打电话说，有人迁厂要写几副对联，让我帮他把把关看看。他就是这样一个热心的人，而我对他的感谢与敬仰，早已超出"语文老师"这一概念或者说范畴了。

所以，每一次整理自己的个人档案，若遇到需要填写自己经历的时候，我都会在证明栏中，以无比认真的态度郑重地写下"温风生"这三个字。

三、懵懂的三年级，模糊的语文老师印象

进入三年级，想象中的解脱并没有如期到来，感觉每一个老师都很严厉，全是"不能""不要""不可以"这些命令式的要求。

三年级这一整年，我竟然印象最少，绞尽脑汁，也想不起多少。对了，语文老师姓李，名良华，与我三哥同名，也是个经验特别丰富的老师。不过，他的语文教学风格是啥，真记不住了。头脑里留下的仅有两个场景：

第一个场景是一天午饭后，当时没有午休，好动的我们到处玩。我与我的小伙伴温光新跑去村子里的一条小河里抓鱼。真的是抓鱼啊，一条条追逐，全然忘记了时间，当时又没有手表之类的东西，只是凭感觉好像要晚了，要回学校去上课了。结果可想而知，我与我的小伙伴迟到了，迎接我们的，就是我的语文老师兼班主任李老师。

现在已然忘记李老师当时的眼神，但他对我说的话，依然清晰，他用特别

怪的语气，拖长了声调叫我与我伙伴的名字（连名带姓），然后问："你们抓的鱼呢？"教室里哄堂大笑。无法想象，这一句并不涉及责骂也不涉及讽刺与挖苦的普通询问，却让我记了这么多年。

自那以后，从三年级到初三，我再没有任何一次迟到的记录！特别是初三的时候，周日补课，那时周六半天是正常上课，我周六下午回家，周日早上再往学校赶，我家至田埠中学十几公里的路程，早上七点多上课，我竟然也不会迟到。好怀念那时冒着星光，走一个多小时天才大亮的上学的日子。

第二个场景是李老师对一些学生违纪问题的处理。他特别喜欢拧我们男生的耳朵，有人违纪了，而违纪的事情又恰恰是他刚刚讲过的，此时的李老师就会把人拎起来，慢慢地说："你听清楚了吗，你真的听清楚了吗，你的耳朵用来干什么用的？"一边说，一边转动着手，直到把耳朵转个圈，我们只能咧着嘴承受着。而对于违纪的小女生，特别是对于那种闹小矛盾、发小脾气、发生口角的女生，李老师的处理办法简直绝了：直接把两人的书包带子打个死结，让彼此慢慢解开，并且说："下次你们还不和好说话，就把你们两人的头发绑一起……"我们一直很期待这个画面，只可惜，直到我升上四年级，都没有见着。

觉得真对不起李老师，写了这么多，竟然记不起他任何跟语文相关的事情，但我能肯定，他——李良华老师，是我三年级的语文老师。

四、四年级：为我打开了语文这扇窗

不得不说，自己是幸运的，总能遇到对自己不错的优秀的老师。四年级，我的语文老师是曾勤。曾老师是一位退伍军人，却未见其军人的威严，印象中他特别特别和蔼，与前面的几位恩师相比，此时的我，才真正体会到了什么叫"如沐春风"。

或许是当时的国际形势的原因，又或许曾老师曾是军人的原因，也或许是此时的课文有太多革命故事的原因，不知不觉中，课文故事性越来越强，不再是猴子捞月亮或者摘玉米啊，小蝌蚪找妈妈或它妈妈坐水井里看天啊，小猫钓完鱼又"种鱼"把鱼埋地下啊之类的。说实话，生在农村，长在农村，看过太多的动物，甚至也抓过一些小动物，有那么笨的猫、那么笨的猴子吗？我可是亲眼所见老鹰如何凶猛地把我家的老母鸡给抓走。这不侮辱人智商嘛。

四年级的课文画风突变，革命故事一个接一个。印象中的《董存瑞舍身炸

7

碉堡》《草地夜行》《狼牙山五壮士》啥的，那叫紧张激烈、扣人心弦，从曾老师的嘴里讲出来，绘声绘色。这才叫语文啊，这才是我想象中的语文啊……我感觉我发现了新大陆，也就更加认真地学语文，看课外书，去老师那听故事，也写故事啊。记得一次期末考试，作文题是啥我忘记了，写的内容我却记得很清楚，我大笔一挥，天不怕地不怕地写了个：开枪，为他送行（嗯，这是部当时看过的电影，可百度，真有这电影）。

最主要的是，这一年开始，新来的李小英校长为了狠抓教学质量，要求从四年级的学生开始住校，说是住校，其实就是白天是教室，到了晚上把桌子搬开，铺张席子就当是床，十来个男生并排睡着（印象中女生没住校，或者说，她们不参加升中学考试，所以不用住校，五年级有两三个女生住校，只是当时我们把"阶级"分得特别清楚，男女生之间绝对不说话）。令人感动的是，曾老师也跟我们住校，他住他的办公室，和我们在同一层楼，也是既办公，又打地铺。只是每次临睡前，他竟然来给我们讲故事，书上的故事、他当兵站岗的故事……这可是现在小孩睡前听父母讲故事的待遇啊，这可是我从来没有听到过甚至无法想象到的东西啊。

就是那个时候，曾老师为我打开了语文这一天窗，让我感受到了语文之内以及语文之外的许多美好的东西。我从他那借过《格林童话》，那是我第一次也是唯一一次从语文老师那里借书。每次去办公室，曾老师就会问我：看到哪个故事了，有啥感受啊，讲讲啊……

你说，我的语文成绩能不提高吗？更何况，那时我是真讨厌数学呢：啥一边放水一边进水啊；两工程队分开做，单独做各多少天完成，现在一队先做然后二队做，最后两队合作一起做，问多少天能完成啊……出题的人一定是疯了！

有一件小事，我不知道现在如何评价，但在当时我特别感动。

我的数学老师——小英校长刚来学校，第一个改革是让我们住校，第二个举措是各科要有竞赛，如我前面所写的数学竞赛。语文也有竞赛——毛笔字比赛。我爸的毛笔字极好，但我真的没有学过，只能是比赛前现学。没想到，竞赛我居然拿了三等奖（第三名，总共就奖3个人，6个小朋友参赛）。第四名的一位姓陈的同学提出异议，说我写的字没有他写得好，为什么我能获奖而他不能，要求当场对证。于是，我的字与他的字被拿出来做比较，写的内容我都还记得，一句古诗"路遥知马力，日久见人心"，我自己承认，我的字远不如他的。是真的，我现在还记得当时的心情。结果，曾老师硬是把他的字批得一无是处，啥笔力、笔锋啊，框架结构啊，甚至说某个地方用墨太深啥的。现在才发现，竟然还可以有这样的操作啊！

语文老师的妙处就在这，现在我也是语文老师，也深得其精髓：一篇作文说你50分，我能找到五六条你无法辩驳的理由，说你40分，我甚至能找到五六十条理由。

不过，这件事也给我带来了后果，陈姓同学显然心有不服而又不得不"服"，于是有一天中午，他把我放在蒸锅里蒸的饭给吃了，害得我又饿了一餐（这里解释一下，当时我们每人带个口盅、饭盒或小钵子啥的，自己放米，加点水，放在一个热气腾腾的锅里蒸，到吃饭时间，就找到自己的饭吃，因为我们住校啊，没有住校的学生，就用饭盒自带，吃冷饭）。我想，这位陈姓同学肯定看不到我写的这个小文章，但这件事一定还停留在他的心里，不知道会不会因为这件事，让他没有了再读书的愿望，或者记恨于我，或者记恨于我的语文老师。因为他吃我饭这事，我去老师那儿打小报告了，他又被狠狠地批了一顿。

往事啊，想起来的，没有想起来的，不觉间对别人的伤害，或者不觉间别人对自己的伤害，有些过去了，有些可能永远也过不去了。

五、怀念儒雅的李林生老师

对五年级的语文老师李林生老师，我本应该大书特书广为赞誉的，因为他在教学上实在是太优秀了，长期在五年级任教毕业班，可以说是我们学校语文教学的实力担当。每一个小孩或小孩的家长，都渴望着升到五年级毕业班，遇上林生老师，语文就有救了，甚至数学也有救了（他是五年级毕业班的班主任）。只是无论我如何绞尽脑汁，也想不起多少他的故事。所以，昨天我"缺更"了。特别惶恐，头脑中只有一位亲切、儒雅还长得有点清秀的青年模样的老师。这些模样，或许还只是因为我升上初中、高中甚至考入大学的时候，每每回家，总会路过林生老师的家，若有幸碰到，没等我开口喊人，他早已大声喊出我的名字，那惊喜的表情让我觉得特别温暖，然后简单几句寒暄，余下的就是他对我的殷切期望……只是，由于身体原因，李老师英年早逝，也让我痛失了一位值得我尊敬的师长。

他的语文教学能力一定是极好的，也是我们学校公认的，这种公认，不只我们学生，也包含学校里所有的老师。他还是第一个由民办老师通过自考考进师范研修然后自然转正为"公办教师"的人。

只是我确实记不住他上课时的样子，也记不住上课的时候他给我教了些什么，一切太模糊了。深层次想想我又释然了，或许是老师他太优秀吧，在教学中或者相处中，几乎没有犯错啊，我们学生记住的，往往不是老师哪篇课文讲得好，而是他啥时候犯过什么错、闹过什么笑话或者给过自己多少伤害，又或者给过多少超出平常的关爱。

他不犯错，而且儒雅的他自然不会带给我任何伤害，不要说我，我敢说，班上所有的学生，不管成绩好的还是不好的，都不会有他给的有意或是无意的伤害。同时，他也没有给我超出平常的关爱，因为到了五年级，班上总考第一的那个人已不是我了，而是我的同桌，一个李姓小女生（后来一直与我同班至初三，考上了师范，现在在宁都县机关幼儿园，已是专家型的教师），还好自己心态不错，不至于妒忌或羡慕，反而觉得自己确实不如别人，然后就暗暗咬牙努力。

只是，我的小妹，还有我的侄子后辈们后来跟我说，我毕业离开后，林生老师常会拿我来举例，劝勉他们要努力学习，还偶尔会拿我写的一两篇作文给他们读读，说写得极好什么的。只是，这些作文，我自己都没有什么印象，甚至怀疑它究竟是不是我自己写的。

唯一的印象是毕业的时候，竟然有一个叫"茶话会"的活动，大家把桌子搬开围成一个圆，学校的饭堂破天荒地给我们烧了热水，真的放上了茶叶，每人装上一口盅，桌子上还有几颗糖，一些本地的炒好的葵花子。吃得正是兴奋的时候，李老师的一番话把我们弄哭了，他说了好多深情的话，还说，"你们要一颗红心，两种准备"。当时我们难以深刻理解这话的含义。到了第二天，好几个不准备小升初的女生不再来上课，教室里一下子空了不少，我忽然理解了"两种准备"究竟是什么意思。于是，我们一下子长大了不少，自觉地拿起书本，再也不用老师来督促。

结果是好的，16个学生参加考试，15个如愿升上了初中，按如今的方法统计，升学率高达94%，这在当时，应该少有学校能够达到吧。还有我与其他三位同学考进了重点中学的重点班，这好像也是我们这样一个极小的自然村在参加这么多次升学考试中考得最为出彩的一次。

只是，现在想起来，我的那些个同学，除了一起升上重点初中的三位，以及个别沾亲带故的，其他同学在小学毕业后我就没有再见着。还有好些，从三年级至五年级共三年的时间里，甚至一句话都没有说过（男女生之间绝对不说话，只要一说话，就一定会有人传出"耍朋友"之类的话，那时的我们把"耍朋友"当成是奇耻大辱）。我那时的班，总共就没超过30人啊。

所以，就算现在偶然在街上遇到，也肯定是擦肩而过了，运气不好，或许还会因为一些小矛盾而大打出手。因为头脑中已没有了任何影子，连名字都无法想起来了，就好像没有存在过一样。伤感啊！

六、回忆我的恩师胡茂今先生

升上田埠中学初一之后，有幸成为胡茂今老师的弟子。胡老师是田埠中学的语文科组长，年纪稍大，但饱读诗书且学识渊博，在初中语文教学这一领域深耕多年，教学水平之高绝无异议。但胡老师上课一本正经、不苟言笑，印象中我就没见他笑过。当然，他也不发怒，初中三年时间里永远都是一个表情。我的很多同学或许不太喜欢这一类老师，只有我如鱼得水，这种几乎没有废话的语文课堂，我听得津津有味。

胡老师身体也不好，最典型的就是瘦，语文书上的鲁迅先生的那个画像，我甚至感觉是仿他而画。为什么先生如此之瘦，听他的儿子愈亮（我初中三个死党之一）说，先生曾做过一个胃切除手术，所以吃得少，当然也长不胖。

先生对我的好太多太多，实在无法数得清。不知道为什么，我在上学时期遇到的所有语文老师，都对自己关照有加，这也让自己在初中三年时间里，数学英语成绩几乎挂得彻底，唯有语文这一科的成绩还在咬牙顶住而让自己不至于崩溃。

初一住校期间我第一次生病，毫不例外是在三更半夜，记得那时还是脑炎流行的季节，发烧、咳嗽、乏力，我吓得一直流眼泪。先生搀着我的手走，路上没有灯，一片漆黑，我们也没怎么说话，整个过程他好像就对我说了一句："没事，打一针就好。"结果，打了一针，我第二天就完全好了，因为自己腼腆，害怕与老师交流，甚至都没有跟老师说声谢谢。

在先生的影响下，我更加喜欢作文，一是先生老是拿我的作文在班上读，二是他给我推荐了一本杂志，名字就叫《作文》，是河南的一份月刊。尽管家里贫穷，但我愣是连续订阅了三年，甚至到了高中还订了一年多，后来发现内容越来越幼稚才作罢（去中国知网搜索了一下，这杂志依然活跃着，特别亲切，也着实难得）。现在回想起来，头脑里几乎还有一个特别温馨的画面：先生把十几本《作文》杂志轻轻放在桌子上，眼光往班上一扫，右手一个侧面一个侧面慢慢地转动粉笔盒（这是先生的小动作，三年没变，不知道我亲爱的其他同学有没有发现），然后叫一下我的名字，一本最新的杂志就到了我的手上。十几个同学订阅这一杂志，但我的名字永远都是第一个从先生的嘴里喊出来的。

我从大山来到乡镇，已不再是班上的那个成绩佼佼者，按总分算已是班上中等偏下，也不太敢与班上的其他同学交流，班上好像天然地分成了许多派别，"城里的""乡下的"还有我这种"村里的"。同时，又以座位分派，前面的、中间的和后面的。我不擅交际，朋友不多，话也不多，上课几乎不敢主动回答问题。唯有一次，先生说了一个词语，他说是形容对一个人佩服到极点的成语，哪个同学知道？我心里说，"五体投地"，先生好像看出了我的心思，点名让我站起来，结果我站起来后，紧张得连脸都红了，又怕自己的答案是错的，于是我结结巴巴地说我不知道。

下课后老师找了我，告诉我说胆子要大一些，以后要走向社会呢，说错了也没关系啊，然后让我多参加一些学校的活动，接着，就通知我去听团课，再过一段时间，我成了班上第一批入团的学生。而我的同桌，成绩比我好，好像还是班干部，反而没有入上团，同桌说老师对我偏心，还跟我吵了一架，差点与我断绝关系。

感谢茂今老先生的原因还有一个，就是他对我生活上的照顾。或许是我与他的儿子关系极好的原因，他经常把我叫到他的宿舍与他的儿子一起吃饭，而且总会给我准备些菜，当然，那个时候，往往以青菜为主。但对我来说，这无异于雪中送炭。

现在，我也是老师，教过初中好些年，但是说实话，我没有像老先生对我那样的耐心及爱心来对待我的学生，我总觉得，初中的那三年，老先生一定是把我当儿子对待，虽然我这个"儿子"成绩并不怎么出色。

毕业的时候，当时我们流行写毕业留言，班上的同学在一个小本子上写些毕业后的祝福，留个联系地址，还认真地贴上照片。我的毕业留言册的第一页上，是先生特意给我的留言，他用隶书一笔一画端端正正地给我题了一首诗。只是，这么多年过去了，这首诗我只记得第一句：生花妙笔握一支……更让我感动的是，他还特意去洗了一张一寸黑白照片，把它也端端正正地贴在右下角。只可惜，这些珍贵的东西（包括我一直到大学坚持写了十几年的几十本日记）本被我整理好了放在一个箱子里藏在床底下，但老家无人居住多年，等我回家准备整理时，发现这些宝贵的记忆已全被白蚁果腹。所以，我只能遗憾，无法记起先生给我拟写的全部留言。"生花妙笔"，这是先生对我多么高的期许啊。

感谢恩师茂今先生，让我对语文一直保持着信心、兴趣与敬畏。我初中三年，用了近一半的时间学语文，也看市面上买得到的借得到的所有书籍，记得自己把初中的六本语文书翻到烂熟，要背的课文和不要背的课文，我一律背完，甚至习题的题目都能背下来，可以说，语文书上所有有字的东西，你说上句或上一个词，我一定能给你说出下句或下一个词。这是对语文有多深的痴迷啊。

所以，初中时，我有幸代表学校到县里参加语文基础知识竞赛，与真正的"城里人"一较高低，再代表宁都县到赣州市参加决赛，还获得了二等奖。这些，都是因为老师对我的影响与教诲。

还记得一次作文，我忘记了题目，但清楚地记得我所写的内容，我是流着泪把我家的困难写进作文去的，我的父亲身体不好，还有两个哥哥和一个妹妹在读书。那时又正流行"读书无用论"，我天天想着要不去"科学养猪"吧（订的杂志、报纸各个边角，好多这样的广告，说三个月可以出栏，养猪致富啥的）。老先生这次没有读我的作文，而是在文章末写了好多好多的鼓励的话，记得其中就有："吃得苦中苦，方为人上人。"要我咬牙坚持，"守得云开见月明"。

所以，我写这篇小文章的时候，用的标题是恩师茂今先生。老师对我有恩，既教我知识，也一直鼓励我让我前行。他说，在生活中，我们也许不是主角，可能永远平凡，没有背景，也没有光环，但可以挣扎啊，用力挣扎，也许就有了出路。至少挣扎过，我们也没有什么遗憾了呀。又说，随着时间的推移，一切都会过去的，明天一定是崭新的一天。这些话，在我之后不断挣扎、颠沛流离的人生中，给了我多少安慰啊！

所以，从初中开始，受恩师的影响与鼓励，我在我的所有本子上、书上写下了我的座右铭：尽力而为，不成功那是天意！这一座右铭，影响我至今，也正在影响着我的许许多多的学生！

七、儒雅的学者：谢力耕老师

确实没有想到，初中我也要读四年。自己不是一个特别优秀的学生，到了初中尤为明显，成绩一落千丈，主要是思想也出现了些问题。受当时一些"读书无用论"的影响，到初三的时候，心态已发生了一些变化，总想着也许不读书就可以给家里省点费用。所以，在升中考填写志愿的时候，我毅然填报了"中师"，也就是读师范，想着考上"中师"就能早点出来工作，倒没想过一定要当小学教师。只是自不量力，高估了自己的实力。其实班主任胡茂今老师曾劝过我，让我报高中，说有机会读大学，但我一意孤行。那一年，也算自己倒霉，中考进行了改革，"中专""中师"和"重点高中"这三类志愿为第一志愿，只能选其一，然后是普通高中和职业高中。

中考成绩出来后，我距离中师的分数线极远，虽然超过了重点中学——宁都中学的录取分数线，但我读不了，要命的是，退到第二第三志愿，竟然连普通高中、职业高中的分数线也没有达到。毫无预料，我就这样中考落榜了。

于是，我再次回到田埠中学回炉读初三，遇到了新的语文老师，也是我的班主任——谢力耕老师。

谢老师也是属于学者型的老师，教学风格与胡老师相近，倒是可以无缝对接。但谢老师比胡老师健谈，笑容也多，更立体，所以课上得极有感染力。

但同样，我已记不起谢老师上课的更多情形，好老师或许都是相似的，不枯燥不沉闷，而老教师估计也都是相似的，没波澜也未见得有多少精彩。就这样，不疾不徐，如水一般那平淡的日子缓缓流过。

显然，在这个班，我的作文受到了我上学以来最严重的"挑战"，谢老师读我的作文不多，读得更多的是班上另外一位名为"陈老六"（真名忘记了叫什么，只是大家叫他老六，记得他姓陈）的作文。同时，已经学过一遍的课文，对自己的吸引力也不够，至少缺少了那一份期待。所以，自己对语文的学习，已没有了以前的疯狂。当然，这并不等于我的语文成绩不好，中考的时候，我79分的语文成绩好像还排到了全县前几名。而我的总分是当年全县的第二名，548分（总分600分，除了生理卫生满分30分，好像好多科都几近满分吧，因为语文79分，政治及数学好像正好90分），这个分数好像是我们中学建校以来最好的一次吧，只是，倒霉的中考改革第二年啊，所有的补习生不能报读第一志愿，于是，我用疯狂的几近满分的成绩，去乡下读了一年普通高中，而如此之高的成绩，也无法给自己的中学或者自己的班主任谢老师，带来任何一点荣誉。

所以，到学校看分的那天，我第一次踩自行车，到了学校拿到了我的分数，我的班主任谢老师竟然不在学校，然后学校的领导让我踩单车去距学校六七公里远的谢老师家里喊老师回学校。那段路我记得，因为我摔倒了五六次，回到家都鼻青脸肿了。

那一年"回炉再造"，却有其他的事情让我印象极为深刻。班上我是外来者，虽有几个好朋友（他们是初二留级，所以也与我同班），但当时自己也不擅于交际，腼腆、胆小还有些许的自卑，所以与整个班还是格格不入。只是没想到，当初的数学老师或许对某位女学生过于关爱，引起了一些同学的不满。有一天早上，教室后面的男生突然爆发出一阵起哄声。城门"失火"，殃及我这条"池鱼"，于是我与后排的几位男生一起，被数学老师拎到教室外操场边上罚站。操场边是一条小河，周边是农田、旷野，那天极冷，不记得是下雪还是下好大霜，记忆中的那个早晨，满眼都是白茫茫的一片，然后我们几个男生在寒风中被冻得瑟瑟发抖。

最可恨的还不是对我的这次体罚，而是数学老师对我的一句评语，我至死不忘，他说像我这样的"回炉生"，就是"老油条"，再怎么学也不会有什么出息。

今天回想起来，忽然觉得，自己应该能够原谅我的数学老师。自己如今也是老师，或许也会偶然间说出随意的话深深地刺伤我的学生而让他们在以后的生活或工作中负重前行。因此，我一直以此事为戒，告诉自己，不把自己所受的伤害再加到我的学生身上去。

八、高中语文：才华横溢的陈金昌老师

其实，我不太愿意提及高中的语文老师，甚至都不想谈及自己的那段高中

生活，或许为了结尾而结尾吧，把故事讲完，给自己一个交代。

我就读的高中学校是宁都县长胜中学，现在好像改名为"宁都县第四中学"。学校极小，交通也不方便。我们乡到学校每天只有一班客车，且还是天没亮就出发的那种。到半路下车，然后再转。最初的车是汽车队经营，好像叫"公家车"，所以人一满就走，中途更是不让客人上车。可苦了我们这些要中途转车的学生，往往那后面的近10公里路，全靠自己的双腿。

我的语文老师陈金昌竟然是我的田埠同乡，所以觉得特别亲切。同时，陈老师刚从赣南师范学院毕业（以现在的话来说，他竟然是我的师兄），正是对自己的"事业"充满热情的时候。

科班出身的他专业素养极高，人不高，但短小精悍，声音特别洪亮，粉笔字十分漂亮，更为重要的是，他有不同于前面我所遇到的所有语文老师的教学方法。所以提问特别多，讨论也不少，还有很多年后才比较流行的"先学后教"。

我是语文科代表，是自告奋勇要当的。记得要上《记念刘和珍君》这一课时，陈老师让我这个科代表先征集同学们自学中遇到的所有问题，然后归类，再交给老师上课时集中处理。我收集的问题写满了几张纸，有60多个，有些问题甚至涉及：题目中的"记念"为什么不是"纪念"；刘和珍是女的，为什么用"他"；明明这事刚发生没几天，作者为何在开头要郑重其事写"中华民国"……好多好多，因为这是第一次有老师放手让我们发问。我几乎把我不懂的地方全部列了出来拿去问老师。这篇课文，陈老师教得酣畅淋漓，而我也在老师那极有节奏的语调中，真正认识了一个人，那个人叫"鲁迅"。

印象深刻的还有老师上《荷塘月色》这节课，当讲到"亭亭的舞女的裙"的时候，我们问老师，荷叶怎么会像"舞女的裙"呢？老师没做多少解释，竟然在我们一眨眼间，就用粉笔在黑板上画上了舞女及舞女的裙摆。后来，我们又见识了他一两笔就画出孙悟空、杨玉环等。直到今天，我给刚入职的青年教师做岗前培训时，都会想起陈老师，想起他那超出语文范畴的绝活：简笔画。

只是，美好的东西总是短暂的，高中三年，我们过得一塌糊涂。先是英语和数学老师（一对年轻的夫妇）与学校发生矛盾，结果气盛的数学老师把学校煮饭的锅敲碎了，那一天，全校师生没有饭吃，然后发生了用卡车把全镇的馒头拉进学校的壮举。更糟糕的是，我的数学老师和英语老师，我自认为能拯救我的两位极具才华的老师，一气之下辞职去了中山。然后，我的数学是历史老师教的，而我的英语是地理老师教的，这绝不是一句戏谑。

语文老师在我上高二的时候，也失去了他的教学激情。或许是我们这些学生太过让他失望，也或许是学校的一些做法让这一批青年才俊失去了信心。然后，他也辞职了，去了广东，有意思的是，多年后我参加工作也来到了广东顺德，一次在广州出差，竟然在公共汽车上偶遇了陈老师，一番交谈后才知道老师有了自己的培训公司。更有意思的是，他竟然与我用同一平台的"BP机"。只是，自那以后，已没有了陈老师的任何消息。或许这就是庄子所说的"相忘于江湖"吧。当然，作为他的一个不太得意的弟子，我想他应该还能偶尔想起来我，毕竟，他的真正的学生应该也不算很多啊。

我高中过得特别堕落，打牌、看小说甚至逃课去看电影，干过好多违纪的事情。真的，已羞于描述更多的故事。只是回想起来当时的种种，有周边环境的影响，有学校现实的无序，如多位老师的离职让我们半年多处于放养的状态，但更多的是，自己必须为自己的任性买单。当然，偶尔发发牢骚，偶尔抱怨，偶尔吐槽，也偶尔回忆，总还有些温暖在包围着自己。

感谢自己遇到的许许多多的语文老师，他们或多或少都在影响着我现在从师的选择，也或多或少影响着我作为一个语文老师该如何教给我的学生知识的方式选择。他们都不是名师，至少无一挂"名师"之名，但在我的头脑中印象深刻，对我的影响深远。承蒙他们的馈赠，我今天有幸在一个不错的环境中用电脑敲打着自己的故事。他们对我的呵护、对我的责骂甚至偶尔对我的惩罚，现在细细品来，都是爱，都是暖，都是另外的一种情。这份爱与暖，早已超越了师生的关系，成为沉淀在我生命中的永恒的信仰！

感谢生活！感谢语文！更感谢我所有的语文老师！

作为语文老师的我

一、所遇的几次教学改革

自己在1999年大学毕业后就直接站上讲台，至今已23年有余，不算长，当然也不算短。有意思的是，24年的教龄中，我教过6年初中、18年高中，算是完成了一个大的循环教学，更有意思的是，如今又回到了初中。

这些年，我任过备课组长（初二初三，高一高二），任过语文科组长（高中），遇到过好几次教学改革，使用过好多版本的教材：三种初中的教材（人教版、苏教版、统编版）；三种高中教材（粤教版、人教版和新人教版）。更有意思的是，我非常完美地遇上了三次较大型的语文教学改革：一是2002年广东顺德区初中实行的新课程改革试点（使用了苏教版初中语文教材）；二是2004年广东省全面铺开的高中新课程改革（我们使用的是粤教版高中语文教材）；三是从2017年开始直至现在正如火如荼进行中的新课程改革（俗称部编版教材）。每一次教学改革或换用新的教材，都会遇到几个绕不开的活动：一是培训学习；二是教学技能竞赛。

2003年，我如愿进入广东省佛山市顺德区的课程改革义务教育课堂教学竞赛决赛。这是自己第一次参加正规的现场教学比赛，既紧张又兴奋。抽签、备课、上课、评奖、发证书……还好，举办单位想要看到的是参赛教师的临场能力，或者说特别看重的是教师的基本功，所以采用抽签的方式决定所教的课文，而给的准备时间极短，容不得自己多想。但我的学校对此特别重视，或许这类比赛机会少之又少，同时能进入决赛对于我们一所初级中学来说也难上加难，所以自知道我进入决赛那一刻起，就安排了好几个经验丰富的老师帮忙，让我把每一节课都当成决赛来准备，一遍遍试讲，几位老教师不断听课、反馈。那次的经历对我来说特别重要，到今天，我已经忘记了决赛那天我是如何来安排我的整个课程的，甚至头脑中已无多少印象。只记得自己讲的是一篇小品文——《松鼠》，自己的课件中用一个会活动的小兔子（动画版）作为拓展。同时记住了我的科组长吴老师说的几句话，他说，现场赛课主要看整体思路，看学生反映，所以随机应变最重要（今天看来，就是我们常说的要"相机生成"）。若所问问题太深而导致学生冷场了怎么办，吴老师很有经验地告诉我：让学生讨论，讨论的时候走进学生的小组中，参与学生的讨论，一边讨论，一边引导他们往自己所要的答案上走，再不行就直接告诉他们答案。更加重要的是，你要通过参与学生的小组讨论，观察并知道哪个学生对哪个问题有比较正确的答案。

到今天，自己也做一些大赛的评委，再看到小组合作学习，我们上课的老师都乖巧地加入学生的小组中，与学生"聊"得热火朝天的时候，内心就会不由自主地生出一种罪恶感来。

2004年，我因家庭原因，从顺德调入阳春市第一中学。或许是因为自己有个女性化的名字结果是个害羞的大男孩的关系，也或许是自己顶着从珠三角发达地区转战粤西欠发达地区少见案例的光环，少见地，我引起了许多人的注意。当然，每一个团队都喜欢"杀生"，作为外校转入的不是新手的新老师，理所当然要承担更多的"重任"。印象中，我在不到一年的时间里，主讲了各式各样的公开课不下10次，而且当时的校长经常拿一小本子巡堂，每到我的课堂都要在门前驻足那么三五分钟（后来才知道，几乎每个教室他都这么干），在这种高强度的逼迫下，自己战战兢兢如履薄冰，课堂教学能力反而显著提高。

从《我很重要》到《拣麦穗》，再到《寂静的春天》《变形记》《城南旧事》《东方风来满眼春》和《春江花月夜》，汇报课、研究课、展示课以及示范课，从散文讲到小说，从现代文讲到古文，感觉每天都在琢磨如何把课上好，如何把课上得与众不同，如何把课上得有吸引力。记得后来有学生问我说："老师，你知道你一年多来让我们哭了多少回吗"？我说："不知道，有好几次吧。""上《我很重要》的时候你哭过，《城南旧事》的时候好像你也哭过。"这位学生说，"你很过分，这两节课何止是我们，你把来听课的十几个老师都弄哭了"，他顿了顿又说，"我统计了一下，一年下来，你一共哭了13回。"这学生的评价，一定是我这辈子最好的礼物。如今，年纪渐长，情绪渐缓，自己容易被别的老师的一些精彩的环节而惹落泪，但自己的语文课已显然没有那样的功力了。

　　从教一辈子的遗憾是，2005年自己代表阳江市到广州参加新课程课堂教学展示活动却铩羽而归。这是自己教学生涯中唯一的一次到省级这样的平台参加比赛，且代表的是阳江市出赛，市里自上而下都非常重视，天天磨课研课，也不断拿别的班试课（年级20个教学班，好像上完了一半，真的是从白天上到黑夜），一番历练，感觉不错，至少自己信心满满。只是，运气特别不好，或者说，这本来就是自己的实力不够。抽签决定顺序时，我是一号签，排在下午第一个登场。环境的改变，学生不熟悉，加上学生一点都没有预习，一篇《黄州快哉亭记》，就这样在我的万分紧张中上演了，全程40分钟的时间，我好像只在干一件事：纠缠文章句子的翻译。这个字什么意思，这个句子什么意思，谁还能说说该如何理解。甚至还没有分析课文内容，更没有把自己最擅长的文意解读与情感升华拿出来，组委会就催促我："老师，你的上课时间到了……"然后，我很听话地结束了我40分钟的拙劣的表演。

　　比赛的结果是，所有选手都能获奖，且至少都是二等奖，这算是一种安慰了吧，特别是当我发现许多上得比我好的课也是二等奖。只是，意外的是，一等奖竟然给了来自佛山的一位用最原始的串讲法去解读"项羽"的女老师，结果公布的时候，我听到后面传出来的几个老师的不解甚至不满的声音：新课程下的课堂教学竞赛，获奖的老师却是最不"新课程"的老师，这是玩哪样？

　　这件事给自己的教训主要有如下三个：①新课程不管如何改，也许改教材，甚至改理念，但核心内容改不了，语文还是语文，不会改成历史、品德或其他。所以在上课特别是赛课的时候，别太注重外在的形式，更不要在意上课的各种花样，文本的解读能力一定是重中之重，学生在课堂上的实际反应也一定是重中之重，学生在一节课上的学有所得更是重中之重。②若真想在课例竞赛中有所斩获，准备课例时需要一个团队。有人指导，有人专门挑刺，还有人帮忙查寻资料，有人帮忙制作课件，甚至还可以有人专门"拎包"做好后勤服务。单打独斗，总有遗漏的地方，总有考虑不周的地方。最忌讳的就是把课上得太熟练，觉得一切都会按部就班进行。把课上得没有感觉，是最可怕的事情。③现场竞赛上课，别把时间放心上。心里老惦记时间，太赶或太缓，都会影响自己的上课节奏，倒不如沉浸其中，忘我表演。再者，若时间已到内容还不能如期结束，即使拖堂也要把课讲完，一节课各个环节设计的完整性，比超时扣分更加重要。特别是一节精彩的课会让人忘记时间的存在，当然也就无人计较"超时"了。同时，为了不赶时间，就需要设计一条问题串，把自己要讲的问题串起来，逐层解读，不蔓不枝，自然胸有成竹，水到渠成，这样不管课堂发生什么意外，都可以比较快速地把游离自己设计之外的东西拉回来。

新课程改革带给我印象最深的事是备课。2005年，我担任高二年级备课组组长。一个极小的"官"，却让我承受了前所未有的压力。这一年，粤教版必修五一本，选修三本，一共要完成四本书的教学。可拿到手的几本书，大多是新选入的选文，网上的资料少之又少，更可怕的是，我们竟然只拿到了教材，而没有教学参考用书。一边其他备课组的老师嗷嗷待哺，一边又需要资料等米下锅。我像疯了一样到书店找课文解读这一类的教辅书，然后认真研读，一本一本对比，整合成自己觉得更有说服力的说法，再整理成课件或教案，发给备课组的老师参考。

这一过程真的很累，但过得特别充实，自己的文本解读能力也在这一时期显著提高，以至于后来答应了陕西科学技术出版社的编辑，参与编写了粤教版高中语文必修一至必修五的课文解读。当时编辑对我说，我的稿子完成得最快，且质量最好，几乎不用修改就可以使用。后来我则成了必修四、必修五的课文解读的主编。

2007年后，自己担任高三的语文教学，行政职务也从科组长变成了政教处主任，工作重点则成了学校的思想政治工作：谈心、处罚，再谈心，一件又一件的琐事，一份接一份的文件，让自己无法静下心来教学。再加上，几年都在高三忙高考，高强度的复习，一遍遍地讲方法练技巧，就导致课堂教学能力停滞不前甚至倒退得厉害。每次拿到课文，还没有分析，眼中所见的就是这会出什么样的题，该用什么方法来解决。对于学生所回答的问题，也多以高考答题套路来衡量其对与不对。

这一过程，竟然延续到2012年，现在回想起来，真的对不起这几年跟着我学语文的学生啊——枯燥的讲解和急功近利的各种解题套路与技巧。更可怕的是，这几年学生的语文成绩也不出彩。惭愧惭愧！

二、改变学生，不如改变自己

可以说，有一段时间，自己一直在迷失，也不知道该如何去教语文，甚至在很长一段时间都在做相似的噩梦，梦见自己落水，无论如何挣扎也上不了岸，梦见自己也参加高考，语文试卷一题不会……深深的恐惧与无力感让自己心力交瘁。

确实，一开始带着年轻的朝气和对未来的憧憬走上讲台，准备大展才华，把我的汗水、热血甚至生命都献给我的学生。但渐渐地发现，我的那些学生，并不需要我的付出。挑灯苦熬，精心备课，站上讲台口若悬河，却发现学生们眼神呆滞，热情不高；晓之以理，动之以情，恨不得把心窝都掏给学生，但调皮的学生依然我行我素，有些学生甚至以激怒老师为乐！在一次又一次针锋相对的较量中，我败下阵来。先是有了一个叫"野兽"的雅号，再后来，我发现自己已经失去了对班集体的控制。

记得特别深刻的一个学生阿成，他说自己是班上的"老大"，据他说，班上有"十兄弟"，他排行第一。但从他的成绩看，六个科加在一起，也难以超过100分，十足一个"差生"。有一天，他又迟到了。看着他毫不在乎甚至傲慢嚣张的态度，我气不打一处来，冲上前去，伸手拦住教室门口，大吼一声："给我站住！"阿成只是稍微愣了一下，然后冒了一句："神经！"然后直接撞进教室。可恨的是，教室里竟然为他喝起彩来！还有一次，他掰下自己所坐的凳子的一块木板，大喊一个正在擦黑板的女学生的名字，待这名女生一回头的刹那，把木板掷了过去，击中了该女生的脸颊，我大声斥责他说，"你知道不知道，若木板往上三厘米，她就瞎了！"但阿成一脸不屑地说："瞎就瞎呗，大不了我娶她。"

这种事虽说不是层出不穷，但确实偶有发生，再加上各种小问题小动作，我心灰意冷起来，我不是受不了委屈，而是当作为一个教师的热情逐渐减退后，越来越觉得自己的学生不顺眼，越来越觉得自己的工作做得无趣和辛苦。特别是，当自己的辛苦付出并没有得到预期的回报甚至朝着相反的方向发展时，我已经没有勇气面对我以后要走的这条路。

这个人、这些事给我的印象特别深刻。或许这应该算是班主任的事情吧。确实，这属于教育的问题。想不到的是，后续与这个学生的相处慢慢变得融洽，竟缘于一次语文课的提问。

与往常的语文课一样，我不喜不悲不生不死，阿成同学半梦半醒半死半活。只是没料到，一次学号轮序法提问竟然轮到了阿成。照例，阿成阴阳怪气地说不知道，我毫无由来地一阵怒火，大声责问他："'前与后'你知道吗？"阿成明显吓一跳，回答说"知道"，我接着问，"'呼应'你知道吗？"阿成说"不知道"。我保持着我的高声调说："我给你解释一遍，所谓前后呼应，就是说文章里前面提到的内容，后面再次提及或交代，你清楚了吗？"阿成接着说："不清楚。"我一字一顿，大声说："阿成，你听着，我现在给你讲第二遍……"阿成依然说不知道，或者真不知道，或者装不知道，抑或是被我的语气神情态度吓着了。我再次一字一顿，大声说："阿成，你听着，我现在给你讲第三遍……"如此往复，印象中我讲了21次，一直讲到声嘶力竭。教室里静得吓人，显然，全班同学都被我吓着了，整个教室只飘荡着我嘶哑的声音。但阿成很不流畅却准确无误地复述了我所讲的"前后呼应"。

我嘶哑着声音说："同学们，你们见证，以后凡属'前后呼应'的问题，全部交由阿成回答，再说不知道，我依然一次次重述，直到他知道为止，其他同学回答不出来的问题，方法照旧！"

后续几天，我的语文课堂静得可怕，偶有"前后呼应"的问题问阿成，阿成偶能回答，大多时间是乱说，但至少没有阴阳怪气的腔调与样子。再后来，我已慢慢忘记了这些事，过了两三周吧，阿成忽然跟进我的办公室说："老师，为什么这么久都没有'前后呼应'的问题了？"我眼睛亮了，他竟然在认真听我的课了！

再后来，我与他有了许多交流，说说几个字，写写几个词，抄抄几个句子，聊会儿闲天，讲讲他喜欢养的观赏鱼（知道他的爱好，我就去买了本相关的书看），慢慢地，他变阳光了，上课还能抢着回答其他问题，他的所谓的"十兄弟"，全成了我的"兄弟"，因为他私下里喊我"老大"。

因个人原因，2004年我调离了顺德龙山中学，阿成给我写了一张明信片，说："老师，我谢谢你，如果不是你，我一定会是一个流氓……"

我时时想起与阿成的交往，说实在话，我特别感谢他，是他让我找到了做老师的意义，也是他让我更深切地体会到"语文"这两字的神奇力量。多年后，我"提笔"写了一篇小随笔《语文是一种阳光》，我在文中说：

意义给予一切努力和坚持合理的归途，也给予一切失败、怀疑、痛苦以最深的慰藉。无论这个意义是关乎家庭、他人、理想还是世界。

不知道当时写这个句子的心态是什么，但这是那时候让自己一直纠结的一个词：意义。我需要找到自己作为一个语文教师而存在的意义，更要找到站上讲台捧起课本面对着一批批充满期待眼神的学生的意义。

很明显，我找到了这份意义。初上讲台，更专注于成绩，各方对老师的评价让自己不得不迷失。现如今，静下心来，好好读读书，好好读读课文，好好教语文，顿觉一切的荣誉与名利均是浮云。所以我对自己说，人近半百，乐天知命，难得有这份静心，捧着课本，细细去读，慢慢去品，然后带领可爱的学生，多少去悟点东西。如此足矣！

第二章

思悟：每一个文字均有温度

一则案例，引发我对语文的深度思考：一篇篇课文，实则是一个又一个不同的人的言语，是一个又一个不同的人内心世界的情绪观照。他们的喜怒哀乐、爱恨情愁与情思理趣，都浸染在琐琐碎碎的文字里，深邃而又温暖。

触摸着这些文字，如品六月荷池的清香，淡雅而又沁人心脾，又如看朝阳下多彩的露珠滑落树叶，动人的美在心头微颤。

我想，这是每一个语文人的追求与自悟，也是每一个语文人的牵挂与幸福……

一则案例的思考

2018年，我参加由岭南师范学院组织的校长班培训，听了许多报告，也参观了许多学校。其中，浙江省特级教师、仙居县教科所所长张志伟在《学校教研活动的组织与策划》的报告中列举的一个案例，让我印象深刻。

他说，有一新老师要上汇报课，按惯例需要找各个班试课，然后请听课的老师提供修改意见。该老师准备赏析的是赵师秀的一篇小诗《约客》：

约 客

（宋）赵师秀

黄梅时节家家雨，青草池塘处处蛙。

约客不来过夜半，闲敲棋子落灯花。

确定了基本的教学思路：①哪里不懂？②意思连起来说说。③这首诗表现了诗人怎样的心情？④背诵这首诗歌。⑤拓展阅读诗歌三首。

教学思路非常清晰，从内容的基本理解到深层把握，从以学生为主体到以教师为主导，再从文本到文本外，注重了积累与拓展，同时也注重了学生学习的差异性。只是，在把思路落实到教学目标的时候，出现了一些意想不到的问题。我们看看这位老师的教学目标。

教学目标：

1. 用串讲法读懂诗歌意思，有感情地朗读；

2. 背诵诗歌，拓展诗人其他诗歌三首；

3. 抓关键词理解诗人悠闲的心情。

重难点：诗人的心情。

一听课的老师提出，只抓住"闲敲"一词，认为此时诗人的心情是"悠闲"的，显然是不够的。因为从"敲"棋子震落了灯花这一细节描写中可以看出，此时诗人的心情是烦躁的。细雨绵绵，蛙声阵阵，此写景，以景衬情；约客久不至，敲落灯花，此写细节，突出心情的烦躁。

于是，又有其他听课的几个老师附和，觉得对此时诗人心情的理解，当以"烦躁"为佳，趁机提出了体会以景衬情的妙处，并深挖了诗词字面后面的深层含义。

青年教师从善如流，马上调整了自己的教学目标。

教学目标：

1. 用串讲法读懂诗歌意思，有感情地朗读；

2. 背诵诗歌，拓展诗人其他诗歌三首；

3. 读出词语背后的意思，读懂诗人内心的烦躁。

重点：诗人的心情；

难点：词语背后的意思。

讨论得热火朝天的时候，有老师去了"百度"，认真地把百度百科中对《约客》这首小诗的鉴赏分享出来，大家如梦初醒。原来，这首诗歌既写闲，又写躁。于是，老师们一致同意，这首诗歌要表现的是诗人复杂的心情。教学重点再次修改为："结合资料，多角度解读诗句折射出的诗人复杂的内心世界。"

张志伟老师是个出色的演说家，讲得绘声绘色，幽默风趣且又一波三折，引人入胜。当然，张老师最终也没有告诉我们，这首诗究竟要表现诗人怎样的心情。因为他借此案例，只是要说明，在这样的备课意外中，该如何有效地进行"学校教研活动的组织与策划"。但一起听讲座的其他几个老师没有放过我们几个语文教师，非得要我们下个准确的结论。

我说，如果我来解读这首小诗，我会毫不犹豫地解读为"悠闲"的心情。因为，诗中有言"约客不来过夜半"，何谓"夜半"？就是半夜啊，用现在的时间来说就是夜间11时至次日1时。虽说该诗有夸张成分，但等朋友等到很晚是肯定的，若心情烦躁能等得了这么久吗？当然，漫长的等待中有没有烦躁，当时诗人的心情是不是就只有一种，我想，即使赵师秀本人再生穿越到现在，估计也很难说得清楚。

确定了基调，再来引导学生品"梅雨纷纷"之写意，"蛙声阵阵"之热闹，闲敲之举，可以是下意识的，也可以是摆上棋谱正沉浸其间的，至于"落灯花"，为何一定要与"敲棋子"有因果关系呢？为什么不是想得太过入神，以至于没发现灯油燃尽，灯花自然脱落呢？

所品的一字或一词不同，一些句或文的意思迥异，这确实值得我们语文老师在进行文本解读时三思。

这其实就是我在这本书中要谈的语文教学，特别是语文阅读教学的一些思考：文本细读，浅教深悟。就是说，我们语文老师的教学任务是带领学生回到文本，细细去读，慢慢来品，并在"读"与"品"的基础上，有一些深层次的或者说与别人不一样的感悟。因为，作为教师，我们真正能教给学生的东西极为有限，若只是非得要给学生一个标准的答案，"百度"可矣。

这则课例给我的启示主要有四个。

启示一：每一个文字均有温度

一首小诗，竟然有如此多的解读，且每个解读好像都能自圆其说。其实这并不意外，因为任何选入中学课本的作品，都是复杂的个体。首先，创作者是复杂的个体。每一个鲜活的人都是有思想的人，他的表达肯定是丰富而又复杂的。其次，作者的创作过程也是复杂的，即使简短如小诗，作者也会用多种表达方式，把他复杂的思想借助语言这一媒介表达出来，这绝不是轻松的事情。最后，版本的流传过程也是复杂的，或版本不一，或编者因某种目的进行了适当删减或更改，而一两字的更改，有时意思大变。

启示二：每一个读者均是有温度的复杂个体

每一个读者，均是有温度的个体，阅读作品的过程，就是自己的生命温度投射到文本再接受反馈的过程。每个读者的阅读经验、生活体验与个性想象都是有差异的，这必然导致对文本理解的千差万别。我们老师理解的一个东西，无论如何都无法让一些学生理解，不是我们的解说能力不足，而是这部分学生实实在在没有这方面的阅历。我们常说"一千个读者眼中有一千个哈姆莱特"，说的就是这个意思。更有意思的是，差异性的理解，不断被其他读者流传或解读而不断赋予新的内容，如各网站的精彩案例，文本常读常新，内容越挖越深，这既有助于老师的课文解读，也有助于文本本身趋于深入，进一步丰富其内涵表达。换句话说，一个文本的价值，在一定程度上是靠千千万万个个性迥异的读者不断解读来丰富的，没有复杂的读者的积极参与，文本的价值就不够丰富，内涵就不够深刻，甚至连语言表达也不够精准。从这个意义上讲，正是复杂的读者存在，才有了文本价值的存在。

启示三：有温度的复杂个体解读有温度的作品，未必能真正触及文本的温度

文本解读的过程复杂而又鲜活。文本的复杂性，读者的复杂性，解读途径的多样性，给我们多角度、创新性地解读文本提供了必要性及无限的可能性。必要性，则告诉我们每一个语文老师，要尽可能地深入文本，对文本进行个性化的解读，这能最大限度地挖掘文本的新意，有效提升学生的思辨性思维，更主要的是，能让文本焕发出新的生命。而文本解读的无限的可能性，又时时告诫我们，解读文本必须形成自己的主见，且只能依托于文本并言之成理，绝不可为寻求个性而故弄玄虚，脱离文本或者无法从文本的内部逻辑中寻找证据的解读，即使"语不惊人死不休"，也无益于语文阅读教学。

启示四：语文老师要解锁的上课技艺——带领学生触摸文字的温度

文字是有温度的，给人以阳光，给人以悠悠深远的感受，给人以安慰、温暖与成长。它不仅仅是一种抽象有形的实体，更是一种对知识的探索，对思想的熔铸，对精神的升华。在语文课堂中，老师要带领学生深刻地体会文字的温度，让学生更加努力去提升自己的文化，从文字中汲取一种源源不断的精神能量。所以，语文课堂要追求"诗、画、情"结合的语文生态与语文生长，有诗的意境、有画的静美、有情的涌动，课堂教学语言干净又不乏幽默，课堂流程简练而不乏深刻，学生学习轻松又不乏思维的深度。

无法绕开的核心话题

一、语文核心素养

"核心素养"四字近几年很火，是从基础教育到高等教育都在探讨和研究的教育前沿问题。已有太多专家的解读，我作为教育理论极弱的一线教师，除了无限膜拜，已不敢多置一喙。只是我认为，核心素养最大的难点、最核心的核心就在于教育的本质目的是发挥人的主观能动性，让学生可以更加全面、自主地学习，并使学生可以在学习中获取知识与快乐。

（一）语文核心素养的根本内涵

根据北京师范大学的研究成果，实际上"中国学生核心素养"涵盖的内容是非常宽泛的。其中包含了"人文底蕴、科学精神、学会学习、健康生活、责任担当以及实践创新"这六大主要的素养内涵。正式出台的《义务教育语文课程标准（2022年版）》则从内涵上科学地明确了语文课程的性质是学习国家通用语言文字运用的综合性、实践性课程。特别明确了义务教育语文课程核心素养的四个方面：文化自信、语言运用、思维能力和审美创造，并且鲜明地提出"学生的思维能力、审美创造、文化自信都以语言运用为基础，并在学生个体语言以验发展过程中得以实现"[1]。我认为，语文课程核心素养的提出，其意义在于从外延上具体规定了教什么、学什么、怎样教和怎样学，具有强烈的现实意义，能极大地改变当下中学语文教学"少慢差费"的尴尬处境。

阅读教学，是语文教学的主阵地。阅读教学的质量高低，直接影响语文教

---

[1] 中华人民共和国教育部. 义务教育语文课程标准（2022年版）［M］. 北京：北京师范大学出版社，2022.

学的成败。从语文阅读教学的角度来看，其核心素养就涉及"文化自信""语言运用""思维能力"以及"审美创造"这四个方面。特别是现代中学语文阅读教学，必然涉及大量的文质兼美的诗歌、散文以及小说等文学类作品，这些作品自带素养属性，从内容上直接促进中国传统文化与民族精神的跨时代传承，自然容易培养学生的文化自信，而中学语文阅读教学的根本目的是为了提高学生对中国文化的理解力，直接作用就是教会学生如何学习。同时，随着时代发展，中学语文阅读教学必然迎来创新，这种创新是伴随中华文明进化而不断进步的，所以，阅读教学的创新也必将带动学生面向社会面向未来的实践创新能力的不断成长。可以这样说，阅读教学，宜重视民族传统文化、传承国学经典，加强输入性的阅读教学，培育学生良好的语言文化素养，让学生在语文素养、语言素养、学习策略和品格构架等方面得到全面发展。

（二）语文阅读教学对核心素养培育的二元关系

在中学语文教学中，阅读教学工作是核心教学任务之一。模拟数学理论的定义，可以简单地在核心素养与中学语文阅读教学之间构建一个二元关系。利用二元关系的原理，可以认为每一个学生的中学语文阅读教学水平或程度，会相应地反映出该学生对应的核心素养水平。所以说，提高学生的整体阅读水平，必然提升学生整体的核心素养层次。

由于母语关系，我们的学生对中华文化的认知和理解是建立在其语文阅读理解的水平基础之上的。如果中学生无法掌握适合自己的语文阅读方法，自然就无法提高自己的语文阅读能力，而语文阅读能力，实际上反映的就是一个中学生的理解力。理解力的提升，可以帮助学生深度认知文化、提高学生自主学习积极性以及提高学生自主创新能力等。虽然在应试教育的框架内，无法做到类似加拿大的"项目教育"这种灵活性和创新性都非常高的教育模式，但在有限的能力范围内，提高中学生的语文阅读能力依然可以提高学生的学习能力和水平，同时为其植入核心素养的种子。换言之，越早开始进行语文阅读教学创新，就可以越早帮助学生转变理解力的成长方向。

（三）趋向审美的语文核心素养

从语文核心素养的基本内涵看，提高未来公民的审美素养，一定是语文教育的重中之重。当你读完小说《雪中悍刀行》，你会因北椋军为捍卫疆土甘愿赴死而感动；当你读了诗歌《死水》，你会因如死水一般的生存环境而对当时的社会现状予以批判；当你读完散文《背影》，你会因对父亲背影及父子之情的细腻描写而神伤……当我们在阅读文学作品或其他文字作品时，往往会因共情而产生情绪波动，甚而莫名其妙地流下眼泪。为什么情绪会被影响？因为我们身上有一种本能的印记：审美能力。

"审美"这个词，我们可能会误解，认为审美就是单纯欣赏一切美好的东西。其实不然，审美还包括"审丑"。"审美是在理智与情感、主观与客观的具体统一上追求真理、追求发展的。"审美需要理智的参与，明是非曲直，懂礼义廉耻，对一切假、丑、恶进行批判。通过思考、甄别、选择与扬弃，剔除人性中一些丑陋的东西，挖掘出文学作品中宣扬的真、善、美的东西，丰富自己的精神家园，以达到愉悦自己、丰盈自己并最终实现完善自己的目的。

可以说，教材所选的文学作品都是经过时间淘洗留下来的精品。通过对这些文学作品的欣赏，我们可以了解古人和今人的思想与生命历程，可以体验到人性之假丑恶与真善美。在语文老师的指引下，学生在字里行间徜徉，懂得了同情、喜欢、怜惜，也懂得了厌恶、不齿与愤恨。读鲁迅先生的《祝福》，会同情祥林嫂命运的坎坷，会讨厌鲁镇民众的冷漠无情；读苏轼的《念奴娇·赤壁怀古》，自然会生发出一种豪情与洒脱；读曹禺的话剧《雷雨》，对剧本中出现的各色人物都应该会有自己的评价与判断。这些正是阅读经典作品让我们在不自觉中形成的审美素养。

但是，必须要看到，语文阅读课堂已逐渐趋向于培养应试能力的课堂，急功近利式教学，让师生都习惯把文本肢解成一个个有高考或中考价值的问题，这已成为语文课堂的最主要的学习任务。于是，课堂缺少了美，语文课缺少了韵味，语文这一学科的地位也就让位于数学或其他学科。

所以，从语文素养出发，也从教学实际出发，语文课堂应该"有情有味"，学有所乐、学有所思与学有所得。

二、语文中考与高考

避免以单纯的知识点和能力点设计考题，避免死记硬背。

试卷结构和测试形式不应固化，以避免形成新的应试模式。

——《普通高中语文课程标准（2017年版2020年修订）》

课程评价应准确反映学生的语文学习水平和学习状况，注重考察学生的语言文字运用能力、思维过程、审美情趣和价值立场，关注学生学习过程和学习进步。

试题形式力求创新，鼓励增加开放性试题比例，以避免导向新的应试模式。

——《义务教育语文课程标准（2022年版）》

我们没有办法绕开中考或高考这个话题。人民满意的教育，肯定也包括了成绩满意，所以已有多起因不满意成绩，家长带头"起事"炒了名校校长的案例。从这个角度看，语文老师在课堂上带领学生追求语文分数无可厚非。但是，语文教学毕竟不只是知识点的教学，我们语文老师要教知识，但不能只局限于那一个个所谓的考点。不仅是语文老师的责任问题，更多的是高考改革后把语文教学淡化为语文考试的教学，已无法让学生拿到满意的分数。

从以上新课程标准可以看出，中高考作为指挥棒直接影响语文教学质量的弊端早已引起了重视。无论是中考还是高考，已越来越重视考能力、考真实情境下的语文运用，这些需要的不是学生的刷题数量，而是自身的语文素养。

特别是最近的语文高考题中，出现了反套路的命题方法。这种反套路不再让考生按照惯常思路完成题目，而是需要考生更深入地对文本进行分析和思考。这些题目不仅考查考生对知识点的掌握程度，更加强调考生的品鉴能力、创造性的探究能力以及批判性思维能力。这些能力，需要学生综合的语文素养，单靠知识点或考点的传授，是无法达到的。这使得应对考试更具有挑战性，但也让学生更加充实并获得更深层次的体验与反思。这一形式或将成为未来语文考试的一大趋势。

在传统的语文中高考命题中，考查的内容往往处于文本表面，考查学生的词语运用、句式运用和语法等方面的知识，而忽略了对学生文化素养和思维能力的考查。

反套路命题更侧重探究学生们对文化、历史、人文等方面的知识的掌握和理解，同时也会注重考查学生们的批判性思维能力。例如，一道考试题目不再仅仅考查学生对文本的简单理解，而是让学生们针对文章中的问题和现象进行分析和归纳，反映出学生的批判性思维能力和推理能力。

反套路命题的优点在于可以更加有效地检验学生们的实际语文素养。由于反套路命题侧重多方面的思维训练，学生们不仅需要掌握词汇、语法等基本知识，还需要具备批判性思维、文化素养和创造性等方面的能力，这样才能够更好地应对日后的学习与社会生活的挑战。

同时，反套路命题也促使语文老师尽可能地在平常的语文教学中，更加侧重学生的思维能力、审美能力与批判能力的提高，这些能力的提高不是一朝一夕就能达成的，而是需要久久为功，日复一日地坚持。语文教学特别是阅读教学，只注重单调的做题方法和策略，借助答题套路或技巧来提高学生的中高考成绩已不太现实。语文教学势必需要回到语文本身，解放学生的思维，激发学生的学习兴趣，提高他们的创造性思维能力、想象力和文化综合素养。

三、语文阅读教学的几个问题

在核心素养视域下研究中学语文阅读教学的策略创新，首先要研究目前存在的问题。只有提出了问题，才能从根本上解决问题，实现创新。

（一）语文教学还是语法教学

一直以来，对语文阅读教学都存在一些争议，就是语文教学该"教语"还是"教文"。而近一两年，许多专家批评一线的语文教师，说我们语文教师长期以来在教学实施过程中重"教文"而轻"教语"。并且从语文学科角度出发，提出"语言建构与运用"，要求学生"逐步掌握祖国的语言文字特点及其运用规律"，并写入语文课程标准。于是，一些一线的语文教师把专家之语奉为圭臬，开始尝试着把教学重点转向语法教学。

曾听到一语文老师在讲解课文《沁园春·长沙》的时候，就喜欢教学生"抠字眼"。例如，在"看万山红遍"一句中，为什么用"红"？"红遍"是什么意思？问题看似极有层次性，也有咀嚼的意味，只是在实际教学过程中，说半天"红"的用法，几乎问遍全班学生，只为了硬生生说出个"形容词活用为动词"的艺术手法这一关键点。这是现在比较典型的语文阅读教学的"应试"教法：教语法而不是教语文。实际上，要联系前句的"橘子洲头"就很好理解了：一方面，诗人是在傍晚远眺，秋天的夕阳照得橘子洲发红；另一方面，由于是秋天，橘子洲的植物变黄或变红，与阳光相辉映，看起来更加红火。所以，此处的阅读教学处理，更需要的是让学生以读者身份唤起生活阅历，或以作者身份的情境代入，而绝不是单纯的语法上的分析，更不是为了应试而把一篇篇美文人为地切碎了变成一道道试题。

把一篇篇课文切碎来咀嚼，实际就是文本细读的精要所在。只是，咀嚼的应该是文章、是文化，而不是语法，更不是考法。如果只是把课文分解成为许多可能会考或者以前常考的问题，并把这些问题的解法想方设法让学生去掌握领悟并保证下次能在考试中用上，即使一时间能让学生考出不错的语文成绩，也不是真正意义上的语文阅读教学，甚至可能导致学生失去对语文学习的兴趣。

（二）阅读教学中的审美问题

对阅读教学展开分析，可以发现不管是教师还是学生，均存在忽视文本审美的问题，究其背后的因素，也难以脱离开"功利化"思维的影响。现如今，素质教育以及核心素养等理念在教育领域逐渐深入，对应试教育的抨击也在逐步加深，但是短时间内，并没有更好的制度来替代应试，考试仍是学生不可逾越的一道"坎"。只要考试制度存在，就势必不能消除以成绩衡量学生的痼疾，成绩也成为教育的最终评价。在此情况下，教育的主要方式就是安排学生机械化地学习。在"考高分"的"功利化"思维影响下，教师在教学中并不会关注审美情趣培养，学生也不会将审美作为阅读目标，对文本审美的兴趣也极为有限。

1. 教师在阅读教学中审美引导不足

教师在阅读教学中，整体的审美教育融入不足，主要呈现在如下几个方面：一是教学目标极为单一，并不关注学生审美情趣的培养；二是阅读教学模式化，更关注文本阅读的实用性，并不考虑学生的情感体验；三是教学时间不足及教学方法守旧，并不关注审美氛围的打造。这些都极大地影响了阅读教学中审美教育的融入。

2. 学生在阅读活动中审美参与不足

学生作为审美教育的主要对象，是落实审美教育的重要构成部分，因此学生的参与也是至关重要的。但是在升学、考高分等因素的影响之下，学生的学习更多是为了获得"标准而又正确"的答案，其并不关注自身的审美意识打造，这是阅读课堂教学的重要问题，也是审美教育难以落实的重要原因。

3. 强压学习环境下学生忽略审美

中学生需要同时学习多个科目，因此在各科的时间分配上都是有限的。语文课堂之中，教师更关注文本知识的讲解，并不关注学生的情感审美。同时，较之其他学科，语文学科的学习明显耗时费力而见效缓慢，且它不符合通过强化训练能快速提高成绩的圭臬。一方面，学生在课堂中很难感受到阅读的快乐与美，长期处于枯燥、紧张的"学知识"的过程中，严重影响了其学习兴趣，审美教育更是无从开展，尤其是文本解读的目标是为了获得"正确"解答，更是难以对文本"美"有所感受[①]。另一方面，学生学习时间的付出与成绩的回报有时并不成正比，也让学生从主观上放弃语文学习，更放弃语文感悟，自然也就忽略了语文中的审美。

（三）教学设计的连贯性问题

上课之前，我们要备课，备课之时，我们要写教案。为了促使老师们认真备课，几乎所有学校都有一个常规行为——教案检查。这说明两个问题，一个是备课的重要性，另一个则是如此重要的步骤，有不少的老师在敷衍。其实，近年来，我们已经很少谈"教案"，而换了一个更加准确的词——教学设计。教学，是需要设计的。教材分析后的内容取舍，教学方法的选择与运用，教学目标的设定与达成，教学评价的方式与呈现，甚至还包括一节课预设的亮点，等等，无不需要自己精心安排，细致设计，以使课堂臻于完美。

但现实情况是，受精力所限，我们还是一直停留在写教案的阶段，偶有设计，也只是单节课的重难点的安排，即学科知识的落实。极少把这一节课放在整个语文教学甚至单元中去设计，造成语文教学设计特别缺少连贯性。主要表现有两个：

1. 一节课的问题之间的连贯性缺失

阅读教学，说到底离不开问题教学，所以有不少的语文课堂是"满堂问"的形式。但这些问题之间并没有能串在一起的主题，使得问题零散，老师在一个接一个的问题中顾此失彼，学生在一个接一个的问题中走马观花。

2. 这节课在学段、学年、学期甚至单元中的连贯性不足

每一篇课文，其实都被安排在某一册语文书的某个位置。所以，我们进行教学设计的时候，就必须考虑"这个位置的这篇课文"与整个单元、整个书册、整个学段有何关联。但现实教学中，极少能有如此周密的教学设计。于

---

① 杨全景.如何在高中语文阅读教学中践行审美教育［J］.中学生作文指导，2021（29）.

是，"比喻"这一修辞手法的知识点，从小学讲到高三，依然在反复地作为教学重点而又反复把握不了精髓，我们语文老师所教的许多课，全变成了夹生饭。特别是一些学校，每年拆散班级重组，老师每年所遇的学生不一样，而每年又需进行教学成绩的考核，基于这些考虑，语文老师的教学设计就只着眼于这一课、这一文、这一学期或学年。这一课中所有能进入考试的内容，即为教学内容；这一文中能用来出题的角度，即为教学重点；语文考试所遇的可能题型的答题套路，即为这一学期或这一学年的教学任务。阅读教学成了考试教学，课课如此，年年如此，教学必然无序，效果必然"少慢差费"。

（四）新课程必须"大单元"？

新课标中，学习任务群概念的提出是一大进步。从发展型任务群来说，它有三个层面的表述：一是最基础层面的"实用性阅读与交流"，关注的是实用类文章的阅读，如说明文、应用文等文体的阅读与写作；二是"文学阅读与创意表达"，关注于散文、诗歌、小说及戏剧的阅读与写作，这类作品的读写，无不牵涉到语文中的审美角度；三是最高级别的"思辨型表达"，进入了思维层面的阅读与表达。其实，越是思维的东西，就越是审美的产物，所以从这个角度看，思维即审美也是说得过去的。

面对这三类学习任务群，语文阅读教学就在传统的单篇阅读教学的基础上多了两个基本操作的阅读类型：一是整本书阅读（初中一般叫名著阅读）；二是大单元学习（有时甚至是跨学科的学习）。初中语文的整本书阅读推行较早，甚至已有多年把整本书阅读作为中考试题的经验借鉴。而大单元教学则方兴未艾，一些专家摇旗呐喊，敏感的一线教师趋之若鹜，一时间，言必称"三新"（新课标、新教材与新高考），称"三新"必称大概念与大单元。一些教研员进入一线课堂调研听课，若遇单篇教学，必劈头盖脸申斥一顿。疫情期间我曾参加过一次线上新课程教学研讨活动，群里的每一位教师均对大单元顶礼膜拜，我不识时务地说了一句，每节课均追求大单元，把经典文本只当作某一主题的材料去进行大单元处理，势必造成经典文本无法精读，从而导致更功利化的语文教学追求。结果，我被"扔"出了群聊。

我并不反对大单元，但反对把经典文本当作实现某一教学主题的素材而进行简单处理的方式，因为纯功利化的阅读方式（基于某种目的+实证式解读）严重破坏了作品的美感，削减了作品的审美教育功能。学生的阅读与表达，其实是一个输入与输出的复杂循环，他们未来所有的输出均与阅读积淀直接相关，厚积才能薄发，实证式的粗线条式的阅读，不利于实现作品的人文教育功能，也不利于个体价值观与审美的二次加工与筛选，自然会造成学生审美能力的弱化。

2004年开始的课程改革，给了学生更多的选择，教材有了必修与选修之分，高考有了必考与选考之别。其中，广东的语文高考，必考与选考放在现代文阅读，让学生在实用性文本（如新闻、传记等）与文学类文本（主要是小说与散文）之间做出选择。结果一些教师直接让学生放弃文学类阅读，甚至整个学校除古诗词外均不再开设文学类欣赏课程，更加极端的是，教材中所有经典散文、小说、戏剧一律不教。一两年后的一次调研会，我照样不识时务地说了一句：长此以往，文学死矣。今天，若所有语文老师，教学必为大单元，而忽略对经典文本的细读、品读，忽略对文学盛宴的欣赏玩味，我照样有一种担心：长此以往，语文味必荡然无存。真心希望，这只是我的杞人听闻而已。

所以，我依然提倡：好的作品，特别是文学类作品，要单篇讲透、吃透；字字珠玑的语言，要细细去嚼；高超的文学技巧，要好好去赏；鲜活的人物，要慢慢去品；深沉而又热烈的感情，要深深去悟。在吃透单篇之后，才尝试去把两篇甚至多篇整合在一起，发现超越单篇文本之外的更深层次的价值，这才是新课程教学中对大单元、大任务、大情境的真正理解。

语言有温度，字词知冷暖

"语文，开始是语言和文章，最后是灵魂和思想。"肖培东老师如是说。

确实，"语言有温度，字词知冷暖"。入选教材的文本，每一个词句都是作者经过反复推敲的结果。因此，关注文本中富有表现力的词句，引导学生在咬文嚼字、品词析句的过程中领悟作家遣词造句的独具匠心，培养学生对言语的敏感性，习得语言文字运用的方法，是每篇文本不容忽视的教学内容。

从这个角度说，语文阅读教学的关键是破解字词的语义密码。唯有理解了字词在语境中的含义，才能真正理解文本的内容，触及"最后的灵魂和思想"。罗晓晖老师说："对文本的理解是否准确，须看对文本语义的理解是否准确，对文本的内部逻辑是否能有效把握。"①在罗老师看来，准确理解文本取决于两个要素，一是准确提取关键词的语义信息，二是有效把握关键词语的上下逻辑。

需要注意的是，有些关键词是作者有意为之而一目了然，而有一些则藏得极深，需要教师有发现的眼光，更有一些是看似平凡实则奇崛，需要反复追问与深刻挖掘，才能体会到作者的用词之妙。

如高中语文教材《立在地球边上放号》。这篇文章的题目并不含蓄，也不新颖，一不小心就容易把它跳过去不加分析。实际上，这里的每个词语深究起来都特别有韵味，这其实就是前文所说的"语言有温度，字词知冷暖"。如，为什么是"立"而不是"站"？为什么是"放号"而不是"吹号"，用"放"而不用"吹"的意图是什么？再深究一下，甚至会发现，"地球边上"中，为

---

① 罗晓晖，冯胜兰．文本解读与阅读教学讲谈［M］．上海：华东师范大学出版社，2018.

什么还要多一个"边"字而不是"地球上"？把这几个关键词的含义及之间的逻辑弄清楚了，再去理解这篇课文，事半功倍且别有意味。

如现代诗《你是人间四月天》，有教师在解读的时候将它分为三个板块：一读全诗，知诗中感情；二读语言，赏写法之妙；三读格律，品结构之巧。不能说这样的文本解读方式不好，这样欣赏也无可厚非，但总是缺少点新意与深度。因为这种框架式的解读千篇一律，换成其他写景妙文（或诗），均可以如此打开，所不一样的就是景与情之融合，写景状物之手法每篇文章有不一样的地方。脱离了文本精要的语言，总是缺少点真实而又深刻的独特体验。毕竟，一节课下来，竟然还没有给学生解决"你"是谁？为什么是"四月天"而不是常说的"三月天"？"四月天"之前加的修饰词"人间"有何深意？

再如高中语文教材中郁达夫的《故都的秋》。大多数老师讲这篇课文时都把重点放在欣赏几幅秋景图上，读它的清静与悲凉。文章中直接描写景物的语句不多，但都是极其精彩的，而且饱含作者的深情。如：

早晨起来，泡一碗浓茶，向院子一坐，你也能看得到很高很高的碧绿的天色，听得到青天下驯鸽的飞声。从槐树叶底，朝东细数着一丝一丝漏下来的日光，或在破壁腰中，静对着像喇叭似的牵牛花（朝荣）的蓝朵，自然而然地也能感觉到十分的秋意。

这里写了视觉形象、听觉形象。景物写得非常细致，如"一丝一丝漏下来的日光""像喇叭似的牵牛花（朝荣）的蓝朵"，也写了观景、赏景的心态、动作，如"细数""静对"，透露出悠闲、惬意。总的来说，其表现了作者热爱故都之秋的情怀。这里的写景不拖泥带水，一句一景，写出了北国清秋的情景。写得活灵活现，说明作者观景非常细致，也表明作者在谈到寻常百姓生活时心情非常愉快。

再深层次品，我们可以发现更多有意思的东西，以上面一段精彩的描写为例，我们不妨追问一下：为什么是"泡一碗浓茶"而不是"一杯"？"细数着一丝一丝漏下来的日光"中为什么用"日光"而不是"阳光"？"静对着像喇叭似的牵牛花（朝荣）的蓝朵"中为什么用"蓝朵"而不是"花朵"？

弄清楚以上几个追问，就容易理解作者对故都秋景的"清""静""悲凉"，特别是"悲凉"的独特感受。在这一个个关键词的品读中，我们能更进一步地感受作者遣词造句的高超功力，也能帮助学生更好地理解作者的思想感情和创新意图。更主要的是，输入的目的是为了以后更好地输出，不断品读语句，触摸文字的温度，也能锻炼学生的语言能力，提升情感、情理与情操的感悟能力，从而提升语文素养。

选入教材的课文，多为名家名篇，又历经众多大家及一代代师生近乎挑剔式的拷问，现已成为一个个引导学生达成语文核心素养的理想范本，虽不敢说这些文本任何一处用笔都是十分必要且绝不多余的，但"一字未宜忽，语语悟其神"①，在文章字、词、句、段的关键处反复琢磨，才是融会贯通的渡口与桥梁。

---

① 叶圣陶. 叶圣陶语文教育论集［M］. 北京：教育科学出版社，1980.

第三章

研究：奔向审美的语文情味

记得在申报中学语文高级教师的述职报告中，我自己写道：追求"诗、画、情"结合的语文生态课堂，有诗的意境，有画的静美，有情的涌动，课堂教学语言干净又不乏幽默，课堂流程简练而不乏深刻，学生学习轻松又不乏思维的深度。甚至把此作为自己的课堂风格来阐述。现在回首一看，顿觉汗颜。在日日烦琐的事务中，在高考功利性的重压下，自己的课堂早已没有灵动，更不用说"诗、画、情"的结合。但追溯初心，寻找语文课堂的正确打开方式，又不能不再次深思一个关键词：情味。我们语文课的情味，语文课文的情味，我们语文人的情味，在课堂上，还能找到多少？

情与味：语文教师的课堂追求

从小到大，从学生到老师，我一直认为：语文，应该是很有情味的一门学科。

语文学习是智力活动，既依赖于教师的课堂语言的精彩演绎，也依赖于文本文字本身的张力，具有独特的审美特征，还依赖于学生良好的语言感受力，以及对汉字本身的理解和把握，从而得到获取审美的享受。一节精彩的语文课中，阅读古典文学作品，可以感受古人思想的精华，深入体会古人的思想情感，提升自己的思想素养；阅读现代文学作品，可以了解现代社会的发展变化，认识现代社会的文化共性，开拓自己的知识视野；阅读现当代诗歌，可以感受诗人的思想表达，感受诗歌中的抒情和情感，提升自己的情感素养。

但是，以上这些"情味"的实现，取决于语文老师的课堂组织能力。

著名教育家叶圣陶曾经说过："教师要使自己的教育活动真正有益于学生，有益于教学质量的提高，教师之间就要团结合作，互相配合，教师有独立的思考与见解，又能不断研究和实践，掌握启发学生和引导学生的方法，才能使学生得到实在的益处。"叶圣陶先生强调教师在学生教育中的重要性，而教师作为教育的主导者应该把控好教育的节奏，尤其是对于语文教学而言，教师更要处理好教学中可能存在的问题，并以此构建生动有趣的教学模式。

一、语文课堂，应该是有料的

从教学内容上来说，语文课堂应该是有料的。

首先，语文课堂内容应该契合学生的学习需求，兼具学术性以及实用性要求。学术性强调语文课堂教学内容的专业性，语文课堂确实应该满足学生的应试需求，教师的语文课堂教学内容需要以教材为出发点，并向外拓展，以此有效拓宽学生的语文知识面。在进行语文测验时，学生要能够根据其掌握的语文知识有效应对现阶段的应试性语文题目。另外，语文课堂教学内容需要满足实用性教学要求。语文这一学科与其他学科不同，作为一门语言学科，学生在日常交流中需要应用到相关的语文知识，因此在进行语文课堂教学时，教师需要注重教学内容的实用性，着重培养学生的语文理解能力和语文表达能力，帮助学生养成正向的语文思维。如此一来，在实际的日常交流中，学生能够应用到教师所传授的语文知识，以此来有效提高学生的人际交往能力。

其次，语文课堂教学内容需要契合教师的高效性教学需求。教师在进行语文课堂内容教学时，不仅仅需要以学生为主体，同时其自身也需要及时阅读相关的语文教学材料，有针对性地提高语文教学水平，在后期教师能够应用到其所学习到的语文教学知识来有效拓宽教学知识面，丰富语文课堂的教学内容，使得语文课堂"有料"。

最后，有料的语文课堂，才是有情味的语文课堂。教材知识方面，老师能举重若轻，删繁就简，学生能学有所获，学有所得；实用知识方面，教师知识广博，天文地理均有涉猎，学生能茅塞顿开，学有所用。更为特别是的，有料的语文课堂，可以拓宽学生的认知广度与思维深度，这些知识是学生走向社会的真正有用的能力和素养。

二、语文课堂，应该是有趣的

从教学方式的角度来说，语文课堂应该是有趣的。语文课堂首先需要培养学生的学习兴趣，随着学生学习兴趣的提高，其语文学习的主观能动性也能够大幅提升。基于这一层次的考量，语文教师在语文课堂中需要应用多维教学方式，改变传统以教师讲解为主的语文课堂教学模式，并且注重教学环环相扣的设计，注重把握文章的情思与理趣，精心准备好课堂语言，让语文课堂生动有趣。

在教学时，教师可以应用情境教学法。在语文课堂上，教师可以设定语文教学情境，鼓励班级上的学生分成几个不同的小组，然后以教师给定的情境主题为基础，自主编排不同的表演剧目。例如在进行小说类的课文教学时，教师可以将班级上的学生分成几个不同的小组，然后根据小说类课文所表达的故事主题设定情境，鼓励不同小组的学生根据课本上的情境内容来编排出相应的情景剧作品，并依次表演，教师给不同小组的学生打分，得分高的小组可以获得奖励。如此一来，通过情境教学法，学生能够在课堂上动起来，自主了解课文教材的相关信息，并自主研究课文教材的不同表达方式，以情景剧的方式生动地将教材内容表现出来，这能够有效培养学生的语文思维。另外，在语文课堂教学中，教师也可以应用翻转课堂法，让学生讲解课文内容。在课下学生需要自主预习相关课文，然后在课堂上和教师互换身份，担任课堂内容的讲解者，并以此为基础深入讲解课文内容。通过翻转课堂法，学生学习语文的积极性大幅提升，语文课堂也变得生动有趣。

课堂有趣，还应该表现在教师的课堂语言与课堂表情有趣。我一直认为，作为一个本科甚至更高学历的教师，大学四年甚至更多年的术业专攻，教十几岁的中学生语文，应该是手到擒来、易如反掌的。但事实上并非如此。不少语文老师的课堂，均让学生昏昏欲睡。这除了课堂内容选择不当的原因，更主要的还因为教师的课堂语言和表情不够生动有趣。其实，教师的课堂语言应该有意为之，语调与表情要专门训练。有幽默感的语文老师最受学生喜爱，他们的课堂往往趣味性十足。学生爱学语文，也就理所当然。

三、语文课堂，应该是有情的

从教学主体的角度来说，语文课堂应该是有情的。

情，是情绪，是语文老师的情绪起伏，这与前面所说的课堂语言与课堂表情关联甚大。优秀的语文老师大多是演说家型的教师，极具煽情的语言，极为丰富的肢体表现，极容易地把学生带入课文所述的情境中，也容易让学生触摸到作者的脉搏，让学生与文章中表达的情感产生共鸣。所以，课堂有情，需要老师首先动情。有情的语文课堂，注重情感熏陶的语文课堂，有助于培养现代公民的判断力、同情心、正义感和参与集体的热情。一些人喜欢文字表达出来的情感，一些人喜欢文字的外观，而另一些人则可能喜欢文字的节奏。所有的"喜欢"，将是语文学习最大的原动力。所以，有情的课堂，或许看起来不太正经，实际上，这类课堂才是真正的大道。多年以后，学生或许忘记了课文的内容甚至这篇课文的作者、讲授这篇课文的语文老师，但情绪的感染一定会让学生铭记受用一辈子。

情，还是情感，是语文老师在课堂里表现出来的人文关怀。任何形式的语文课堂都需要以学生为主体，教师需要承担起引导者而不是主导者的角色，在实际的语文课堂教学中，教师需要构建出以学生为主体的教学模式，尊重学生的主体地位，同时积极听取学生的意见，针对课堂教学存在的问题，积极给出解决方案。

最具人文关怀的课堂教学模式应该是以学生为主体的分层教学模式。将班级上的学生按照学习成绩高、中、低分成三个不同的学习层次，然后将不同层次的学生分别搭配组合，形成学习小组，后续的语文课堂教学活动以不同组别的学生为主体而展开。在后期进行语文课堂教学时，教师需要尊重不同组别内不同层次学生的学习需求，制订个性化的学习方案，鼓励小组内学生互相帮助，互相交流，充分发挥学生的学习主动性。而小组内学生在进行交流时也能够碰撞出思维的火花，能够自主解决语文学习中存在的问题，而从这一角度上来说，教师的语文课堂也真正做到了以学生为主体。

同时，教师的语文课堂需要建立学习反馈机制。在课堂结尾处，教师鼓励学生积极写下本节课已经解决的语文问题以及仍未解决的语文问题，并鼓励学生积极就本节课的教学质量进行打分，收集学生的反馈意见，并针对学生学习中存在的问题给出相对应的教学解决方案。如此一来，教师就以学生为主体接收到了学生关于语文课堂的学习反馈，从而能够更快制订出"点对点"的教学方案，契合学生的学习需求，真正做到以学生为主体，做到语文课堂的"有情"化。

四、语文课堂，应该是有味的

从教学目的的角度来说，语文课堂应该是有味的。语文课堂教学需要培养学生所谓的语文味，其强调的是以语言学习为核心，以语文活动为主线，以提高学生的语文素养为目的。

首先，在语文课堂教学中，教师需要以语言教学为核心，将语言和文字相互结合，培养学生的语文听、说、读、写能力，语文表达能力和语文理解能力。教师需要通过"听"来培养学生辨别语音、理解语义的能力，同时也要引导学生以"说"为手段，完成学习目标，鼓励学生大胆地"说"，有效组织语言来表情达意，从而增强学生的语言表达能力。另外，教师也需要鼓励学生多读书。大多学校有语文早读与晚读，提倡学生自主朗读、默读和诵读，以培养学生的专注力，杜绝纯体力劳动的集体朗读，还有一些学校有阅读课甚至读书节，让学生沉浸在书海中，推荐一部分书目，与学生喜爱的书目相结合，开展相应的活动，以提高学生阅读速度与理解能力为主要目的，指导学生读名著、写感受、做汇报交流。如此一来，通过多维听、说、读、写的配合，学生的语文素养得以提升。

其次，在语文课堂教学中，教师需要以语文活动为主线。教师可以每周举办一到两次的语文阅读活动或交流活动，鼓励学生将课外书带到课堂上，积极交换阅读，并针对书中的内容做摘抄笔记，撰写读后感。通过高频率的语文阅读活动，学生的语文阅读能力和表达能力能够有所提升。

最后，语文课堂教学需要以提高学生的语文素养为目的。语文素养是以语文能力为核心的综合素养，主要包括语文知识、语文积累、语文能力、语文学习方法和习惯、思维能力以及人文素养。在后期进行课堂教学中，教师需要有针对性地培养学生多层次的语文素养，提高学生的语文综合素养。

总之，语文课堂应该是有料的、有趣的、有情的、有味的。有位语文名师说，说出来叫"语"，写下来成"文"。语和文，构成了语文课堂。所以，语文味的课堂，就是有文字之美、有文章之美、有文化之美的课堂。新鲜而又深入思考的视域，悠久而又经典的情味，丰富充盈的信息，让孩子能够徜徉在语文知识的海洋中，惊奇、满足与思考。这样的课堂，不管有没有完成教学任务，有没有让人所谓眼前一亮的语文活动，有没有大概念、大单元，都应该是成功的语文课堂，这样的语文老师，绝对是成功的语文老师。

品与悟：语文情味的课堂实现

　　大多数人记忆中的语文课堂是这样的：朗读，分段，归纳段落大意，总结中心思想，鉴赏句子或写法。以上程序未必面面俱到，但总逃不过其中的某个或某些步骤。然后，解决一个接一个的毫无逻辑、近乎割裂的问题，成了语文课堂的日常。教师步步紧逼，学生战战兢兢，日复一日、年复一年、代复一代。多年以后，学生忘记了近乎所有已学的语文课文，犹记得的估计就是语文老师在课堂上曾出过的那些丑或者永远无法改变的那几句口头禅。在应试教育带来的空前压力、教材的深度捆绑、教学内容的不可选择、教学形态程序的不可更改（自上而下的层层检查致使老师按部就班不敢越雷池一步）的形势下，上述课堂范式或许是最好最省力而又效益最佳的模式。不能说这样的范式不行，但一开始只是为了掌握知识甚至所谓考点，把人文气息浓郁、适合审美与情感蕴藉的经典文本变成纯知识的灌输而反复操练，把每一节语文课都肢解成一个个教学问题或应试的知识点，那就会"法乎其中，反复其下"。语文课堂变得索然无味，而一直追求的语文成绩也不理想，最终致使语文让位于数学、物理等科目，也就理所当然了。特别是随着先进的科技手段越来越广泛地使用在教学手段的创新上，若是单纯进行知识的灌输，学生借助科技手段就能获取，又何苦枯坐在课堂上，听百无聊赖毫无生气的一堂语文课？

　　针对以上的一些问题，在中学语文阅读教学过程中，我提倡在文本细读下教出语文的情味，追求"诗、画、情"结合的课堂诗意。理想中的语文课堂，有诗的意境，有画的静美，有情的涌动。力求教师的课堂教学语言干净又不乏幽默，课堂流程简练而不乏深刻，学生学习轻松又不乏思维的深度。一节语文课，师生就是要一头扎进文本，细细读，慢慢品，然后在读与品的基础上，深层次去领悟或感悟。而作为课堂主导的语文教师，要干的事其实只是适时引导、浅浅而教。

为此，我们提出具体的语文阅读教学课堂的推进模式，并把符合这一流程的操作形式取名为"品悟课堂"。在这一模式中，"读"与"教"是基础，"品"与"悟"是关键，教师可以对课堂教学内容进行有层次的布局与处理，以此使文本教学更加具有条理性与针对性。

"品悟课堂"是一种将"品"和"悟"相结合的文本教学处理方式。在教学的过程中，教师首先要引导学生"品读"文本，对文本的语言用字进行分析，以此来引导学生"领悟"到文本的表达内核。从这些年的实践来看，"品悟课堂"是一种实用而又不乏高效的教学模式，通过这种教学模式，学生的文本学习会更加顺畅，其对文本的理解也能够更加深入。且对于教师来说，通过"品悟课堂"的构建，教师和学生之间能够基于文本达成一种理解层面的共识，并最终帮助学生展开更加高效深入的语文学习活动。

简而言之，"品悟课堂"是以"文本细读"为主旋律，以"语言慢品"为主要操作手段，以"知识浅教"为推进课堂流程的形态，以"情理深悟"为内在本质的一种阅读教学模式。通过这一教学模式，教师和学生之间能够以文本为载体，快速而有效地实现知识的交互传递。

一、主旋律：文本细读

文本细读是"品悟课堂"的主旋律。在阅读教学中，文本是教学的内容，也是教学的基础，教师在文本教学的过程中，第一个教学任务就是让学生细读文本。从本质上来说，细读文本是学生和文本接触的一个过程，通过细读文本，学生能够近距离地接触到文本要表达的内容，然后在细读的过程中，再根据自身的思维习惯、阅读经验及生活体验对文本所表达出来的内容进行自主定义，实现对文本的初加工——文本内容的基础理解。这一文本初加工的过程是在学生的思维层面实现的，在后续的教学中，教师可以在学生对文本初加工的基础上，对文本所表达的内容进行深层次的引导，从而达到对知识的扩容与延伸。这一过程，就是我这里所说的"悟"。

就传统的语文阅读教学来说，其自身的文本解读过程往往不是特别细化，即使是在文本细读阶段，教师也仅仅是要求学生能够熟悉文本的结构框架，清楚文本讲述的主要内容，对于那些深层次的要求，教师并没有过多强调。这类课堂的突出表现就是全班热热闹闹地读课文，兴高采烈地完成各个预计步骤，解决了所有的问题，完成了所有的教学目标。在这种教学状态下，教师的文本教学显然缺乏深度，因为在这种阅读教学的模式下，学生仅仅是读了几遍文本，而没有深入，这就使得学生在后续的文本学习中，与文本的关联性不强，特别是无法对文本产生个性的认识与理解。其实，真正的语文课堂，是静的课堂，是沉浸式课堂，是有余韵、有深度思考的课堂。在后续的语言慢品以及情理深悟这两个过程中，学生若对文本缺乏细化的认知，就容易造成这两个过程的欠缺，整个课堂就会显得肤浅。因此，在实际的阅读教学中，教师要注重文本细读这个过程，引导学生多读几遍文本，而且保证学生每读一遍文本都能够有新的收获，在后续的阅读过程中，学生完全可以将文本脉络在笔记本上梳理出来，建立起一个整体性的文本框架，在一遍遍的对作者遣词造句的追问中领悟深层次的表达意义，从而将文本内容与生活实际联系起来，学会由事到理、由景到情、由情到共情。

二、操作手段：语言慢品

语言慢品是语文阅读教学的基本操作手段。语言基于文本，就像是基石基于房屋，是房屋的沙与石、砖与瓦，也是房屋的栋与梁。没有语言，就没有文本。同样，没有语言的品读，就没有语文课堂。可以说，不管课标如何改，教材如何变，只要语文课堂还在，教学的最终落脚点都只能是文本本身，而文本教学的最终抓手，也只能是语言。抓住了文本的语言，才能传授文本中包含的知识，提升学生的语文能力，更好地把文本中的生命养分转化为服务于学生终身发展需要的语文素养。

选入教材的文本，多是艺术性很强的文学作品，需要我们认真细致地品读。语言是人类文化交流的基础，在文学作品中更是具有着极其重要的艺术性。可以说，文学作品能够以一种独特的方式表达出人类的思想、文化和情感，是与语言的艺术性密不可分的。它可以借助书写的方式来构建一个独特的世界和文化符号，通过诗歌、小说、散文等不同形式，向读者们呈现出一幅完整的文化图景。

艺术性很强的作品常常蕴含着多重的意境，这些意境需要我们花费更多的时间去细致地品读。从作者的用词、句法、描写等方面入手，深入理解作品的内涵和价值，感悟人生的真谛。这不仅意味着需要对语言有深刻的理解，更意味着需要对作品语言承载的文化符号、人物情感、价值取向等方面进行深入的思考。通过对这些方面的细节揣摩，我们可以更加深入地理解和思考作品所表达的思想。只有深入品读作品，我们才能够真正领悟到它所蕴含的文化内涵。毕竟，语言是一种传承文化的形式，只有通过深度的理解和体验，我们才能够更好地传承和发扬这种文化形式。同时，品语言，也是丰富自己的词汇量和培养语感的过程，让自己的写作更加优美流畅；品语言，本身还是一种提升文化修养的过程，是对自己素质的充实，更是一种奇妙的心灵享受。

"语言慢品"的关键词是"慢"。琳琅满目的信息、快节奏的生活、功利性的教学目标及繁重的教学任务，均不能影响语文人在经典文学作品前的虔诚之心。让课堂的节奏慢下来，让师生读文的心静下来，这样才能进入一定的情境，细品慢嚼，感受到不一样的语文天地。

"语言慢品"的"品"是建立在文本细读的基础上的。学生熟悉了文本的基本内容（我们习惯于称之为"整体感知"），仅仅是对文本内容的初加工，并没有领会到文本的深层次的内容以及作者表情达意所采用的创作手段与表达技巧，因此教师就需要引导学生进行语言的慢慢品读，以此来帮助学生充分领会文本的词句、句式、语气、结构、修辞、视角以及手法等多个方面的内容。

从根本上说，语言的慢慢品读是教师引导学生对文本进行深入学习的一种有效手段。

三、流程形态：知识浅教

语文课堂要教知识，这是语文学科的工具性特征决定的。语文知识怎么教？我的回答是：浅教。教师浅教是中学语文阅读教学中的流程形态。

任何一种教学过程都是有目的的，中学语文阅读教学也不例外。我们要知道的是，教师的教与学生的学之间，存在一个施与受的过程。语文知识的施与受，不如其他理工科知识的施与受那么清晰而又实用，因为语文的教学过程更需要教者与学者之间建立起适切的桥梁：思维在同一个点上。但这种情况只能是理想的状态，或者说，在平时的教学过程中，教师的"教"在大多数情况下都与学生的"学"有较大的距离。因为，教师所授知识或者说其阅读后的体验是带有明显个人标签的产物，所授知识内容背后是那些个性十足的生活或教学经验，这类经验不但带有鲜明的个人风格与专属标签，而且是有组织成系统的，其中大部分是隐性知识，难以显性化地通过指导来使他人获取，并不具有普遍的学习意义或价值属性。例如，一句写景的诗句，抓住诗中意象进行画面描述是比较常见的教学方式。但老师所描述的画面内容与学生头脑中产生的画面内容，实质上是有很大差异的。这就必然决定，单纯的知识传授是"浅"教的过程，单纯的知识接受是更"浅"学的过程。

那么，何谓"知识浅教"？简单说就是，在阅读教学中，引导学生读懂课文基本内容，了解情节的前因后果，不过分剖析内容，不过分解读情感价值，更不把专业读者的思想强加在学生身上。换句话说，就是从课文出发，让学生逐步做到：识记该记的，运用能用的，懂得能懂的，理解不懂却又不能不懂的，以及产生基于自己生活阅历的一点感悟。

"浅教"的内容主要有两个核心要义：

1. "知"

学生应该知道的内容应该"浅教"。主要包括文章的字词、整体感知、文章的基本内容三部分。如文章的字词，哪怕是生字词，也并非所有学生都一无所知，特别是学生可以借助工具书解决绝大部分的内容。再如文章的基本内容，写了哪些人，说了哪些事，描述了哪些景，这些人、事、景又给人什么感受，这一部分其实就是对课文内容的初步感知，这些内容是可以建立在学生自己的生活经历或阅读经验上的，每一个人感知的具体内容或许有所区别，但总体上均会形成对课文的初步判断，这些就是浅教的内容。这些浅教的内容，教师只需点到为止，不必过度花费时间与精力。

2. "做"

学生应该做的活动或情境。阅读教学的基础是"阅读"这一行为，不用老师过多指导，学生也应该懂得基本的"阅读"方式，如略读与精读，圈点批注，不理解的地方去查阅资料、寻求帮助，这些均是与阅读文章相关的基本活动，除了开始时需要老师多加引导，更多时候还是需要学生自己内化为阅读的自觉行为。

需要说明的是，"浅教"也是"教"的一种。它不是不教，不是浮光掠影、蜻蜓点水，更不是浅尝辄止。它一样需要老师加以引导，甚至加以强化。

没有"浅教"的质量，后续对语言的品读、对情理的深入挖掘，均会失去基本的依托，要实现语文课堂的情味，无异于空中楼阁。

四、课堂本质：情理深悟

"悟"，有醒悟、领悟之意，有参悟、体悟之意，亦有体悟、大彻大悟之意。让学生有所"悟"的课堂，是美的课堂，是有深度的课堂。

情与理的深悟是语文阅读教学的内在本质。如果说文本细读和语言慢品是集中在文本的文字层面，知识浅教是集中在对文本的基本内容的理解层面，那么情与理的深悟就是集中在文本的内部深入层面，这种内部的深入层面才是文本的内核，是文本真正想要表达的内容。

情与理的深悟要求教师能够面向学生教授这些文本的核心内容，帮助学生领会文本的创作内核。悟什么？主要是文章饱含的"情味"及"理思"，即文化的意境、文字的美妙以及文人的表达之道。实际上情与理的深悟是教师引导学生深入理解文本的一个过程，通过这一过程，教师能够帮助学生理解一个成熟的文本并不仅仅是简单的文字罗列，而是具备文字美、意境美、表达美以及内核美的整体。古今中外诸多优秀的文学作品也是兼具了这四个方面的内容，才会被奉为经典。情与理的深悟是一个帮助学生深入文本的过程，是教师文本教学的最为关键的一步。[①]

在传统的中学语文的阅读教学中，教师往往先入为主，在教学设计中就已设计好了文本的文字美、意境美、表达美以及内核美。在上课过程中，也只是通过一定的途径或手段，把预设的东西灌输给学生，而忽视学生思考与反思的过程，这就使得在阅读教学的课堂上，学生始终都在等着教师说出答案，他们并没有对文本进行真正的思考。如，常见的课堂呈现出来的是，老师常说"这一问题大家讨论一下"，但实际上，讨论的时间就那么一两分钟，五六个学生，叽叽喳喳，一个人说不了两句话，能讨论出什么结果？或者老师说"同学们探究一下"，探究的过程其实就是平时说的"想一想"，或许是教师还没有等到自己需要的答案。

---

① 丁晓亮.文本细读的度与法［J］.语文教学与研究（教研天地），2015（4）.

　　有情有味的语文课堂，应该是有深度思考的课堂。教师应该明确学生思考的过程，在分析文本的文字美、意境美、表达美以及内核美之前，教师都要给学生相应的思考时间，让学生先思考一下这四个方面的内容，然后教师再根据学生论述的内容进行教学，这样一来，情与理的深悟过程就不再是教师一个人思考的过程，而是教师和学生双重思考的过程。通过情理深悟过程，学生能够快速地理解文本的表达内核，从而迅速培养出理解文本的敏锐力，在后续的文本学习中，学生就能够在这一理解的基础上快速地了解到文本的表达内核，学生自身的文本理解能力也能够有所提升。

　　特别是在教学中，教师要引导学生将自身对于文本的领悟讲出来、写出来抑或是演出来。"讲出来"即表达，或课中或课前，均可以让学生把自己所思所想表达出来，甚至可以用量化的形式，要求学生对每一问题的表达不得少于五句话（观点、总结以及三句理由），以此锻炼学生的逻辑表达能力，也可以课后写出来或演出来。在一篇课文的学习中，因为老师所授的知识还是"浅知识"，即便是"浅知识"，在学生的接受过程中也会大打折扣，所以学生一节课能掌握的内容是十分有限的。再者，40来分钟的课，留给学生充分表达的时间十分有限，那么就可以让学生把自己的学习所悟写下来，或者是邀几个小伙伴，用自己的理解重构文本，编写课本剧，找时间演出来。

行与思：语文情味的行动思考

自从2016年担任省市名教师工作室主持人起，我就一直把"细读慢品，浅教深悟"作为自己的教学主张，带领工作室的学员开展相关的课题研究及课例实践。经过多年努力，形成了系列课例，也发表了不少相关的论文，更重要的是，形成了较为成熟的教学形式，以下再对相关问题做更进一步的阐释。

一、细细读：感受语言与文字的美感

细读，就是文本细读。文本细读源于20世纪西方文论中的一个重要流派——语义学，这一流派将语义分析作为文学批评的最基本的方法和手段，其中文本细读是语义学派对文本进行解读的重要方法和显著特征。用吕叔湘先生的话来说就是："文本细读就是从语言出发，再回到语言。"用夏丏尊先生的话来说就是："文本细读引发一种对语言的敏感。"孙绍振、王先霈、王崧舟、陈思和等现代学者、教育家或名师，根据已有的文本细读理论，通过自己的不懈研究和探讨，赋予了文本细读新的含义，并且身体力行地把文本细读的理论贯彻到自己的教学实践。

当然，文本细读是一种大而化之的提法，而事实上并不存在一种抽象的、普适的文本细读方法。这里所谈的细读，不是对文本缜密的没有缝隙的"咬文嚼字"，而只是自己朝着对文本"品悟"的方向所做的对文本最初的感知和了解，目的是帮助学生熟悉文本，实现对文本内容的初加工，因此学生只需要理解文本所写的内容，知道文本的表情达意足矣。

细读之"读"，有四个层级。在文本细读的过程中，教师要对学生读的层次具有一定的要求：在文本的读音上，学生需要"读得准"；在文本节奏上（文言文则体现为"句读"），学生需要"读得顺"；在文本所表达的基本内容上，学生需要"读得懂"；在文本的寓意内核上，学生需要"读得透"。

（一）读准生字

对于生字词，要"读得准"，会正确书写，能准确运用。但这些教学步骤，小学常用，中学特别是高中已销声匿迹，或许是学生的识字水平有了较大提升，生字量在减少，最主要的可能是老师舍不得拿出足够的时间，认为堂上识字费时耗力。其实，语文课应该重视语言文字的积累，并把此作为培养学生语文核心素养的一大途径。我的阅读课教学，愿意拿出三五分钟，让学生读读生字，说说词义，提醒字形，甚至即兴玩"嵌词成段"的小游戏，长期坚持，显性的成果是学生的词汇量特别丰富，且写作的语言能力有了显著的提升，而隐性成果则是提升了学生的语感，也提升了学生的口头表达能力。我个人认为，这真的是语文教学中，最功德无量的事情。

新课标特别强调了对语言经验的积累。无论是《义务教育语文课程标准（2022年版）》中的"语言文字积累与梳理"，还是《普通高中语文课程标准（2017年版2020年修订）》中的"语言积累、梳理与探究"，均提倡让学生"掌握祖国语言文字特点及其运用规律，形成个体言语经验"。识字写字、成语、古诗词等语言材料的积累，依然是语文课堂的必要步骤。

当然，长期的一线教学让我们发现，学生学习语文靠死记硬背是行不通的，语言的学习需要运用到解决真实的问题中去。"识字写字教学应结合学生的生活经验，综合运用多种识字方法，培养学生的识字写字能力。"但随文识字，在课堂上引导学生掌握汉字的音、形、义，依然是有效而又快捷地让学生进行语言建构的途径。

所以，我们把文本细读的第一步定性为学生把生字"读准"。在读文章的过程中，要求学生优先解决掉文本中的生字生词，保证在读懂文章的过程中，每一个字的发音尽可能都是正确的，每一句话意思的理解大致是准确的，这需要学生有比较扎实的词汇量的积累，需要学生长期坚持。要解决这样一些生字生词，学生要合理利用字典，及时地在初读文本的过程中就解决掉这些问题，这样一来，在后续的阅读过程中，学生才能够阅读得更加通顺，他们的思维也能够更加连贯，在文本上进行层次划分以及在纸张上进行事件记录时也能够更加顺畅高效。

在读准字音的基础上，进一步让学生掌握字词的正确书写与基本含义（文言文中则表现为知晓古今异义、常用实词和文言句法等基本知识）。随着科技的发展，拼音输入在各类输入法中占了主流，学生提笔忘字现象数见不鲜，而写错别字，更是成了学生的常态。这些现象与平时语文老师忽视字词教学不无关系，而理解字词的基本含义，是为了更准确地使用该词语。一直认为，只有在语境中，才能检测出学生运用语言的真实水平。

所以，检测学生是否知晓词义的最佳办法是对文章重点字词进行口头造句练习。口头造句甚至成段的方式，既能检查学生对字词意思准确理解的情况，也能当堂训练学生的逻辑能力。有意思的是，从初中开始，语文老师就不太习惯再给学生讲字词、析字义，给学生练近义词反义词进行巩固，再让学生用生字词进行必要的造句练习以熟练运用。所有这些对字与词的识记与运用，都停留在小学阶段。

作为名师工作室的主持人，我曾有"送教下乡"的经历，在进行七年级《驿路梨花》一课的阅读教学时，列出的几个生字，标上拼音后让学生读了读，说了说大致的意思，然后请同学们任选一个词进行造句，生生请了七个同学，才有学生选择了"简陋"一词，完成了这个让我觉得特别艰难的任务。而让学生尽可能多地任选词语进行口头语段训练，最多的学生只能选三个词语，且说的话各自为战，没有一个统一的中心。更有意思的是，课后有老师对此环节的安排大为不解，认为这不该是这篇课文的学习重点。

无用之用，方为大用。长沙市第一中学的周玉龙老师也说，"每一件事，看似不正经，实际得大道"，更何况，语言文字的积累与运用，是语文老师要做的最正经的事情啊。

所以，我们把读准字词的要求放在"读"的第一个层次，识音，能写，明义，且能大致运用，就是这一层次读书任务的基本要求。

（二）读顺节奏

现在的学生语言表达能力普遍不强，在进行文本的阅读教学时，还需要引导学生把文本的词句"读顺"。学生如果想要读得顺，势必要让学生领会语句的节奏及语气。中华文化博大精深，一个句子从不同的地方断句或停顿就会有不同的含义。因此，文章要想读得顺，就必须对文本进行正确停顿。

尤其是在文言文文本进行阅读的过程中，高中生更要进行断句训练，这样才能够保证他们的文本阅读读得顺。韩愈在《师说》中说："彼童子之师，授之书而习其句读者。""习其句读"就是教学生断句。中国古代没有标点符号，一篇文章甚至一本书，都是一个汉字挨着一个汉字地写下来的，所以前人读书都要自己断句，常常在一句话的末了用"。"断开叫"句"；在一句之内语气停顿的地方用"，"断开叫"读"（dòu）。给古书断句也可以叫断句读。断句是文言文考查的传统方式，是学习文言文的基本功。明辨句读，要综合运用古汉语字词句及古代历史文化等方面的常识，因而断句能力高低，成了阅读文言文能力高低的一个重要标志。古人之所以重视断句，是因为断句正确与否直接影响对文章大意的理解，若是断句失误，必然会误解文章原意。古书中就有一些记录断句不当而造成理解错误的材料。《韩非子·外储说左下》中有这样一个故事，鲁哀公问于孔子曰："吾闻夔一足，信乎？"曰："夔，人也，何故一足？彼其无他异，而独通于声。尧曰：'夔一而足矣。'使为乐正。故君子曰：'夔有一，足。非一足也。'"[1]这个小故事，对于让人们认识断句的重要性具有很大意义。

再如"史官曰交友之道难矣人当意气相得时以身相许若无难事至事变势穷不能蹈其所言而背去者多矣况既死而能养其亲乎吾观杜环事虽古所称义烈之士何以过而世俗恒谓今人不逮古人不亦诬天下士人哉"这一句，如果不进行断句，学生的文本阅读体验会急速下降，学生也会因为句子的复杂而产生抵触情绪。但是如果对这一句话进行断句，就变成了"史官曰/交友之道难矣/人当意气相得时以身相许/若无难事/至事变势穷/不能蹈其所言而背去者多矣/况既死而能养其亲乎/吾观杜环事/虽古所称义烈之士何以过/而世俗恒谓今人不逮古人/不亦诬天下士人哉"这样一来，句子的结构就顺畅多了，学生读得也就更顺了。

此外，不仅仅是文言文，现代文阅读也需要学习正确的停顿与语气的抑扬，这不仅关系到阅读文本的顺畅程度和语感的提升，更关系到朗读的感染力，增添文章语言的美观。可以说，好的朗读节奏就是语音的停连、快慢、轻重、高低等配置恰当，若能加上必要的表情与手势，就会让听者不自觉地沉迷其中。这些能力，也需要在语文阅读课中不断训练、不断强化与巩固。甚至可

---

[1] 喻笑. 高中语文戏剧类文本教学研究［D］. 郑州：河南大学，2019.

以这样说，读书节奏优美的人，语感能力强于他人，语文学习能力也明显强于他人。

例如在"青春落下了，你还有金秋。你是一方坚实的土地，陆地任何一个支点都可建造丰碑"这一句中，尽管已经有标点，但是学生在阅读文本的过程中还是需要好好体会节奏的变化、轻重音的处理与气息的停连。学生首先需要强调"青春""坚实的土地""建造丰碑"这三个主体，在阅读这三个主体部分时轻微停顿，以此来突出这些主体的地位。

当然，并非所有课文的阅读，均要训练学生读顺节奏的能力，但一些语言优美或感情充沛的文章，确实适合诵读，则不妨以此为训练的重点，以读促思，老师千遍万遍的灌输，不如学生满含感情极富感染力地读上几遍。

（三）读懂文意

在文本的内容上，学生需要"读懂"。文本细读不仅仅让学生"读"，更要让学生"懂"。学生在读的过程中，不能够仅仅是"热闹"，对于文本要表达的内容，学生要有基本的理解。换句话说，所谓"读懂文意"，实是指弄明白文章"写了什么"。

例如，读马丁·路德·金的《我有一个梦想》，仅能读得准字音，读得顺节奏，知道其为一篇精彩的演讲稿甚至能脱稿表演，这还远远不够。读这篇文章，学生首先要明确的是这一文本所创作的背景以及它所要表达的诉求。《我有一个梦想》创作的背景是美国种族歧视的大环境，文本主要是对种族平等的思考。马丁·路德·金在林肯纪念馆的台阶上发表了这篇著名的演讲《我有一个梦想》，标志着20世纪黑人民权运动进入高潮，激励着人们为争取自由平等而不懈抗争。

这样看来，读懂文意，指的是基于文本创作的背景来理解并把握作者要表达的根本诉求（创作意图）。如读小说，就要弄明白小说写了些什么人，说了些什么事，作者借这些人的这些事究竟要表达什么意图；读散文，要明白文章是叙事、写物、写景或是说理，借这些人、事、物、景等内容要表达什么感情。这也就是平时我们所说的"一言以蔽之"。

所以，读文章或者进行阅读教学，在深入了解文章睿智的语言、精妙的技巧、严谨的结构、深邃的思想之前，不妨先来"一言以蔽之"，先从总体上大致了解文章的主要内容，甚至可以简化为"若用一句话来概括文章的主要内容，应该怎么说"。

（四）读透情理

文本细读主要还是让学生读，让学生领会，让学生把文章要表达的情与理读透彻。

文本是复杂的个体，可说可读的东西很多，加上教学任务的加持，使得教学设计的选择就成了对文本教学价值的有效取舍。所以，要在极为有限的时间内带领学生读透文本，就不要去想好几个环节，而是集中力量搞明白，该以什么设计来串联自己课堂的所有环节。有了好的设计，课堂才会游刃有余，大象无形，无论学生如何生成，都在设计的框架内，既不会出现驾驭不了的突发情况，也能顺理成章地带领学生抓住文本的内核。

阅读教学中带领学生"读透情理"，关键在于一节课的设计，在于教学设计中的有效"抓住"，越是复杂的东西，越需要简而化之的能力，要不然课堂就会看似内容丰富，实质"东一榔头西一棒槌"，老师累得够呛，学生一脸茫然。

那么，该如何去抓？该抓住什么？主要有以下几个常见的角度：语言的特点，如《皇帝的新装》里的夸张；故事的核心，如《斑羚飞渡》的飞渡；写作的对象，如《一双手》的手、《自己的花是让别人看的》的花；对象的特色，如《沙之书》的书的虚幻神秘，如《在沙漠中心》的心的速写。可以说，抓住了文本的关键，就抓住了课堂设计的牛鼻子，就能围绕文本做出有效的取舍，进行精妙的设计，就能在课堂以简驭繁，四两拨千斤。

例如，在进行《呐喊》（自序）这一文本的细读时，可以紧抓"治病"这一关键词。在这篇序文里，"医病"的问题，成为作者用于表述过去的一个基本线索。首先是为父亲买药医病，结果"我的父亲终于日重一日的亡故了"[1]。接着是上日本的医学专门学校学医，决心"求治象我父亲似的被误的病人的疾苦"。但作者看到的是"一样是强壮的体格，而显示麻木的神情"的一群中国看客。在此处，"病"已经不仅仅是身体上的疾病的象征，还象征着的更多的是一种精神上的疾病，是"民族的病"，是整个民族精神麻木的象

---

[1] 陈星宇.高中语文论述类文本教学案例研究［D］.昆明：云南师范大学，2018.

征。鲁迅先生弃医从文，从外表来看是他改变了职业，但是本质上来说，鲁迅先生只是从治"人"的病，变成了治"民族"的病而已。看到这层意思，也就领悟到了文本的内核。

文本的情与理的内核总是和文本的主线息息相关。抓住这条主线，破解这条主线上隐藏的千千万万个有意或无意的信息，老师看似教之以"浅"，学生实则能悟之以"深"，此所谓"深悟"。

（五）朗读之"读"

文本细读之"读"，应该是更广义上的"看"，有别于朗读之"读"。语文课应该有读书的声音，更应该有深入的思考。

1. 读"文"的方式，适宜就行，不必"五读"俱全

有人认为，英语重在"说"，数学重在"练"，而语文重在"读"，这是有一定道理的。读，在语文阅读教学中占有十分重要的地位，它是理解课文内容的主要途径。叶圣陶先生说，"学习语文不该只用心与眼来学习，必须在心与眼之外，加用口与耳才好"。他还说，"白话一样可以读，可以吟咏，吟咏的时候，对于讨究所得的不仅理智地了解，而且亲切地体会，不知不觉之间，内容与理法化为读者自己的东西了，这是最可贵的一种境界"[1]。新课标也明确指出，语文课要加强朗读的训练，要让学生在读中感悟，在读中积累。

在语文阅读教学的过程中，有学者提出"五读法"，即初读、细读、品读、熟读、延读（也有一些老师归纳为"通读""诵读""仿读""赏读""延读"）。所谓初读是朗读的初级阶段，目的在于初步激发学生兴趣，感知课文内容和重点，培养学生自学能力。同时，让学生借助拼音自学生字词，运用"常用识字十五法"趣学生字，并且默读或出声地读出课文。细读就是让学生仔细阅读课文，反复朗读咀嚼语言文字，厘清文章思路，抓住重点，提出问题，体会其中的深层含义和思想感情。[2]品读是高层次的读，它是在理解文章的基础上，再深一步探索文章主旨，品评、欣赏作者用词造句，深入理解文章的布局、精妙之处，不但了解作者说什么，而且与作者的心情相契合。

① 夏玉芬. 高中语文教材中的戏剧文本教学研究［D］. 扬州：扬州大学，2013.

② 袁青. 高中语文戏剧类文本教学研究［D］. 济南：山东师范大学，2016.

熟读就是选取精彩片段或篇章进行背诵，"让书中的话好像都出自于自己的嘴巴"，烂熟于心。延读就是由课内迁移至课外，是对课文的有效补充和拓展。

这是阅读教学常用的"五读"之法。在实际的教学过程中，教师不必要求学生"五读"俱全，因为文本细读的核心就是要求学生理解文本，对文本进行初感知，因此学生只需要知道文本主要的表达内容，并且能够说出文本所表达的内核就足够了。而且在读的过程中，学生也要解决掉相应的生词生字，以此来扩展自己学习的知识面。也就是说，细读文本不要求把这"五读"轮番做一遍，只要达到了解了文本、掌握了基本知识、懂了基本内容、感知了基本感情的目的，采用的哪种方式读不必在意，更不要为了追求课堂的表面热闹而把"五读"异化为"全班读""小组读""个体读""男生读""女生读"这些为了读书而进行的读，把需要静心看书涵养智慧的高雅读书活动生生变成了单纯的体力劳动。

2. 读书的效果，专注为佳，不必追求热闹

在文本细读的过程中，教师不必太过于苛求学生的阅读方式。有的教师为了提高学生阅读的情绪，会要求学生大声朗读，其实在这样的读书过程中，学生反而容易走神，有的学生出声朗读时会十分注重听自己的声音而忘了在文本上标画，在这种状态下，学生读完一遍之后，并没有在文本上标注相应的结构层次，也没有在文本上标注生字的读音或标注不太熟悉的词汇，桌面上的纸张或笔记本上也没有记下文本中的关键事件或关键人物，甚至都没有必要的圈点勾画，这使得学生读完一遍之后一无所获。此外，全班齐读，声音大则大矣，但有的学生适合默读，有的学生适合朗读，有的学生适合快读，有的学生则喜欢慢条斯理，教师一味地要求学生大声齐读无疑破坏了学生文本阅读的平衡性，用统一的语速甚至腔调绑架了阅读个性，这样一来，学生不管读几遍文本，都不会达到有效的阅读要求。

在文本细读的过程中，教师要尊重学生文本阅读的差异性，学生想要出声朗读，教师就可以允许学生出声朗读，学生想要默读，教师就可以允许学生默读，教师要充分尊重学生的阅读需求，在文本阅读的过程中，只要学生能够始终做到专注阅读，那他们的阅读方式就不再重要，教师对于阅读文本的要求应该是专注而不是追求表面热闹。

所以，最佳的语文阅读课堂其实是"静"的课堂，在阅读文本的过程中，学生根据上文中论述的内容准备记录关键信息，并且在文本中勾画批注，即使没有人发声，教师也不要多加干预，若学生处在一种专注阅读的情境下，此时教师强行插入会影响到学生的思考过程，容易让学生的思维中断。因此在学生阅读的过程中，教师只要保证学生完全进入了文本世界就足够了，至于课堂上的阅读氛围，阅读情景热闹与否，都不应该是教师考虑的范围。静场，能让学生有品味的空间；静读，能让学生有涵泳的时间；静思，能让学生有内化的过程。宋代理学大师陆九渊也说："读书切忌在慌忙，涵泳功夫兴味长。"所以，语文课堂追求一种"静场""静读""静思"，动静相宜才能真正地产生独特见解，闪现灵性的火花，这样的语文课才是真正的好课！

二、浅浅教：语浅情深，而慧心自生

"浅教"，教的是可以不用教学生也懂的内容，是学生应该能懂的内容，是学生必须要懂的内容。

"浅教"的第一要义就是字词的落实。积累字词，能比较熟练地运用生字词，这一点在前一章节已有比较详细的介绍，这里不再赘述。

"浅教"的第二要义就是快速地从整体上把握文本的内容。这也是前文所提倡的"读懂文意"的要求。"我们阅读文本，最后必须能够做到'一言以蔽之'，做到'一语道破'。对每一个文本，我们都要问一句：这个文本，一言以蔽之，它在说什么？"[1]快速地从整体上把握文本的内容有两层意思：一是整体把握文本的内容。这里说的是"把握"，而不仅仅是"感知"。感知的内容可以是感性的，是允许有偏差的，教学的内容虽说见仁见智，但文章的基本内容还是需要有一个确定无误的观点（而对文本的其他恰当的理解，归属于后面章节中"深悟"环节要解决的问题），"整体把握"就是找到这个文章主要的确定无误的内容或观点。二是快速把握文本的内容。一节课的教学任务普遍比较繁重，不能有更多时间的暖场，更不允许东拉西扯不得要领，这就需要找一个极佳的文本解读的切入点，就如"庖丁解牛"，手起刀落，一气呵成。

"浅教"的第三要义是依据文本。从教学内容上说，"浅教"是一切从文

---

① 罗晓晖，冯胜兰.文本解读与阅读教学讲谈［M］.上海：华东师范大学出版社，2018.

本出发，绝对控制课外引申，以至完全不引申，从文本中来再到文本中去，"有一种文本洁癖"①；"浅教"就是从一个字一个词中努力挤出文字的感情和语文的丰富来。

（一）简约而不简单，找准文本的最佳切入点

语文阅读教学需要学生对一篇文章综合理解。而一篇文章的核心部分往往是一个点，再由这一个切入点延伸为串联全文的线索，在这场作者营造出的幻想盛宴中，从题目到情境，无一不是抒发作者意愿的途径。因此，在日常的语文阅读教学中，不同的教学方法应运而生，但不论用哪种方法进行阅读知识的传授，都是为了让学生从根本上掌握自我阅读的能力。不同的学生对不同的文章会有自己不同的理解方法，所以在教学的过程中也不能千篇一律地进行灌输。采用不同的语文阅读切入点教学方法进行教学，针对不同的文章灵活地运用不同的切入点教学方式，有助于学生对文章的切入点进行理解与捕捉。

1. 单刀直入：从标题切入

这是我比较喜欢的切入方式。一篇文章的标题是作者凝结全文所述汇集成的点睛所在，标题对整篇文章都有着高度概括的作用，对标题的阅读和分析是读一篇文章前最初进入脑中的印象。

作者在确定标题的时候一定是进行过反复的推敲与斟酌的，而标题之中蕴含的含义更是作者对全文的寄托，多数的情况下都是比较含蓄而隐匿的，需要在阅读后对文章以及创作的背景有充分的了解，这样才能够尽可能地接近作者的出发点，如此才能对作者借由文章所想传达的思想进行更为精准的剖析。

在语文阅读教学的过程中，由标题切入对文章进行分析是非常具有代表性的一种文章分析手段。学生接触到一篇文章的时候首先看到的就是文章的题目，这时候不管是从文字的字面意思还是对背后意境的遐想，都已经率先在学生的脑海中形成了一个虚拟的印象，再经过头脑对信息的处理与整合，便会对文章的正文有一个大致的假设，在这个过程中，如果让学生拥有了对文章标题进行切入分析的能力，那么学生在后面的阅读中就会更具有目的性与方向感，

①肖培东.我就想浅浅地教语文：肖培东语文课例品读［M］.武汉：长江文艺出版社，2016.

会让学生从文章中获取到更多的未知东西，再在此基础上加以自身的理解与升华，那么语文阅读的真正目的就算是达到了。但在学生掌握这项技能前，需要教师进行合理引导。教师通过对标题的准确分析，可以让学生跟随教师思路学习得更加轻松。学生掌握了这种轻松而便捷的语文阅读解析方式，更能使学生接受对学生而言好感度不是很高的语文阅读类题目，使学生从本质上喜欢上语文阅读。

在课堂教学中，要对知识点进行合理的难易程度分级，高中的语文课文中有很多的文章，文章的标题各有差异，在进行标题切入点讲解分析的时候，首先要选择标题直白易懂且十分具有代表性的文章来进行教学指导，在学生慢慢掌握文章标题切入法分析之后，再提升标题切入分析的难度，循序渐进由浅及深地对学生进行引导。

《荆轲刺秦王》就是非常具有代表性的一篇文章。在课堂上，教师可以对全文内容进行总结，之后再抛出思考类的问题，让学生自己去想。特别是进行阅读教学的时候，可着重由标题入手开始分析。很显然这样一个标题是对一个事件的描述，那么在提出问题的时候，就可以围绕着与这个标题所关联的内容进行思考，让学生懂得从标题中汲取文章所描述的内容的信息。

从故事角度来思考，《荆轲刺秦王》这篇文章讲的是一个什么样子的故事？文章中涉及的人物有哪些？故事的发展是怎样的？人与人之间产生过怎样的摩擦和矛盾？这样的矛盾又因何产生？是在什么样的情况下产生的？矛盾是否与当时的社会背景有关？

从人物角度来思考，《荆轲刺秦王》这篇文章中荆轲与秦王分别是谁？他们的社会身份是什么样的？荆轲为了实现自己的目的做了哪些准备？荆轲在准备过后又是怎么样一步一步地去实践自己的计划的？荆轲是一个什么样的人？被荆轲刺杀的秦王又是什么样的一个人？在阅读文章过后，是否对荆轲刺秦王的事件有自己的见解与看法？

以上的这些问题都可以是学生在阅读文章时对文章进行理解的切入点，不论从故事的角度来看，还是从人物的角度来看，每一个问题的思考都较上一个问题更为深入，甚至可以说是在上一个问题产生了答案之后，才会对下一个问题的答案进行思考，学生思考这些问题答案的过程，就是逐渐向文章的核心接近的过程。

在学生对以上问题都有了自己的想法后，甚至还可以让学生站在自己的角度进行联想，假设自己成为故事当中的某个人物，那么会让事情怎样发展下去呢？因为学生的性格不同，其答案一定不会像标准答案一样千篇一律，那么再将学生的答案进行分类与比较，学生更是会在这样的阅读分析中产生更浓厚的兴趣。在这样的语文阅读教学方法下，每个学生都会有自己对于故事的深刻记忆点，不仅可以有效地提高文章的阅读效率，同时还可以让学生发自内心地喜欢上阅读这件事情，这样的教学才是有意义的教学。

2. 庖丁解牛：从文章关键处切入

教学中每一篇文章的安排都是有其特定的教育意义的，在教学的过程中，要将不同的文章根据其特点进行分类教学，这样学生在学习的过程中也可以分门别类地进行理解。而不同的文章所传达出的概念和含义都是不同的，因为每一个作者所处的时代与创作的背景都是不同的，哪怕是文体一样的文章或是风格相近的文章也都会因为其作者的不同而各有不同。所以，想要了解一篇文章就要从文章的关键之处进行分析，这个关键的地方可以是作者所处的时代，可以是作者在特定时间内的人生际遇，也可以是作者在某一情况下的强烈情感，等等。

朱自清的《背影》就是一篇可以从作者和背景两个关键处切入分析的文章。作者创作这篇文章的时候正值祖母去世，父亲进行工作交卸，祖母的丧事办完后，父亲回南京，作者回北京，父子二人在车站分别，站在月台上相送的场面勾起了作者对父亲的种种感情。与在外求学的学生们一样，远离他乡与亲人分别的感情能够引起学生的强烈共鸣，特别是细致入微的动作描写，在故事背景的铺垫下，文章流露出来的感情极其充沛，父亲的形象瞬间跃入脑海，这就是这篇文章的重点之处，由创作背景到传达的感情，逐步将阅读的人引入情景中去，感受作者笔下的情感。

目前的语文教材中，学生除了需要对文章进行学习之外，还需要对作者的经历有所了解，因此，需要学生在阅读的过程中更加全面地对所学文章进行理解。教师在传授知识的过程中只是帮助学生知道更多学习方法的引路人，待到学生自己对文章进行阅读与分析的时候，就是检验学生对语文阅读理解程度的时刻。

3. 一词立骨：从文眼切入

文眼是一篇文章的眼睛。我们说，眼睛是心灵的窗户，而文眼，也是了解文章主旨的窗口。一篇文章可能讲到了很多东西，但是会因为文眼的存在而有了全部被串联起来的感觉，学会了寻找一篇文章中文眼的方法，就能够很轻松地对一篇文章进行拆解与分析。

在《荷塘月色》一文中，"一切景语皆情语"正是这篇文章的写照，作者以景色寄托感情，也就是说所有的景色都是为了烘托感情而存在的，那么这篇文章的文眼就在于感情抒发的地方。跳过作者描绘出的一切美丽景色，细读有关于感情抒发表达的部分，那么就会很快地找到这篇文章的文眼，也就是开篇那句"这几天心里颇不宁静"了。整篇文章描绘的景色都是极为宁静优美的，这与作者自身的初始心情形成了强烈的反差，荷花与月色呼应，荷叶的摇曳与光影和谐相伴，荷塘周围的景致寂静而幽深，这样淡雅朦胧的美好景象足以让作者陷入其中。以如此景色来衬托感情的绝妙之处就在于作者在这样宁静的环境中抚慰了自己原本不宁静的心，直到作者最后离开，内心又重归于不平静。这就使得整篇的宁静描绘显得弥足珍贵，而此篇文章的回味含义也正在于此，是荷塘月色使作者的心情平静而愉快，这也就是荷塘月色在作者眼中存在的意义了。在分析文章的过程中，始终抓住作者传达情绪的出口，不论是宁静或是不宁静，寂静美好或是内心烦躁，文章中所蕴含的一切情绪都是作者想要表达出来的东西，只有在情感上与作者产生了共鸣，才能更好地分析文章本身蕴含的意义。

一篇文章的文眼可以藏在文章的任何地方，这需要学生在日后的阅读中去慢慢地体会。文眼是一篇文章的灵魂所在，抓住了文眼，也就抓住了一篇文章中作者的情感，在遇到同样类型的文章时，就可以套用已经熟练掌握的文章分析技能，对于学生来说，语文阅读定将不再是困扰他们的难题。

4. 他山之石：从具体情境切入

在语文阅读的教学过程中，除了传统的分析方法以外，还可以融入更加多元化的教学方法，比如针对所学习的文章进行情境的再现，在重现出来的文章情境中，学生会更容易进入文章所述的环境中去，会有效地帮助学生对文章进行理解。

《孔乙己》这篇文章，具有十分突出的环境特征，不只是时代背景方面，文中所涉及的动作以及对话场景都很具有代表性。在对这篇文章进行教学的时候，可以组织学生们先对文章进行阅读，然后再将其中的情景单独分离出来让不同的学生进行情境演绎，演绎之前由教师分析人物的语气和状态，被分配到角色的学生要按照教师的要求进行阅读，模仿孔乙己说话时候的腔调和方式。在这种情况下，学生很容易就能体会到文中人物的心情以及心理状态。在条件允许的情况下，还可以将学生们组织起来进行话剧表演，这样有着饱满情绪语言的人物再结合动作上的表演，无论是表演的学生自身，还是看表演的学生，都能够更积极地参与到文章的思考中来。在表演过后，设置一些问题让学生进行思考，比如说孔乙己生活的时代和现在有什么不同？由此来了解年代之间的差异，再对不同年代之间人物的生活状态进行分析，这样会更容易触动学生对于文章背景环境以及人物行为的理解。

一个好的文学作品是不可能脱离情境而独立存在的，故事中所传达出来的情感都充满着浓烈的感情色彩。教师用情境设置的方式帮助学生对文章进行理解，不仅可以调动学生思考的积极性，还有助于培养学生对阅读的热情。

5. 按图索骥：从学生疑问处切入

教师在讲解文章之前，可以让学生自己细读文本并进行质疑。阅读始终都不是学生学习语文的根本目的所在，阅读只是学生对文章进行理解感受的途径而已，主动思考才是学生在语文学习过程中所应有的反馈。在学习之前设置问题，让学生思考，再要求学生在教师设置的问题的基础上想出自己对于文章的一个至三个问题，并且在阅读的过程中将所有的答案都寻找出来。

学习《雷雨》的时候，可以让学生思考周朴园是怎样的一个人，这个问题的衍生问题可以是他为什么会做出文中所述的行为，行为的目的又是为了什么，等等。学生带着这些问题对《雷雨》进行阅读，就会在阅读的过程中加以自己的分析与思考，这样带着问题进行的阅读会比常规的阅读方法有更好的效果。

学生带着自己的理解与想法阅读文章，再对照教师是如何对文章以及所提问题进行分析的，经过这样的过程，学生能够更明确自己与教师的思路差异在哪些地方，而后再在不断的实践与学习中优化自己的思维方法，最终形成独立的文章分析与阅读能力。

综合以上，不论是采用循序渐进、由浅入深的方式，还是采用感官调动的理解方式，抑或是采用故事架构搭建的方式，都是为了让学生能够通过对语文阅读的学习掌握阅读理解的能力，进而使学生获得更为丰富的情感体验。多种多样的文章切入方法可以为学生带来阅读的多重角度，从而获得更丰富的阅读层次。学生掌握了对自己来说最有效的阅读方法后，最直接的影响就是文学作品品读能力上升，从而使学生在语文这一学科的素养朝着更加良性化的方向发展下去。

（二）简读而不简化，找准文体的解读基点

我做了好多年的语文老师，有感于学生的阅读能力不强而不能准确地把握文章的主要内容，就一直想着有没有比较简易的方法能让学生找到破解文章的密钥。或许很难，毕竟阅读文章考验的是读者的生活或阅读经验，也考验读者综合的语文素养。但是，若我们知晓一些文体知识，从文体的普遍特征出发来解读文本，是有可能降低理解文本的难度的，我们不妨把这种阅读法叫作"简读法"。接下来，以各类文体为例，说说简读法如何帮助学生快速而又比较准确地理解文本。

1. 简读诗词：欲读千家诗，先解诗家语

先说古代诗歌。古代诗歌，是中学生比较害怕的文章体裁。可偏偏被收入教材的古诗越来越多，近几年高考中的古诗鉴赏题一直比较坚挺，且理解的难度也越来越大，相当多的同学反映自己甚至都看不懂古诗的基本内容，当然无法做好后面的题目，特别是感觉老师平时所教的答题套路在考试时根本用不上。确实，在新课程改革的大背景下，不只古诗部分，现代文阅读的命题也呈现出"反套路"的特点，甚至近两年的高考古诗选材逐渐叙事化或散文化，替代了往年常考的写景写物诗。考查内容也淡化了以往常考的写作技巧，而特别重视对诗歌本身的具体分析，相当于命题者直接告诉了你"答案"，你要做的就是，阐释这个"答案"的合理性。其实，考试的主要方向就变成了看谁能真正理解诗歌本身。换句话说，要做好高考中的古诗鉴赏题，读懂诗歌本身才是王道。

可惜的是，古诗词的特殊性，决定了要读懂它并非易事。一是时间久远。古诗的语言属于狭义的古代汉语书面语，距离我们太远了。二是古诗特殊的表达方式。词的选择、词的组合以及句法的选择，与现代汉语相去甚远。三是古人的思维方式与现在有异。古人尚含蓄，愿意曲折地表达个人的想法。这些不同被有些人称为"诗家语"。

所谓的"诗家语"，主要表现在以下几个方面：

一是非语言化。诗歌的语言是非一般的语言，是诗人"有话偏不好好说"的特殊的语言，它含蓄且带有极强的隐喻性。就是说，诗中的"风"就不只是"风"，"水"也不只是"水"，它们可能还有其他的含义或隐喻。

二是陌生化。古今有别的词语比较陌生，更有反常的语法句法，理解起来就显得特别困难。如大量的省略，省略主语、谓词以及大量的虚词等；如语序的倒装，或为了格律，或为了表达需要故意为之，甚至你都无法认为它是倒装，因为古诗语言的倒装是没有规律可循的；如超常的组合，我们用专业点的术语就是意象的叠加，几个名词堆一块，甚至风马牛不相及，但就是能产生特别美的意境。"桃李春风一杯酒，江湖夜雨十年灯"，多美啊，只能意会，无法言传，你向学生描述甚至都无法找到合适的语言，因为再美的翻译都差那么点意境。

三是风格化。诗歌语言自成风格，主要表现在其精警与韵律。精练，所以用语极简，但表意丰富，且又多为警句，含意深远，同时大多又符合格律，不止押韵，还要符合平仄。

我们要读懂古诗词，就是要解开这些"诗家"之语，说白了，就是要调整好诗歌中的倒装的语序，补充完诗歌中大量的省略，读出诗歌语句表面背后的深层次隐喻。

大家讲要读懂诗歌，就多用"常读法"。读题目，判断诗歌题材；读作者，知人论世；读注释，明确写作背景；读诗中带有感情倾向性的词语，直接读懂诗歌感情；等等。这些常规操作已历经多年验证，肯定是有用的，也是有必要的，但按照方法读下来，好像依然不知所云。因为，有一些"非典型"的诗歌用常读法容易贴标签产生误读，如并非所有的苏轼的诗词都是豪放的，也并非所有的李清照的词都是婉约的，还是需要就诗读诗，就文解文。特别是近年来被选进高考试卷中的古诗，为了防止学生先入为主，既无法知人论世，也没有特别明显的带有感情倾向的词语。所以，用常读法读诗歌，依然很难读懂。

那么，有没有更简易且更能读懂古诗的法子呢？答案：有！

第一步，判断。从题目开始，逐句或逐联，简单判断写了什么内容。

这里的写了什么内容，实是从最简单的角度，抛却一些自己难以理解的词语，快速确定本句或本联中诗人描述的中心是什么。是景呢，还是人或物，是事呢，还是直接抒情或直接说理。

如以下诗歌：

八 尺

（明）顾炎武

八尺孤帆一叶舟，相将风水到今秋。曾来白帝寻先主，复走江东问仲谋。

海上鱼龙应有恨，山中草木自生悲。凭君莫话兴亡事，旧日长年已白头。

我们先来简单地判断。题目"八尺"，写地点（注释有）；首联"八尺孤帆一叶舟"写物，其中"孤帆"与"一叶舟"复指，"相将风水到今秋"则写此"孤舟"的状态；颔联写事，曾寻先主，复问仲谋（判断为"事"的时候，主要抓住诗句中的动词），要注意的是，所谓的事均是人的事，所以写事与写人是无法泾渭分明的，即究竟是谁在"寻先主""问仲谋"；颈联抒情，海上鱼龙有恨与山中草木生悲，明显借物喻人，或者叫移情法；尾联写事也写人，事是"兴亡事"，"莫话兴亡事"就是不要再说那些"兴亡"之事了，人是"已白头"，谁"已白头"，自然是主人公自己。

第二步，转换。从判断的内容开始，逐句逐联，从表层义到深层义转换。

第二步的要求略高一些，从第一步的判断开始，逐句或逐联，从表层义到深层义追问，即从"写了什么内容"开始，层层追问，深究一下写的"究竟是什么"，具体的操作方式如下：

写景的话，写的是什么景，意象是什么，多个意象组合成了一幅什么画面，这一幅画面有何特点，给人的感觉是什么？喜还是悲或无喜无悲？同时，写景的话，还要理解写的景是眼前之景（实景）还是非眼前之景（虚景）。

写人或物的话，看看是从哪些角度写的，具体写出了人或物的什么特点，他们的生存（或出场）环境是怎么样的？若是单纯写物，又还要深究一下，所写的主要对象（此物）与诗中其他物象（彼物）有何关联？物与人的关联点又是什么？

写事的话，具体是什么事？从所写的"事"中可以看出作者写这件事的目的或意图是什么？这件事的动作（动词）是哪个？记住，诗歌里的动作描写一般称之为细节描写，动作或细节描写往往关联了人物的心情，所以，这事件或这个动作背后体现了人物的什么心情？若是"古事"，即我们常说的典故，又需要理解典故要表达的意思是什么？此处是正用还是反用典故？

若直接写情或理的话，往往用的是直抒胸臆或直接议论说理，这些诗的理解比较简单，直接追问抒什么情或说什么理即可。

再以顾炎武的《八尺》为例加以细说：

首联"孤帆一叶舟"写物，单独的帆，孤独的船，只有风与水为伴。表面写的是船，但这哪是写船啊，明明是写人的孤独啊！颔联写事，曾寻先主，复问仲谋，先主是谁？是三国蜀君刘备，而仲谋则是孙权，他们两人是谁？不用过多解释学生都能清楚，需要追问的是，诗人"寻问"他们干吗？为什么非要是他们而不是其他人？从他们两人的历史功绩自然可以知晓，诗人的"追寻"，自然是表达自己渴望寻得明君来挽救衰颓的国势的思想感情。颈联抒情，鱼龙有恨，草木含悲，鱼龙与草木怎么会有悲恨呢？自然是诗人把自己的"悲""恨"转移到了"鱼龙"与"草木"之上，借景来衬托自己的凄惶悲伤之情。尾联写事，莫问"兴亡事"，为什么不要问？自然是"问了也没有什么用"之意，特别是人"已白头"，年华老去，一切都已来不及了。这样一番追问，这首看起来很高大上的诗歌的感情我们就"浅读"出来了：国家沦亡后的凄惶悲伤、无依的心情；不屈从命运安排、期望挽救衰颓国势的强烈愿望；往事不堪回首、年华早逝的悲痛与无奈。

第三步，叙事。从叙述者视角，转述诗歌，转述务必注意逻辑，即注意上下句句意的勾连与自洽。

古诗其实也讲究叙事，或是诗人自己，或是诗歌中的一个看不见的"抒情主人公"。我们不妨找一个视角"我"，把整首诗大致地转述一遍。如"我"于什么时间什么地点做了什么事？"我"看到、想到（过去或将来）、听到、感受到哪些内容？这样做的目的是看前面两步的理解会不会有遗漏之处，也方便我们转述诗句的基本内容。注意，转述的时候尽量用准动词。如顾炎武的《八尺》，我们可以这样转述：

深秋时节，我乘着一叶孤舟，来到八尺，一路只有风与水相伴。我曾来此寻找先主刘备及江东的孙权。我想，此时海上的鱼与龙一定有恨，山里的草与木也一定有忧愁。别再说国家兴亡的事，过去的日子太长，我的头发都已白了。

2. 简读散文：依文读心，事事景景总关情

散文，被誉为"心灵之瑶琴，文苑之芳草"。读懂散文的诀窍就是通过此篇"文"，读懂作者的"心"，我称之为"依文读心"。散文文质兼美，格调健康，主题与主流意识相契合。但是，散文结构另类，文中有文，且议论抒情句不明显，把握主题困难。于是，我们又必须直面"如何才能读懂散文"的这一问题。

读懂散文与读懂诗歌有很多相似的地方，也是需要有一些文体常识的，可以帮助我们更快更准地理解文本内容。

散文最主要的文体特征是"形散而神不散"。形，指的是材料、材料的组织以及表达方式；神，则是指作者要表达的思想感情，包括情志与理趣两个方向。

所以，要读懂散文，主要要读懂以下五个方面的内容：

一是读懂散文的材料。

散文的主要特点是"形散而神不散"，所谓"形"，指的是散文的材料。要读懂散文之"神"，肯定是先从其"形"（材料）开始的。

散文的材料主要包括：散文中的"人"与"事"；散文中的"物"与"景"；散文中的场景描写（众多人的活动或写景中的一个个画面）。这样看来，散文与诗歌极为类似，或写人，或写景，或叙事，或写物。同时，写人叙事或写景描物多用来抒发某种感情，而写物也常是用来托物言志。所以，梳理清楚散文所写的这些材料，是理解散文最为关键的一个环节。

二是读懂散文材料的组织形式。

散文中看似散乱的材料，其实是遵循一定的内在逻辑而组织起来的，这些内在逻辑，就是散文的组织形式。具体来说，主要包括：时间的跨度；空间的转换；事件或场景的萃取；线索的串联；多种表达方式的转换。从这个角度看，读懂散文，其实就是读出散文的时空转换，整理好选取的事件场景，厘清文章隐含的明暗线索，分辨出文章自由转换的表达方式。特别是表达方式中的议论与抒情，往往直接表露了作者的感情或观点态度，是我们读懂散文的钥匙。

根据以上要求，我们只要抓住文章中的时空转换，尽量找到叙事或抒情的线索，整理文章中的人、事、物、景这些内容，并通过"散文思维"，找到这些人、事、物、景所承载的作者想要表达的思想、感情或理趣，就能大体把握散文所写的内容。

三是读懂散文的互解思维。

散文的特点是"形散而神不散"，所以，其看似零散的内容都统一在一个主旨之下，也即是说，所有的内容其实都服务于作者主旨的表达。从这个角度来看，文章就在大量进行此与彼的互解。散文是一种高阶的语言游戏，常玩的是词语的"互解"。

首先是"形形互解"，即形象与形象的替换或互解，将一个形象的物体，用另一个形象的物体解释。

其次是"形抽互解"，即形象与抽象互解，也就是我们常说的化实入虚，就是将形象的物体用一个抽象的概念来替代。

再次是抽象与抽象互解，即同义或近义互解。某个重要概念不断延伸或分化，但意义还是相同或相近。这是什么意思呢，就是用一两个概念，或物或景，进行多次同义或近义的替换，最终抽象成要表达的情感或志向。举个例子：

站在故乡的原野上向周遭望去，有一个灰蒙蒙的大圆环绕着我；向天宇望去，也有一个灰蒙蒙的大圆环绕着我。这两个大圆本是重合着的，是天和地热吻时留下的唇痕。<u>大人们告诉我这就是地平线（1）</u>，我忽然异想天开：走，到地平线外看世界去。可是我竟然发现，在平地上认为是地平线的地方，在高山上就不是；……孩子认为是地平线的地方，在大人眼里就不是。原来，地平线并不是可以触摸的实体，只不过是一种视感罢了。

<u>每个人都有属于自己的地平线（2）</u>，都有属于自己的封闭的圈——由自己建构的环形山。谁想让自己环形山里的面积大些，谁就得站得高些。原来，地平线竟是以自我为中心阅世览人的产物，是一个人远眺世界的目力极限。只要这个立足点不变，就永远也走不出自己的圈子。

人之所以感到世界环闭，感到人生如藏身巨蚌之一隅，或许，他还没有冲破思想的牢笼。

上述文段中有两处画线的句子，该如何理解这两个句子中"地平线"的含义呢？我们不妨用"互解思维"来看看这个概念是如何在文中多次转换的。

第一处"地平线"，与它互解的词语是"天和地热吻时留下的唇痕"（形形互解），是一种视感（形抽互解），两者整合可以知道，此处的"地平线"其实指的是"人们视感中的天地交界处"；第二处的"地平线"，与它互解的词语分别是"封闭的圈"（形形互解）、"走不出的自己的圈子"（形形互解）、"没有冲破的思想的牢笼"（形抽互解），整合一下，此"地平线"应该为"人们思想意识的局限性"。

四是读懂散文的一般思路。

散文最主要的文体特征是"形散而神不散"，散文的"散"主要表现在其选用的材料、材料的组织和表达方式，散文的"神"是指蕴含于"形"之中的作者的思想感情或者文章的主旨。读散文，要知道作者文中所写的人、事、景、物，并且要通过这些人、事、景、物触摸到作者的内心，体味作者对社会、人生的思考和感悟。阅读的关键点不只在于散文所记叙、描写的客体（实），更在于其中灌注的作者的思想感情与志向抱负（虚）。所以，由实入虚的思维，由记叙描写到议论抒情的表达，是读懂散文的关键。

要读懂散文主旨的主要表达方式。一是弄清文章中的多种表达方式：记叙、描写、议论与抒情，特别是议论与抒情，这可以直接表达作者对事物的看法或思想感情。二是弄清楚散文常用的手法，如象征与联想（由此意象到彼意象或先前之景之事到过往之景之事），如托物言志与借景抒情（由物或景到人，再到情志），还有以小见大与以大见小（小生活中的大情怀与大事件中的小感受）等。这些散文常用的表达方式，需要教师在解读文本时慢慢影响学生的阅读习惯，让学生形成对散文这一文体的刻板印象，让学生更加快捷地抓住文本的关键，方便他们在整体上理解文本所写的主要内容。

散文的行文思路其实也比较简单，一般为三步：先是主要的人、事、景、物的描写，再联想到其他的人、事、景、物进行描写，最后通过抒情或议论，揭示要表达的中心思想。当然，主要或次要的内容可以随时转换，并不一定为先后关系。若再花点时间把散文分类后进行一定的归纳，可以更加具体地看出散文的写作思路：静赏式（《荷塘月色》）、参游式（《雨中登泰山》）、象征式（《白杨礼赞》）、怀念式（《我与地坛》）、叙史式（《道士塔》）等。

五是读懂散文选材的一般意图。

散文的材料是零散的，时空转换，五花八门，看似杂乱无章，读来云里雾里。此时，我们就要弄明白作者选材的意图，即弄明白作者选什么材料与不选什么材料、详写某一材料与略写某一材料的问题。如《荷塘月色》一文中，为什么写回忆江南的采莲旧俗？要理解这一问题，就要回到创作背景及知人论世中去，但往深处挖，然后依据一定的史料来佐证，使回答能自圆其说，这是后续"深悟"的内容。只是大体上理解的"浅教"，则只用从文本上下文出发去做必要的阐释：一是由月下荷塘联想到江南采莲，由眼前之景联想到过去之事，丰富了文章的内容；二是由心情不宁静到心情的暂得宁静再到江南采莲的静谧和谐，表达了作者对这一生活的追寻。究竟有没有表现知识分子在逃避现实中苦苦挣扎或是对江南以文会友、呼朋引伴的生活的向往等内容，交给学生课后查阅资料去补充及完善就可以了。

其实，高考卷中文学类作品的阅读题中，这样的问题随处可见。

如2020年新高考I卷中的《建水记》（原文略）中的第3题，"本文记叙建水城时，在饮食描写上花费了大量笔墨，对此你有如何的理解"。这其实考查的就是散文选材的详略处理。此类问题，我们要记住两个"浅教"原则（中高考试题中的答题，多坚持"浅教"中"依从文本"这一铁律，因为试卷不可能附上太多的写作背景，也不可能提前告诉你作者的风格让你能够知人论世，命题者往往尽量避开这些内容来避免学生答题时乱贴标签，所以，命题者从文本到题目"依文设题"，答题人从文本到题目"依题而答"）：一是写与不写，略写或详写，主要看作者的创作意图；二是详略处理，主要看哪个是作者要表达的主要内容。如详写建水城饮食，此为作者要表达的主要内容，它关涉建水城的地方特色，也体现其历史传承。同时，建水的饮食也是建水城的一部分，能写出建水城人的日常生活，以表达这个城市不一样的品格（后面为文章主旨）。

3. 简读小说：看人生百态，悟生活常态

小说作为一种文学体裁，其表现方式和诗歌、散文的主要以抒情来表现情感志向的方式略有不同。小说是典型的叙述艺术，它在形式上较为自由，表达的领域和抒写生活的范围非常广泛。小说不用像诗歌那样要刻意讲究语言的形式美，更不用讲究字词的平仄与押韵，也不会像散文那样选取零碎的一些材料。作为虚构的文学，小说在"用语言的方式洞察世界、想象世界，或者以语言洞察时间和空间，想现实中之不能想，审美地满足心底的愿望，追求乌

托邦"①。

作为叙事类文章体裁，小说要好看，就必须要讲究讲故事的技巧。或者说，高水平的小说作者都是讲故事的高手。有一些电视剧，男女主人公从第一集开始认识，然后相爱，但连播80集都还没有走入结婚的殿堂。如此狗血的剧情，但总有人天天追剧、欲罢不能。本人虽不赞成此类电视剧注水的行为，但不得不承认，此类作品的编剧绝对是讲故事的高手！编入教材的小说以短篇小说为主，也有长篇小说中某个情节比较独立的章节节选，当然无法也没有必要如此折腾情节，但不管多短的小说作品，把故事讲好讲精彩，肯定是优秀作品的标配。

看看以下情境中的叙事：

A：你误会了，你听我解释啊……

（1）A开始解释，B接受了A的解释，两人误会消除。

（2）B："我不听，我不听"，然后捂住耳朵跑了……

（3）B："你解释吧"，听完后，淡淡地说："你说完了？"然后头也不回地走了……

（4）B一巴掌甩过去，说："你去向C解释吧……"

上述几个情境中，（1）是在讲一件事，而非讲故事，（2）（3）（4）都是在讲故事，但要论精彩程度，应该是（4）最好。可见，好看的故事，总是要站在娱悦读者的立场，不断用"误会—冰释—再误会"的手段，让故事在意外中掀起波澜，最终产生可读性及吸引力。

但是，编入教材或者进入试题的小说文本，多为大家作品，往往主题多元，常嚼常新，情节多变复杂，人物形象丰满，表达手法高超而又丰富。因此，读懂小说并非易事。而作为教师，能教给学生的其实也是极"浅"而又浮于表面的东西，更深的内容，需要学生自悟。自悟则依靠查找大量的文献资料，或者某一天有了相似的生活阅历而顿悟。"初看不知文中意，再读已是文中人"，说的就是这个道理。

所以，我们还用"简读"法来读小说，带领学生大体上读懂文本所讲的故

---

① 田忠辉.怎样读小说［N］.广东财经大学报，2021-10-31（4）.

事情节，读懂人物的形象特点及设计意图，也读懂小说大致的主旨。

首先，知晓小说的文体知识。

（1）小说的三要素

小说是以刻画人物为中心，通过完整的故事情节和具体的环境描写来反映社会生活的一种文学体裁。从以上简单而又准确的定义中，我们可以看到，小说主要有三个要素：人物、情节和环境。而其中，故事人物是小说三要素中最主要的要素。所以，读小说，最主要的任务其实是读懂人物。大凡精彩而又经典的小说，都会塑造出一个或多个精彩的人物。若问我们对某小说的印象，估计首先跳出记忆的就是某个人物，然后才会慢慢回忆起与这个人物相关的故事情节。如《西游记》的师徒四人；《水浒传》的梁山好汉；等等。

但是，要读懂小说，或者说要读懂小说塑造的人物甚至读懂小说所反映的社会生活，最佳的途径是读懂小说的情节。换句话说，小说的情节就是读懂小说的钥匙。

既然小说的三要素是人物、情节与环境。那么，小说体裁的阅读在考试中的设题，不管怎么问，作答时往这三个方向靠肯定是正确的。所以，小说题答题的一般指向是"3+3"，即小说三要素+主旨、读者与文本（文本的结构与文本的技法）。这其实是小说解题的钥匙。

（2）吃透小说的文体特征

小说是虚构作品。虚构是小说这一文体最基本的特征。所以，许多小说题在答题的时候都会往"真实性"上靠是有根据的。

小说的"虚构性"主要表现在两个方面：

一是人物的虚构。小说要塑造的人物是艺术性的人物。最常见的人物虚构方式就是鲁迅先生所说的"杂取种种人，合成一个"，这就是常说的典型人物。同时，历史小说中所塑造的在历史中实实在在存在的人物，也会采用细节虚构的方式，丰富人物形象。

二是情节的虚构。这就需要写作者处理好情节的合理性（事理真实与现实真实的关系）、大量的巧合（情节曲折的意外+在情理之中）和源于生活又高于生活的创作（反映生活又必须虚构加工+修饰渲染）。为了让虚构的情节显得更加真实，这就需要作者拥有高超的叙事技巧（如以"我"来叙事等）。

不妨看看下面这道高考原题：

《理水》是鲁迅小说集《故事新编》中的一篇，请从"故事"与"新编"的角度简析本文的基本特征。（6分）（2019年全国卷Ⅰ高考题）

试题分析：①小说的基本特征：虚构；②从"故事"与"新编"的角度分析小说的虚构性，即故事是什么故事；③新编是什么意思？对故事进行新编，如何体现小说的虚构性（高于生活高于历史）。

答：①大禹治水的"故事"本身于史有据，作品查考典籍博采文献，富有历史韵味；②"新编"表现为新的历史讲述方式，如细节虚构、现代语词掺入、杂文笔法使用，作品充满想象力及创造性；③对"故事"进行"新编"，着眼于对历史与现实均做出观照，作品具有深刻的思想性。

其次，读懂小说的故事情节。

（1）必备知识：从阅读经典中获取经验

有一点小说阅读的经验。自小学至高中，有太多小说（小学多为故事）选入教材，且大多是经典名篇。作为教师，要组织好经典小说篇目的学习，让学生在经典中汲取养分。更重要的是，学生通过研习经典，最终形成一定的小说阅读经验。如高中语文课文中鲁迅的名篇《祝福》，一定要多花时间，好好研究，以获取多角度分析小说的经验。

有一点小说推理的思维，主要是因果思维，甚至可以说是"十万个为什么"的思维。读懂小说的关键是读懂作者安排的故事情节，不只是简单地概括写了什么情节。读懂情节，需要多用因果思维，凡事多问个"为什么"，不断追问，才能真正理解作者这样安排情节而不那样安排情节的原因与用意。弄清楚情节的意图，才算是真正读懂了小说的情节。

有一定的审美能力。要有一定的艺术鉴赏能力，知道何为美何为丑。有人说"审美力体现出来的就是生活的质感"，这是很有道理的，没有一定的审美能力，是无法真正理解一篇小说的深层次的内核的。

（2）必备思维：多问为什么，厘清故事情节的一般思路

不妨以一个小小的例子来说明该如何用因果思维来读懂小说的情节安排。

情节一：生日那天，我接到骗子的电话，"今天是你的生日，只需要你给我转100元，就送你一部华为手机"。

用"为什么"对这一情节进行追问：为什么"我"与骗子素昧平生，他却

能如此清楚地知道"我"的生日？骗子从哪弄来的"我"的生日信息及电话信息？层层追问下，情节指向的内容就可能是，骗子无处不在、大数据泄露、骗子的手段与高科技等。

情节二：我知道他是骗子，但我还是给他转了100元。

追问：明知他是骗子还给他转钱，为什么？因为自己蠢得无可救药？显然这个答案不符合审美情趣（不可能是小说情节展开的基本套路）；因为"我"要放长线钓条大鱼，挖出骗子后面的利益集团？（这是当下快餐型网络小说常干的事情）；因为骗子是唯一知道自己生日的人？这一追问就有了短篇小说极高的审美价值，即人与人之间，这是怎样的一种孤独？两个无比孤独之人的互相成全，又是怎样的一种无奈与安慰？

情节三：过了几天，我真的收到了一部华为手机，骗子说，长这么大，我是唯一相信他的人。

追问：故事中的"我"与骗子，到底经历了什么？从这个角度，就能延伸出诸多的人生思考与社会价值。

当然，经典的短篇小说，能进入教材或考试选材的经典，故事会更复杂，故事的指向也会更深刻更多元，但不管是什么情节，不断追问后就会指向创作背景，指向某一社会现象，指向人以及人与人的相处方式，然后去寻找情节发展的原因，就能更准确地掌握作者情节安排的意图，从而读懂作者这样安排的主旨要义。

（3）必备能力：厘清作者安排故事情节的用意

第一，能准确概述小说的故事情节。

完整的故事情节的表述是：什么时间，在什么地点，什么人物，做了件什么事，事件的结果是什么。但实际上，概述情节一般都要求能高度概括，所以往往只有"人物+事件"，若所有事件都是同一个人，甚至人物都可以省略。真正概括时，还需要分层概括，表现为逐段分析后合并同类事件，并结合情节发展的一般过程（开端、发展、高潮与结局）形成概述。

概述的情节需要注意以下问题：

① 概述精当，要避免事件交叉；

② 常用矛盾冲突切分层次，含人物之间的矛盾与某一人物心理跨度的差异；

③ 作品中有多个人物时，多从主人公角度出发，尽量做到所有情节人物前后一致；

④ 从线索出发，厘清情节的来龙去脉。

第二，能厘清故事情节的一般作用。

准确概括小说的故事情节是读懂情节的基本要求。概括情节后，还要尽量弄明白作者安排这个情节的意图是什么，这就是平常老师们特别关注的所谓"情节的作用"。

分析故事情节的作用，一般从以下几方面思考：

一是什么人做的这件事。做这件事的人是谁？他的身份或者经历是什么？做这件事基于什么目的？这件事他能不能做？该不该做？不能做或不该做的事他做了能说明什么？同时，反过来再思考，做的这件事对塑造人物形象有没有突出的作用？若我们再把这件事放在一定的写作背景下进行深度思考，就能触及作者要表达的思想内核。

二是什么时间什么地点发生的这件事。叙述作品中的时间与地点是非常重要的两个叙事要素，也是作者在写作技巧上经常有意为之的两个点，所以，考虑故事情节时也综合考虑故事发生的时间与地点就显得尤为必要。我们主要考虑的是时间与地点（含环境）对这件事的正向与逆向的推动作用。正向作用是起推波助澜的作用；逆向作用则是反衬与对比。如《祝福》一文，发生的故事均在冬天（所以有老师说祥林嫂是一个没有春天的女人），发生在千万家新年祝福（祭祀）的时间。前者推动了故事的发展，后者既推动情节，又反衬了人物的悲凉境地，加深了作品的悲剧意味。

三是这件事所涉及的其他人、事与物。一件事的发生往往不是孤立的，我们分析的时候也要思考与这件事相关的所有因素，看这件事是否有他人参与，是否还包括了其他事件，所涉及的物品是否有象征意味，是否与其他相关的事情形成发展的逻辑链条等。

一些老师对情节作用的分析，喜欢列出答题套路让学生死记，如推动情节的发展、塑造人物形象、使情节发生波澜等。套路其实只是给出了一些答题的方向，要真正理解某情节的作用，就需要结合文本进行具体细致的分析。

如鲁迅先生的名篇《祝福》有这样一件不起眼但作用非凡的事情：捐门槛。我们不妨以此为例，说说如何分析这一事件在文章中所起的独特作用。

祥林嫂是人们口中极为不祥之人，先后两次丧夫，又丧子。正是这个原因，即使她勤快又能干，但还是挡不住人们对她的闲言碎语，可以说是受尽了鄙视。因为担心自己死后会被阎王劈成两半分给两个丈夫，祥林嫂听信柳妈的话，千辛万苦攒下工钱到土地庙捐了个门槛。

接下来，我们从多个角度来分析这一事件：

首先是目的分析。祥林嫂捐门槛的目的是什么呢？从原文看，"你到土地庙里去捐一条门槛，当作你的替身，给千人踏，万人跨，赎了这一世的罪名，免得死了去受苦"。她是想通过这一行为让它代替自己，让千人踏，万人跨，以此来赎清自己的罪过，免得死后受苦。"捐门槛"能不能达到这样的目的？显然不能，这说明祥林嫂的愚昧。同时，作为一个没有任何地位的农村妇女，有没有给自己争取一点死后"不受苦"的权利？显然是有的，可以看出小人物的挣扎，让读者感到窒息。

其次是人物分析。先分析祥林嫂：祥林嫂想让门槛代替自己让人踏、跨，唯有如此才能赎罪，足见她的可怜。再分析柳妈：捐门槛这个主意是同为生活在社会底层的小人物柳妈提供的，柳妈为什么出这样的主意？因为在柳妈看来，祥林嫂败坏风俗，祭祀品让她碰了祖宗是不会吃的。可见，小人物也看不起同是小人物的祥林嫂，足见整个社会底层人物的落后愚昧与可怜可笑，这是不是又能反映出当时的社会环境？若加上点写作背景，再分析出鲁迅"呐喊"的本意是不是就能顺理成章？

最后分析"门槛"的象征意义。所谓"捐门槛"，就是到庙里举行一些仪式，把象征着罪孽的门槛烧掉或者埋掉，以减轻自己的罪过。"门槛"是一户人家身份的象征，将象征自己身份的门槛捐给鬼神，就是让它代替自己，任千人踩、万人踏，从而赎清自己的罪孽。

季晓燕老师认为这一物象暗示的是社会背景。她说，"门槛"这一物象的设置，"还是用来反映当时时代的……虽然清朝统治被推翻了，但封建愚昧的思想却不易改变。柳妈让祥林嫂捐代替自己赎罪的门槛怎么看都像是她们自己的化身，身处低位，却甘心让人践踏，愚昧而又不自知，这个'门槛'似乎象征着愚昧百姓难以跨越的障碍，这正是鲁迅先生借机暗示的社会背景"[①]。这是有一定道理的。

生不得所愿，死不得所怨，捐门槛一事，就成了压垮祥林嫂的最后一根稻草，呜呼，哀哉！

最后，读懂人物形象的典型性。

小说是以塑造人物形象为中心的文学体裁，人，自然是小说的中心，是"三要素"中最主要的要素。一篇小说精不精彩，其实并不在于小说的情节是否吸引人（有些现代派小说甚至不讲究故事情节），而是在于塑造的人物具有怎样的生命力，给人以怎样的深刻印象，能承载哪些作者要表达的人生感悟或社会价值。

分析人物形象的特点及人物形象的典型意义，是小说阅读教学的非常重要的一个环节，但是不同文本有不同的内容诠释，我们无法提供简便可行而又能确保万无一失地读懂人物形象的方法或捷径。这里只是从依据"浅教"课文而基本理解文本内容的角度出发，略谈读懂小物的一些要求及常态化的操作方法。

一是概括人物的形象特点。

"他"是一个怎样的人？具有怎样的性格特征？这是小说教学无法避开的话题。概括形象的特点先要明确人物的身份与地位，只有从身份出发，才能从这样一个人的所说所做所思的系列表现中品出他的形象特点来。若不考虑人物的身份或经历，只专注于人物的描写，得出的结论估计相去甚远。如《祝福》中的卫老婆子，她是祥林嫂的"邻居"，又是一个"中人"，还和祥林嫂一样，也是生活在下层的农村妇女。基于这几个身份出发再看她在文章中的表现，就容易理解她的所说所做及表现出来的性格特点。

再如《骆驼祥子》中的这一段描写，该如何分析人物的形象特点呢？

在买上自己的车以前，祥子拉过人和厂的车。他的积蓄就交给刘四爷给存着。把钱凑够了数，他要过来，买上了那辆新车。

"刘四爷，看看我的车！"祥子把新车拉到人和厂去。

---

① 季晓燕. 以《祝福》为例谈"物象"的作用［J］. 语文天地，2018（12）.

老头子看了车一眼，点了点头："不离！"

"我可还得在这儿住，多咱（北方口语，什么时候）我拉上包月，才去住宅门！"祥子颇自傲地说。

"行！"刘四爷又点了点头。

先看祥子的身份：车夫。再看祥子的经历：由租车到自己有积蓄买车，说明祥子吃苦耐劳，有自己的理想追求，且生活节俭。最后归纳人物形象特点：吃苦耐劳，生活节俭，意气风发，信心满满，且有自己的理想追求的车夫，是旧社会底层劳动人民的代表。

二是评价人物的心理活动与情感世界。

古人云："情动于中而形于言。"在小说阅读教学中分析人物形象，不仅要注重研究人物的言谈举止，还要善于分析人物的心理活动，并触及人物的情感世界。人物的语言、动作，往往与人物的心理相关，因为人物的心理世界是他外部行动的依据，外部行动则又是他内心世界的具体反映。所以，分析人物形象，需要深入剖析人物的心理活动与情感世界，从而更好地揭示人物的性格及其社会意义。作品中人物的心理活动是运用心理描写来表现的，但对话与独白等语言描写，亦能揭示人物隐秘的内心世界，能充分地展示人物的思想和性格，使读者更深刻地理解人物的思想感情和精神面貌。而文章的动作细节，不管是有意为之还是下意识的举动，也往往跟心理活动相关。这些，均是需要关注的人物描写方式。

如《祝福》中的一段描写：

她大约从他们的笑容和声调上，也知道是在嘲笑她，所以总是瞪着眼睛，不说一句话，后来连头也不回了。她整日紧闭了嘴唇，头上带着大家以为耻辱的记号的那伤痕，默默的跑街，扫地，洗菜，淘米。

"总是瞪着眼睛""不说一句话""整日紧闭了嘴唇"，这是神态描写；"头也不回""默默的跑街，扫地，洗菜，淘米"则是动作描写。从这些描写中，我们很容易就能感受到，面对他人的讥讽与嘲笑，祥林嫂内心无力争辩无法言表的痛苦。

三是判断人物描写所用的方法。

为了更好地塑造人物，作者往往采用一定的描写方法。从大的方面来看，人物描写的方法主要有两类。

一类是直接对人物进行描绘，叫正面描写，主要包括：①肖像描写，主要是对容貌、神情、姿态、服饰等的描写；②动作描写，主要通过对人物个性化的行动、动作进行描写；③语言描写，主要通过人物的个性化的语言，如与别人交谈的对话或内心独白等进行描写；④心理描写，主要通过剖析人物的心理活动（如内心感受、意向、愿望、思索、思想斗争等），挖掘人物的思想感情进行的描写；⑤神态描写，主要是对人的面部表情进行刻画。这些描写手法又可以统称为人物形象描写。

另一类是通过其他景或物的描写来突出人物的侧面描写，主要包括：①环境的渲染与烘托，环境的描写能渲染气氛，烘托人物心情，而有一些周围环境的细致刻画，还能衬托人物品格；②其他人物的对比与映衬；③他人的直接评价。

四是理解人物的典型意义。

越是经典的作品，人物形象越具有生命力，越具有典型性。如祥林嫂，是旧时封建社会女性的缩影，放到当今社会，依然还用她喋喋不休的"孩子被狼叼走了"这一细节来指称那些特别爱唠叨的人，如孔乙己，是百年前迂腐读书人的缩影，但今天，"孔乙己长衫"依然还代表着眼下"读过点书，又混得不如意，干别的吧，又放不下读书人的身段"的境况，以此来调侃"高不成低不就"的年轻人的生活，更加不用说鲁迅笔下的经典形象——阿Q了，任何时代的任何个人，好像都能从自己身上找到点阿Q的影子！

那么，我们读小说时该如何来理解人物形象的典型意义呢？主要有以下几个方面：

第一，他是哪一类人的代表？人物具有典型性，意味着这个人物具有某种或某些典型的性格或典型的遭遇，同时，他的典型性格或遭遇最后演变成一种文化符号。通俗点说，就是"这个人"归根结底代表了哪一类人？

第二，作者对这个人的褒贬态度。作者总是站在一定的立场来创作作品的，这一立场就决定了作者对自己笔下的人物持有一定的感情色彩。如吴敬梓的《范进中举》，作者对科举制度怀着深恶痛绝的态度，痛感科举制度已把读书人腐蚀到了不可救药的地步，作者借小说人物的塑造，深刻揭露封建科举制度对人的毒害，所以对文章人物更多的是讽刺与批判。司马迁在《陈涉世家》中，将农民起义的领袖陈胜与一般的王侯齐观，便可见对他的功绩是肯定的，对这个人是赞扬的。当然，更多的作品中，作者对文中的人物所持的态度比较复杂，或隐而不发，或无法非此即彼地简单判断，需要读者去体味与挖掘。如鲁迅笔下的孔乙己，有同情，也有批判，"哀其不幸，怒其不争"就成了鲁迅的鲜明态度。

第三，这个人身上具有典型性格。既然典型人物都具有典型性格，理解这个典型性格就成了理解这个典型人物的关键因素。这其实就是前文所说的"理解人物的形象特点"，依然要从这个人物的身份出发，看他经历过哪些事，他的言行举止中表现出什么品质，待人接物（对人对己）中表现出怎样的态度等方面综合考虑。

第四，读懂小说主旨的隐喻性及多向性。

小说的主题是小说的灵魂，一般是通过人物形象或故事揭示人生哲理、社会问题、价值观念等，是作者的写作目的之所在，也是作品的价值意义之所在。主题的深浅往往决定着作品价值的高低，因此，欣赏小说必须理解小说的主题。

我们通常用"一千个读者眼中就有一千个哈姆莱特"来说明作品主旨的多向性问题。事实如此，一篇好的小说，它的主题往往是不能用一句话两句话说清楚的，仁者见仁，智者见智。但"一千个哈姆莱特"终究还是"哈姆莱特"，这就要求我们读小说的时候尽可能要读懂小说的隐喻，尽可能读出主旨指向的多个角度，并力争给隐喻的主旨及多向的主旨找到可以阐释的依据。这是小说阅读很重要的任务，我们不能读完或讲完某篇小说，竟然不知道这篇文章作者究竟要表达什么。当然，现如今的语文高考，不会让学生直接归纳提炼小说的主旨，而是要求学生为别人对小说的评论与理解找到可以解说的证据。这其实是考查学生理解文本主旨的另外一种方式。

捷克作家米兰·昆德拉说："小说不是作者的忏悔，而是对陷入尘世陷阱的人生的探索。"尽管主旨多向，但从本质上讲，小说的主旨指向是故事中人物的人生，通过人展现出丰富的人性、人文、人情、人伦与人权。具体来说，主要指向以下内容：

（1）指向社会：展现某种社会现状或社会风貌。

如沈从文的《边城》，作品是以20世纪30年代湘西的社会为背景，以湘、渝、黔边交界的茶洞渡口为描述对象，以老船公和外孙女的生活经历为载体，把湘西朴实的民风及独特环境中那种人性美表现得淋漓尽致，小说展示给读者的是湘西社会和谐的生命形态。

（2）指向人与社会：个体人物的命运与时代的关系；个体人物身上散发的人性（普遍人性或讴歌人性美）。

如孙犁的《荷花淀》，在激烈残酷的抗日战争里，一个关系着民族存亡的大背景下，小说选取小小的白洋淀的一隅，用诗意的笔调表现农村妇女既温柔多情又坚贞勇敢的性格和精神。

（3）指向某类人及人与人：主要或次要人物的美与丑，人与人之间的人情关系（讴歌人情美或批判人情的世态炎凉），体现民族文化心理（民族美）。

如鲁迅先生的《祝福》的主题思想，可以阐述为"政权、族权、神权、夫权"四大绳索对劳动妇女的戕害，也可以解读为对礼教"吃人"的批判，还可以解读为"革命者和尚未觉悟的群众之间的可悲的隔阂"（"我"与祥林嫂的三问）。同时，《祝福》一文中，人与人之间的关系也是值得关注的点，张继娥、朱庆华两位老师就从"亲情、友情、世情、主仆情"四个方面阐释了《祝福》所揭示的主题还可以是"人际关系之丑"[①]。

（4）指向作者自己：表明作者的态度或情感（如对某人某事的同情与尊重，赞美与批判等）。

这类主题比较常见，包括上述列举的几部著作，均可从这个角度阐释出作品的意蕴。这里不一一列出。

总之，小说作为需要读懂的内容，还只停留在老师"浅教"和学生"浅知"的层次，先从读懂小说情节开始，到读懂人物形象这一关键，最终走向读懂作品的基本意蕴与一般价值。这里的每一步，都要借助师生的其他素养或经验进行综合性的理解，更需要老师带领学生仔细阅读文本，顺应文本思维，学会解读人物，最终走向深度阅读。同时，教师还要让学生在感悟文本后产生新的认知冲突或学习需求，将阅读的兴趣从课内延伸到课外，拓展阅读的深度和广度，从而提升语文核心素养。

---

① 张继娥，朱庆华.《祝福》：人际关系的一面镜子［J］.鲁迅研究月刊，2007（6）.

4. 简读戏剧：早年不知剧中意，读懂已是剧中人

作为四大文学样式中的一种，戏剧是"晚熟"的品种，却又是文化高度进步的产物，是距离观众（读者）最近的一种艺术。它是运用文学、音乐、美术、舞蹈等艺术要素，通过塑造人物形象来反映社会生活的综合艺术。我们平时所读到的戏剧作品——剧本是戏剧的文学部分，是一剧之"本"。戏剧文学具有其他文学体裁所具有的共同特点，但由于它要供舞台演出，受到多方面的制约，这样便产生了剧本区别于其他文体的一般特点：一是时间、空间高度集中，二是矛盾冲突尖锐，三是人物语言直观化、个性化。这也是戏剧文学的三个基本特点。

进入中学教材的戏剧文学篇目不多，早些年有话剧《陈毅市长》《龙须沟》《雷雨》和《等待戈多》等，还有粤教语文选入了电影文学剧本《城南旧事》，现在的高中语文必修下册还有一单元的戏剧作品，选入三篇课文，分别是《窦娥冤》《雷雨》以及《哈姆雷特》，均为节选；初中语文教材也保留了一个单元的戏剧作品，选入三篇课文，分别是郭沫若的话剧《屈原》、何冀平的《天下第一楼》和孙鸿的《枣儿》。较其他三种文学样式，戏剧的作品进入教材的篇目明显较少，但这些篇目多为经典，作为教师，依然需要带领学生好好品读，读出剧中人物的悲欢离合，读出不同时代、不同民族的剧作家对社会现实的理解及他们对人生的深切关怀，更重要的是，通过阅读戏剧作品，理解作品所要表达的主题，让学生更好地理解社会万象与人生百态，感受人类复杂的情感世界，逐步提高学生审美鉴赏能力。

那么，从"浅教"的角度，我们又该如何带领学生快速读懂戏剧文学作品呢？

（1）从关键词出发，梳理文章所讲故事

戏剧与小说一样，也讲故事。所以，读懂戏剧，不如先从读懂戏剧所讲的故事开始。当然，梳理文章的故事也有章法可循，若抓住能够统领全文的关键词，梳理故事将事半功倍。接下来，以《窦娥冤》为例，讲讲这篇文章的故事梳理。

说到我国古代戏剧，一定离不开元朝，离不开关汉卿，自然也离不开《窦娥冤》，因为元代是中国戏曲鼎盛时期，元代杂剧最著名的作家是关汉卿，而关汉卿的代表作之一就是《窦娥冤》。有意思的是，现如今我们说到"冤"，

大多会想到"窦娥"，甚至"窦娥"成了"冤屈"的代名词。让我们无法理解的是，历史上有太多遭受不明之冤的人物，例如商鞅、司马迁和南宋名将岳飞，甚至窦娥三桩誓愿中提到的苌弘、比干（比干被剖心，苌弘被施以胣刑）所受冤屈都大于窦娥许多，所遭受的痛苦也远比窦娥残酷，为何只有"窦娥"成了"冤屈"的代名词呢？带着这样的思考，我们很容易抓住能统领这篇文章的关键词是"冤"，即窦娥之"冤"，到底是一种怎样的冤？顺着这个思路阅读文本，结合注释（因为所选课文是节选，事情的来龙去脉大多需要借助注释完成），梳理出文本的主要故事情节。

事：千古奇冤。

《窦娥冤》中所叙之事，当为千古奇"冤"。首先，就《窦娥冤》这一名字来说，在这一名称中就含有"冤"这个字眼，这就在字面上表达出了故事的中心：窦娥是被冤枉的。题目单刀直入，直接就给故事性质定调，以此来表达出窦娥的冤屈。其次，就窦娥这一人物经历的事情而言，她是冤屈的。从注释和人物所言所唱，大致能厘清故事的前因后果：于是张驴儿想要窦娥改嫁给他，但是窦娥不肯，张驴儿下毒想要毒死蔡婆婆，谁知竟然杀死了张父，张驴儿诬告窦娥杀人，将自己的罪过施加到窦娥身上。细品以上情节，真是千古奇冤。本来这一系列事情都与她无关，后来却全都嫁祸到了她的身上，让她一个人承担了所有后果。最主要的是，作者在叙述这一冤情事件的时候，并没有"悬疑"，而是自始至终，都把窦娥这一柔弱女子的冤情毫不遮掩、血淋淋地展现在看戏的"观众"面前。"悲剧，就是把最美的东西撕碎了给人看"，这一出戏撕得非常彻底，相信看的人（无论是读者还是看戏的观众）也一定感到非常窒息。

苦：千年难遇。

《窦娥冤》中人物所受之苦，千年难遇。任何一个有着表征主题的作品，必然要通过某些外部因素作为主题表征的辅助，而有了这些外部因素的作用，作品的主题表征也会更加深刻。就像《窦娥冤》一样，它要写"冤"，必然不能够仅仅描述"冤"这一事实，其定然还需要某些外部因素作为辅助，这些外部因素是催化剂，能够催化作品本身对"冤"的论述，加强作品所表达的"冤"的程度。

在作品中，这一外部因素就是窦娥这一人物凄惨的身世。窦娥是不幸的，她的父亲为了还高利贷把她抵给蔡婆婆做童养媳，或许这一情况在当时的社会频繁发生，但自小失母已然不幸，如今却因为父亲的债务以身抵债，且无力反抗（也没想过反抗），更衬托了窦娥的凄惨。蔡婆婆家底不错（放贷获利的家庭），且楔子部分也说会把窦娥当女儿看，眼见着窦娥有一个不错的结局，只可惜两年不到，窦娥的夫君早逝，她成为寡妇。成寡妇之后，若与蔡婆婆相依为命，生活依然还能看到一些温情，只是之后又因为不从张驴儿的改嫁要求，她被冤枉背负命案，直至饮命。根据现在的影视作品我们或许会想到一个词：苦情戏。这类作品能赚足观众的眼泪，但其中除了"苦"，往往都会有对所"苦"之人的补偿，我们称之为"治愈"。但窦娥这一人物的苦，是自始至终的不幸，就是这样一个不幸命苦的人，最终还要被冤枉成为杀人犯，哪怕后来三桩誓言得到了应验，我们也许得到的是"解恨"，但肯定无法得到"治愈"。所以说，窦娥的这种凄惨的身世成为她"冤"的催化剂，她的身世越苦，她所受到的冤屈程度就越强，作品对"冤"的描绘也就会更加深刻。

《窦娥冤》正是通过强化窦娥身世的凄苦，来强调窦娥受到的冤屈程度之重，为人所不忍。

怨：千年难平。

《窦娥冤》中人物发出的"怨"与"恨"，千年难平。窦娥是一个凄惨的女性，她自幼没有感受到爱，最后还受到这样的冤屈，在这种情境下，窦娥这一人物不可避免地出现怨恨的情绪。在刑场上，窦娥临终发下"血染白绫、天降大雪、大旱三年"的誓愿。这三桩誓愿，是窦娥怨恨社会现实的体现，她身边没有人相信她，所有人都只听信张驴儿的一面之词，而且窦娥作为一个寡妇，她在女性地位低下的古代社会没有话语权，这使得她承受的冤屈更加明显。在这种社会现实下，窦娥这一人物最后在刑场发的誓愿也就理所应当了，这是窦娥对于那个黑暗封建社会的控诉，是她对现实社会彻底失望的体现。而这种怨恨，恰好能够体现出窦娥这一人物的冤屈不只是因为张驴儿陷害她（这只是直接的、外在的原因），更是因为现实社会没有人相信她，因此她无助失望，怨恨直指上天。

《窦娥冤》对窦娥这一人物对现实社会的"怨"的描绘，是文章最为出彩的地方，是戏剧最高潮的地方，也是让观众热血沸腾的地方。再深层次挖掘其内涵，这三桩誓愿的应验，显示出窦娥不被世俗社会相信的无奈和无助，体现出她的冤屈，由此《窦娥冤》达到了以怨诉冤的境界，也是作者借此控诉社会黑暗的手段！

总之，我们读《窦娥冤》，可以借助题目中及文章中反复提及的关键词"冤"来梳理文本的主要故事情节，并通过对故事情节的品读，去读懂人物，读懂作者的创作目的。《窦娥冤》通过写"冤"，一写千古奇冤之事，二写千年难遇之苦，三写千年难平之怨，表现出了窦娥这一人物的"屈"。同时，窦娥这一人物也能够代表那个社会的一类人，他们因为身份卑微，不被认同，因此被现实社会随意践踏，没有人在意他们的死活。他们面对的是现实社会的冷眼旁观。"窦娥们"的悲剧，不仅仅源于张驴儿，张驴儿只是"窦娥们"悲剧的起因，"窦娥们"悲剧的根源，是那个冷漠的社会，是那个唯利益是从、讲求权力和社会地位的社会。这是"窦娥们"的悲剧，也是那个社会的悲剧，是那个社会病态的体现。顺着这样的思路来看文章，我认为学生是容易理解与把握课文内容的。

（2）从人物出发，抓住戏里的冲突

矛盾冲突历来被认为是戏剧文学最为重要的特征。虽然其他文学作品也有矛盾冲突，但是戏剧需要适合表演这一客观要求，决定了戏剧文学作品中的矛盾冲突更集中、更激烈，也更复杂。戏剧必须受时空限制，具有强烈的现场感，它不像小说那样可以反复看仔细品，所以戏剧经常借助尖锐的矛盾冲突把故事情节推向高潮，从而紧紧抓住读者或观众的目光。阅读和鉴赏戏剧文学作品，要学会从人物欣赏出发，抓住戏剧中的矛盾冲突，感受作品浓浓的"戏味"，从而来理解文章所要表达的深刻的内容。

戏剧冲突，主要包括人与人之间的冲突、人与环境的冲突以及人与自己的冲突三个方面，最主要的是戏中人物之间的性格冲突、利益冲突以及爱恨情仇。下面以《雷雨》为例，谈谈如何从人物出发，抓住矛盾冲突来实现文章内容的理解。

《雷雨》中的主要人物共有八个，可以说每两个人之间都存在着不同程度的矛盾与冲突，其中以周朴园与周萍为中心，可以概括性地分为两个板块：一是以周朴园为主的各种冲突，即周朴园与繁漪、鲁大海、鲁侍萍三人之间的冲突；二是以周萍为主的各种冲突，即周萍与四凤、周冲等人之间的矛盾。所选入课文的部分，主要涉及的是周朴园与鲁侍萍之间的矛盾与冲突和周朴园与鲁大海之间的矛盾。品读这篇课文，可以从这两组人物入手，让学生整理出他们的矛盾主要表现在哪些方面。

如周朴园与鲁侍萍的矛盾冲突是30年的感情纠葛（生死恩怨），周朴园与鲁大海之间的矛盾是罢工与反罢工等。这些矛盾冲突的梳理，能快速地整理出文章的大致故事，更重要的是能更好地了解作者精心塑造的人物形象。曹禺曾经说过这样一句话："我用一种悲悯的心情来写剧中人物的争执，我诚恳地祈望着看戏的人也以一种悲悯的眼光来俯视这群地上的人们。"通过矛盾（争执）来理解人物形象，是做戏剧文学作品阅读理解的最好途径。

当然，除了人物之间的冲突与争执，还需要细读作品中人物自身的矛盾。经典的作品中人物的塑造极为丰富，一个人身上体现的特点往往不是平面的而是立体的，我们无法简单地对某个人下判断。这就需要理解人物自身的矛盾的多方面。如周朴园，他是矿业公司董事长，是一个资本家，却又带有浓厚的封建特征。他看重金钱、荣誉、地位和利益，为了娶有钱有门第的小姐为妻，大年三十把侍萍赶出家门，但在30年间时常对侍萍露出一些温情。鲁侍萍是一个受侮辱、被损害的劳动妇女的形象。她饱尝了人间的辛酸，但她善良、自尊且刚毅、倔强。30年间的悲惨遭遇让她对现实有了一定的认识，让她变得更加坚强。当周朴园出现在她面前时，她先是冷静地回答周朴园的提问，观察他的变化；当周朴园翻脸时，她看清了周朴园的本性，悲愤地诉说了自己的不幸，而她当场撕毁支票，表现出的是对周朴园的行为的蔑视与抗议。"一个人最大的敌人就是他自己"，鲁侍萍自我的冲突，表现在她对周朴园的期待与失望，又表现在她性格的软弱与坚韧。在《雷雨》中，人物内心的矛盾冲突不断，感染力极强，使得作品极具张力，读来令人感慨万千、欲罢不能。

（3）从语言出发，感受人物的情绪所指

和其他文学作品不同，戏剧主要靠人物对话来推动故事。读戏剧，主要就是读人物的对话。我们把戏剧中的对话称之为"戏剧语言"，戏剧语言除了剧中人物的对话，还包括独白、旁白、舞台说明及舞台提示语。为适合表演这一特性，戏剧语言带有比较强烈的个性化、动作性的特征，它对推动故事、塑造人物和表达作品丰富内涵有着重要的意义。学习戏剧作品，要引导学生感受戏剧语言的重要特征，让学生体会到戏剧语言的独特魅力所在，更要通过戏剧语言的品读，理解人物形象及作品意蕴。

戏剧语言往往承担了塑造人物形象与展开情节的职能，相对于其他文学体裁，戏剧语言对戏剧作品的解读有着更为重要的作用。教学中应该以戏剧语言为凭借对戏剧作品的主题、人物等要素进行解读，教学重点也应该从对情节的简单梳理、结构的一般分析等转移到对戏剧语言的分析品鉴上。同时，以语言为中心对戏剧作品进行解读，让学生有理解文本的依凭，显得言之成理，言之有物。

首先，通过品读戏剧语言，理解人物的性格特点。戏剧作品中，不同人物的语言各有不同，而且随着剧情的发展和人物各自感情的变化而变化，所以，理解戏剧对话，不能只是从他们的一来一往对话中抓取事件信息，更重要的是要通过对他们对话的语言进行分析，感受他们说话的语气及情绪，从而理解他们的形象特征。如《雷雨》中，周朴园简短的语句、盛气凌人的语言，侍萍和缓的语气、时而冲动的语调，鲁大海直截了当的语言，都与人物各自的身份相吻合，也体现了三人不同的性格特征。

周朴园：（忽然立起）你是谁？

鲁侍萍：我是这儿四凤的妈，老爷。

周朴园：哦。

……

周朴园：什么？她就在这儿？此地？

鲁侍萍：嗯，就在此地。

周朴园：哦！

鲁侍萍：老爷，您想见一见她吗？

周朴园：不，不。谢谢你。

……

周朴园：（徐徐立起）哦，你，你，你是——

鲁侍萍：我是从前伺候过老爷的下人。

周朴园：哦，侍萍！（低声）怎么，是你？

这是周朴园在和鲁侍萍相认的过程中的几段对话，在周朴园的应答中"哦"出现了4次，但每次的语气和心理都不同（标点的使用也不相同），好好让学生品一品，可以读出这几次"哦"的回答揭示了周朴园从漫不经心到陷入痛苦的回忆再到惊疑慌张的复杂曲折的心理变化，细致生动地展现了这一矛盾复杂的人物纠结的内心。

其次，通过品读人物独白，感受人物的情绪所指。在一些戏剧作品中，有大量的内心独白。戏剧中的独白是一种展现人物内心世界的戏剧语言，具有其独特的审美。通过独白，可以充分展现剧中人物的性格，使人物丰满，让剧情更加具有感染力。一是当剧中人物在进行独白的时候，此时必然在进行着激烈的内心活动，是各种矛盾在内心的集中体现。此时的人物可能面临着两难的选择，可能遭遇了内心的冲击，通过不停的思考和求索，希望能够摆脱不好的状态而进行着激烈的内部斗争。二是独白是人物内心深处最真实的声音。在戏剧的感染力上，表达出人物心中最真实的声音，不需要观众去猜测这个人会想什么，而是通过语言让人物直接将内心想法表达出来，将激烈的内心斗争说给观众听，让观众有更深刻的了解。三是通过独白使人物的性格更加丰满。人物性格的展示不仅仅是通过在与他人进行对手戏时的语言和动作，更重要的是独处时内心的微妙展示，一些内心斗争和思想不被放在表面上，甚至不被人物自身察觉。所以这样的独白将人物内心的秘密展现在观众的眼前，也就是将完整的性格展现出来，让人物更加丰满。①

为更好地理解人物及作品意蕴，我们需要引导学生对作品中的人物独白更加注意且细细品读。如《哈姆雷特》"生存，还是毁灭，这是一个问题"中表现"人物灵魂的自我搏斗"的一段主人公的独白，已成为经典中的经典。

最后，通过品鉴潜台词，挖掘作品的丰富意蕴。人物台词能展现人物内心的丰富世界，表现人物的内心活动。还需要注意的是，戏剧台词中还有很特别的一种语言，一部分是作者有意为之包含的或未能由台词完全表达出来的言外之意，还有一部分则是在表演过程中，演员为了能够将剧情更好地呈现出来，便会借助情绪、眼神以及肢体语言将台词重新演绎而赋予其新的内涵。这部分内容就是戏剧中的"潜台词"，用通俗的话讲就是"话里有话"。学习戏剧文学，要善于挖掘潜台词。潜台词挖掘好了，也就自然找到了人物真正的思想感情。

一是说话人的"言外之意"。这部分潜台词是作者有意为之，主要借助停

---

① 王美英.戏剧独白的特征与体现［J］.艺术时尚（下旬刊），2014（4）.

顿与粘连、双关与谐音、一词多义等技巧来实现。如《雷雨》中的一段叙述：

鲁大海：放开我，你们这一群强盗！

周萍：（向仆人们）把他拉下去。

侍萍：（大哭起来）哦，这真是一群强盗！（走至周萍面前，抽咽）你是萍，——凭——凭什么打我的儿子？

周萍：你是谁？

侍萍：我是你的——你打的这个人的妈。

"你是萍"，使用了谐音。侍萍日夜思念离别多年的儿子，如今终于见着，情不自禁以致对儿子的呼唤脱口而出，言中之意是说"你是我的萍儿"。但话音刚出口，又马上意识到此时此地他们不能相认，这使她不得不把"萍"改为"凭"，并直接转换了话题。一个"凭"准确地表达了她感情的急剧变化和内心世界的极大的痛苦和悲愤。当周萍问"你是谁？"时，侍萍又脱口而出"我是你的——"，本意是想说"我是你的妈"，却又立刻改为"你打的这个人的妈"。此次用的是停顿，造成叙事的短暂中断来实现"潜台词"的意义，并表现出侍萍作为一个母亲的柔情和不可与孩子相认的痛苦。

二是听话人的"弦外之音"。说话人并无言外之意，而是因听话者"心中有意"，故而旁生出"言外之意"，造成一语双解现象，并由此节外生枝。此种情况得益于叙事学中的"时间差"，或者说"信息不对称"，"我以为"而非"你以为"，就是这类潜台词的显著表征。还以《雷雨》为例（非课文节选内容）：

周朴园：（突然抬起头来）我听人说你现在做了一件很对不起自己的事情。

周萍：（惊）什——什么？

周朴园：（低声走到周萍的面前）你知道你现在做的事是对不起你的父亲么？并且——（停）——对不起你的母亲么？

周萍：（失措）爸爸。

周朴园：（仁慈地，拿着周萍的手）你是我的长子，我不愿意当着人谈这件事。（停，喘一口气，严厉地）我听说我在外边的时候，你这两年来在家里很不规矩。

周萍：（更惊恐）爸，没有的事，没有，没有。

周朴园：一个人敢做一件事就要当一件事。

周萍：（失色）爸！

周朴园：公司的人说你总是在跳舞场里鬼混，尤其是这两三个月，喝酒，赌钱，整夜地不回家。

周萍：哦，（喘出一口气）您说的是——

周朴园：这些事是真的么？（半晌）说实话！

周萍：真的，爸爸（红了脸）。

周朴园作为父亲，当他得知儿子周萍这两年"喝酒，赌钱，整夜地不回家"后十分震怒，他训斥周萍败坏门风。周萍却以为自己和繁漪的私情败露而十分惊恐。两个人各怀心事，所理解的信息不对称，表达方是一个意思，理解方是另一个意思，一语双解，场面十分紧张而有趣。把这些内容拿出来让学生品一品，能更好地懂得戏剧文学的叙事技巧，也能更好地理解戏剧要表达的内容。

总之，戏剧语言的理解与品读，是戏剧文学教学的重要环节。为了更好地体会戏剧语言在塑造人物、推动情节和表现主题上的独特作用，我们不妨尝试从"说什么"——人物的台词，"怎样说"——人物在对话时的神态和动作，"为什么说"——人物出于什么样的动机说这些话来逐层理解人物对话，一步步地达到语言的核心，理解语言丰富的含义。[①]

当然，上述三点是戏剧文本解读的主要内容，但由于文本不同，作者风格不一，特别是学情不一样，学习目标也可能发生改变，所以，以上三点解读要素的侧重点也会发生变化。但不管如何改，理解戏剧文学作品均离不开对作品戏剧冲突、人物形象的分析及戏剧语言的品读。而理解戏剧冲突，掌握了人物形象的特点，也理解了戏剧语言对推动情节、塑造人物及表情达意的作用之后，阅读作品最终能走向怎样的深处，则是后文要说的"细品"与"深悟"的内容。

5. 简读信息类文本：从文体出发，提取与整合有效信息

除了文学体裁作品，所选入教材的还有比较多的非文学类作品，我们统一称之为"信息类"文本（也有多人称之为"实用类"文本），如大家所熟知的

---

① 刘广生. 中学语文戏剧文本教学去戏剧化问题研究［D］. 重庆：西南大学，2011.

记叙文、议论文、说明文、人物传记、文艺随笔、序言、演讲稿和新闻中的消息及通讯等。宽泛地说，所有诗歌、小说、散文、戏剧等文学类文本以外的文本都可以称之为信息类文本。因为这类文章是主要以提供信息、指导实践等实用因素为目的的文本。

其实，信息类文本是普通人日常生活中接触最多的文本类型，是国民阅读的重要组成部分。近几年，中高考均有信息类文章阅读的考查，所选教材，也有不少经典篇目，不管教材如何修订均能入选。所以，此类文本的阅读，也需要引起我们语文老师的关注。

从整体来说，"文学类文本着眼于审美，其解读和教学强调言语的品位与鉴赏；信息类文本着眼于应用，其解读和教学强调信息的理解和辨别"[1]。从这个角度说，信息类文本的阅读教学，应该有别于文学类文本的解读与教学模式，更多以信息提取与梳理为主，适当兼顾文本的内部逻辑及语言的一些特色。

鉴于此类文本细分起来复杂，无法一一在此讲述，只能大致说说，如何用比较简单的方法，整体上把握此类文章的阅读要诀。

首先，积累必要的文体知识，从文体出发，方便快速理解文本的主要内容。

议论文，必须知道以下必备知识：

如何提出中心论点？论证方法有哪些？用某种论证方法有什么作用（特别是引用论证）？论证思路（行文脉络）是什么？论证上有何特点？论证的语言有何特点？论证方式是什么（立论还是驳论）？论证的严密性表现在哪些方面等。

说明文，必须知道的必备知识：

是一篇事物说明文还是事理说明文？说明的对象是什么？对象的特征是什么？采用了什么说明顺序，用了什么说明方法？该文章在语言上有何特色？段落与段落之间的逻辑如何？能不能换顺序？

新闻稿，一般要知道的内容：

说了一件什么事？这件事发生的时间、地点是什么？这件事的影响或意义

---

① 荣维东.语文文本解读实用教程［M］.北京：北京大学出版社，2016.

是什么？如何体现了新闻的真实性与及时性？文章的语言有何特点？若是人物通讯，还需要理解人物塑造的方法、形象特点以及抒发的感情。

其次，进行必要的语言分析。

信息类文本的阅读教学确实不把鉴赏当作重点，但每一种文体都离不开语言的组织，相应地也会显示出语言的某种特色。如议论文的严密、说明文的准确、新闻的准确与真实等。特别是还有一些语言是作者的个性化语言，反而游离在规范文本之外。如议论文中不避开抒情句，为更好地说理多用比喻句，甚至还有一些讽刺性的反语等。这些也是我们教学的重点。

有人说，语文教学的全部奥秘都在"语言运用"上。作为语文教材，其核心价值就在于发展学生的语言能力。信息类文本与我们的生活息息相关，多读多看必然也能多写，如果我们都能站在"语言运用"的高度审视教材的"语言"价值，把隐藏在教材中的语言运用的教学价值挖掘出来，确定合适的教学内容，制定有效的教学目标，就能使学生的表达能力与言语智慧得到有效的发展。

下面以议论文为例，说说具体的操作步骤：

第一步，从主要概念出发，梳理文章主要内容。

不管哪种文体，我们都需要有整体意识，先读文章题目，确定文章大致所涉及的话题，找出并尽可能理解文中重要的概念，包括主要概念、次要概念、边缘概念与相关概念，特别是理解主要概念与次要概念之间的关系是什么。

如义务教育教材九年级上册的一篇课文《怀疑与学问》，标题中所涉及的主要概念有两个，一是怀疑，二是学问。那么就可以从这两个概念出发，在文章找出相应的阐释部分。当然，关键还在于这两个概念之间有何关联。弄清楚了这三个问题，这篇文章的大致内容问题就可以迎刃而解。

第二步，圈画文中重要句子，厘清文章及段落的思路。

这一步，是整体理解这类文章主要内容的关键环节。在这一步"圈"住文章的主要概念从而确定文章所谈及的话题后，围绕这个概念或话题，看作者对这一概念下过什么判断或提出了一个怎样的话题，表明了何种态度或观点，从这个角度出发，圈画出段落的关键句，尽可能快地厘清文章及段落的思路。

从功能上看，在一篇比较规划的议论语段中，句子在语段中的功能性作用一般可以分为：背景句（主要用来引出话题或观点）；观点句（表明看法或态度）；阐释句（对观点或观点中的某个概念进行必要的解释）；材料句（举例信息或数据图表，用来证明自己所提出观点的材料）；分析句（对材料进行必要的分析，以使自己的观点更加有力且充分）；过渡句（由此话题转到彼话题，或由此观点转至彼观点）；结论句（对所论及的话题进行最后的判断）。

画定关键句的目的是尽快厘清文章及段落的思路，所以应多以观点或结论句为主，最好一段不超过两句，要不文章画花了，反而影响阅读。若发现一个段落中句句是观点句，则还需要对这些观点句之间的逻辑进行细细甄别，分清主次，同类合并或舍偏取正。

当然，厘清文章或段落的思路的检查标准就是借助一定的关联词，尽可能用最简单的短话重组或概述文章或语段的内容。

第三步，进行必要的句群分析，厘清句段的逻辑关系。

在实际的阅读教学过程中，我们发现，大多数作品的段落语句的功能性作用无法清晰而又准确地判断，甚至可能句句均为观点。特别是中学生对句子之间的逻辑关系的敏感度不够，读此类文章容易走神，无法静下心来分析。此时就需要第三步进行句群分析，重点是关键段落间每个句子之间的内部逻辑，以厘清句段之间的关系，更好地理解段落或文章的行文思路。

因此我们需要一点句群意识：写文章时，句与句之间勾连，共同表达同一中心，段与段之间，照样有逻辑勾连，共同论证中心论点；读文章时，则要找准每段的中心，理顺各句之间的逻辑勾连，进而厘清各段的逻辑推进，弄明白各段与中心的关系。

句子之间的结构关系主要有因果、并列（对举）、转折、假设、顺承、解说（阐释）、条件、选择、目的和递进等。

①学问的基础是事实和根据。②事实和根据的来源有两种：一种是自己亲眼看见的，一种是听别人传说的。③譬如在国难危急的时候，各地一定有许多口头的消息，说得如何凶险，那便是别人的传说，不一定可靠；要知道实际的情形，只有靠自己亲自去视察。④做学问也是一样，最要紧最可靠的材料是自己亲见的事实根据，但这种证据有时候不能亲自看到，便只能靠别人的传说了。

——九年级上册语文　顾颉刚《怀疑与学问》

第①②句之间为阐释关系，即第②句阐释了第①句中的"事实"与"根据"这两个概念；第②③之间是解说关系，即第③句为举例证明，证明"别人的传说不一定可靠"；第④句与②③句之间是并列关系，由社会现象中"别人的传说不一定可靠"到"做学问"。这样分析，可以看出，该段四个句子中，可以形成总分关系。第一句总说，后三句对第一句进行阐释。

第四步，对作者的观点进行鉴赏性或批判性阅读。

鉴赏性阅读，就是在理解文本主要内容的基础之上，对文章写作水平或写作技巧进行适当评价或赏析。一篇优秀的议论文，肯定要用严谨的证据来说服人，有时还要用富于感染力的语言来打动人，甚至还有一些极具鼓动性的语言，这些特色也需要静下心进行必要的鉴赏。如马丁·路德·金的《我有一个梦想》，如果只是理解了文章的观点"人人生而平等"显然是不够的，还需要对其中的语言和表达的情感进行赏析。

当然，议论文也是一家之言，且这一家之言是建立在作者所生活的时代之上的，随着时间的推移和社会的变化，这个观点是否还能站得住脚，是否还有想得不够周到的地方，是否还可做其他理解等这些问题，也需要我们用现在的眼光、发展的眼光进行必要的审视与批判，带领学生就某一个问题读实读细读深，甚至可以进一步咬文嚼字以廓清事实。如《怀疑与学问》，若以"做学问要有怀疑精神"的观点来审视这篇文章本身，又会有哪些值得怀疑的地方呢？也是一个很有价值的问题。

三、慢慢品：含英咀华，提高审美品位

前面所说，语文要教知识，而能教的知识性的内容其实只是"浅教"的内容，有老师教当然可以节省一些时间，且在课堂上安排有利于统一学习的进程及节奏。但实际上，学生可以借助外力（如工具书、网络媒体等）单独完成这部分内容。若语文老师只教知识，仅仅关注知识片段，进行孤立的技能训练，学生则难以建立知识之间的关联，难以经历完整的学习过程，更难以迁移应用以最终形成语文素养。所以，语文学习的本质是逐步走向深入的过程，而深入的途径则为两个字，一是"品"，二是"悟"。

与"浅教"重在弄清楚"写什么"与"为什么写"相比，"慢品"更重视"怎么写"和"为什么这样写"。语言文字起初只作为一种符号，它传递的是某种语义信息，让人知道这是何事或某物。但语言文字经组合而成句成篇，

则在再现自身之外的某种事或物的同时，传递出远远大于语义本身的信息——审美。因此，语文课堂其实更应该强调形式对内容的作用，最终趋于审美的语境。

何谓"审美"？从字义上看，"审"有"审察""考究"之意，审美就是对审美对象（主要是文学作品）所运用的语言、所塑造的形象、所反映的艺术世界等美学特征进行"审察"与"考究"，以发现和领悟其表征与效果。[①]

在文本阅读过程中，读者总是经历从"感性到知性，再由知性到理性的过程"[②]。感性，体现在对文本的初步认知；知性与理性，则是对文本的深度理解与鉴赏。从这一点说，文本的品读与鉴赏的过程一般表现为三步：首先是品读，知其文本之美；其次是赏读，从知其文本的表层之美到知其深层之美；最后是研读，言文章深层之美，且言之有理、有据。

品读与鉴赏，是文本阅读过程中从感性认识到理性认识再到理性表达的过程，是知其美，知其所以为美，言其美，言之有据、有理。若理性更多更有效地介入阅读的过程，那么对文本的审美理解就更深入，对作品之美的阐释就更精当，相应的"审美品位"也就更高。[③]

（一）品读：走向文章的妙处

文章的品读，实是对文学作品鉴赏。鉴赏的角度当然很多，如语言的特点与风格、手法的巧妙、结构的独树一帜和主题的深邃等。但是，文学作品是形象思维的产物，多数是由形象的语言构成，较之实用性文章，文学作品的语言显示出更多的形象性、描摹性和动作性，表意微妙而含蓄，需要细细品读，才能自得其妙。

1. 文本语言的品读

任何作品，均依托语言文字来表情达意。但是，作者特别是文学作者，喜欢玩一种文字游戏叫"有话就不好好说"，他不会把他要表达的主题思想直接告诉读者。他们注重用形象来含蓄地表意，其表达的意思不可能是一种表面

---

① 李煜晖. 指向文本事实、艺术真实与社会现实：学习任务群视阈下小说教学的内容选择和任务设计［J］. 语文建设，2023（2）.

② 同①。

③ 李煜晖. 实证、审美与思辨：关于小说教学路向的思考［Z］. 线上讲座，2023-04-12.

的描述性的意义，而是需要我们分析、感受、理解和想象，甚至根据不同的阅读或生活体验而进行的第二次加工的意义。于是，作者为了让其所表之情、所达之意与众不同并且有强盛的艺术生命力，无一不在精心雕琢语言，或含蓄蕴藉，或直率质朴，或纷繁馥郁，或洗尽铅华。所以，无论用哪一种方法来解读作品，关注文本语言肯定是重中之重，妄想脱开文本语言架空文本显然极不现实。而一堂阅读教学优质课，也肯定是紧抓文本语言，因为作品的思想、情感和教者对课文的独特感受，无不从语言中窥探与生发。

首先是对语言信息进行提取、梳理与初加工，形成对文本的初步感知，这就是前面所说的"浅教"的相关内容；其次还需要对语言进行咀嚼，上升到审美的高度，使得我们的学习是有效的语文学习，而非常人的文本阅读。就正如，小说谁都会读，且读完后大多能说出个子丑寅卯来，但这并不能说明小说所有人都能教。语文老师的能力，是要通过教这部作品，提升学生的审美鉴赏能力及阅读品位来体现。

那么，我们该如何从语言的角度出发，对文章品出别样的精彩呢？主要有两个层次。

第一，关注语言的显在的形式表征，在语境的整体性中细细推敲，感悟语言的非凡力量。

阅读教学普遍关注语言显在的形式表征：例如，语言中大量的修辞手法的运用，比喻、比拟、排比、反问、设问、对偶、反复、夸张、借代、互文、双关和反语等；再如，语句在文中的重要地位，诗眼、文眼的设置，单独成段、独词成句的技法；等等。这是语文老师比较喜欢关注的语言鉴赏点，也是阅读教学中语文老师着力比较多的地方。既为常态操作，此处就不一一赘述。

但是，需要引起注意的是，对以上言语显在形式具有敏感性是为了更快更好地发现文本的隐含意义或比较鉴赏作者所以这样写而不那样写的好处。所以，文本解读还需要关注语言的整体语境，处理好上下文的各种关系，特别是关注不同言语形式与内容的协调等，以为深度阅读文本提供分析与理解的支架。

字不离词，词不离句，句不离篇，这说的就是语言语境的整体性特点。前文所说，词语有表义功能，放在一定语境中，则又有表意功能，再往大的方向想，甚至可能还有独特的文化意味。如古诗词中的格律，不仅是字词的，还是古典诗词的，是汉语的，也是文化的、民族的。若只把诗词的格律追求看成是古典诗词的书写规则，只看到了平仄与押韵产生的音韵之美，那么对语言外在形式的鉴赏则只是浮于表面或流于形式。

如周邦彦《六丑》中的"愿春暂留，春归如过翼，一去无迹"。这三句的后两句尾字押"i"韵，且均为入声字，读起来声调短促压抑，正是为了表现春归之速。长期羁旅在外的词人，值此春去之际，不禁发出虚度光阴的感叹。"愿春暂留"表示词人不忍春光虚掷，"过翼"则以鸟飞作喻，"春归如过翼"表达的是春不但不留，反而逝如飞鸟且"一去无迹"。"一去"二字，直说到尽头，空留主人公站在原地，徒增感慨，惜春之情跃然纸上。难怪周济的《宋四家词选》评价此句说："十三字千回百折，千锤百炼。"

在上下文语境甚至文本整体语境中，以整体视野来品读字词之妙，才能把字词的表层意义上升到语境意义，串起上下文词句之间的逻辑关系，把握文章局部与局部互相组合而形成的与整体的关系，并最终揭示潜在的主题意义。不把需要品读的词句放回到文本的局部与局部、局部与整体的关系中，而是把它抽取出来试图直接与主题挂钩并阐释其意义或作用，是当今语文阅读教学中字词品读的一大弊端。

鲁迅先生的《孔乙己》的结尾有一经典句子："我到现在终于没有见——大约孔乙己的确死了。"对这篇课文的教学，鲜有语文老师不问"'大约的确'是否矛盾"这一问题的。但老师们预设的答案高度趋同：不矛盾，因为"我"以后再也没有见到他，对于他的死没有确证，只能用"大约"表猜测，但是在那样的社会环境下，他的命运必然悲惨，故用"的确"表示肯定，这一看似矛盾的句子，表现出对社会的批判。这样的回答，还不能算是对文本语言的细细品读，充其量只能算是对文本的基本理解，最起码忽略了"大约的确"这一判断与文本上下文特别是文本整体的关联性。一方面，孔乙己被丁举人打断了腿，出现一次之后就再也没有出现过，而孔乙己也算是酒店的常客，如今近一年半没来，此前写到酒客们谈及他"大约死了"的猜测，终于得到强调。用"大约的确"，不过是说明猜测得到的结论可能性非常大，但作为一种猜测的基本性质没有改变。另一方面，我们还要深入一层思考，关乎孔乙己生死这么重要的信息，为什么只能是一种不确定的猜测呢？答案是，酒店里没有真正关心孔乙己的人，不管是酒店老板、短衣帮还是长衫帮，甚至"我"这个小伙计，都没有对孔乙己真切的同情，有关他的信息片段变得模糊也就成了必然。作者正是借助这看似闲笔的两个词语，揭示出一个冷漠得令人生寒的世界。

第二，关注语言的极尽反常处，在如话家常的言语中细细咀嚼，挖掘语言的深层意蕴。

除关注上述常见的语言外显形式之外，还要关注文中反常的表述，如看似矛盾或悖论的描述、反复啰唆的地方、故意省略或留白、看似特别朴素的语句等。这些地方，大多为作者的匠心独运之处，对这些言语形式细细咀嚼，才可以走向更深层的理解与认知。

"古今中外很多伟大作家在修辞与'反修辞'、雕饰与'反雕饰'等问题上，都把自然、恰切作为锤炼语言的极致。"[1]北京师范大学的李煜晖教授在一次线上讲座时说。确实，真正的文学大家往往淡化讲故事的技巧，也淡化对语言繁复的追求，用笔上往往"大道至简"，"繁华落尽见真淳"，多用日常用语，读来如话家常。此类作品语言的品读很难发现与言说，需要教师从作者的语言风格出发，参阅大量文献资料，细细咀嚼，挖掘出语言的深层意蕴及反常之美。

如鲁迅名篇《记念刘和珍君》的开头：

中华民国十五年三月二十五日，就是国立北京女子师范大学为十八日在段祺瑞执政府前遇害的刘和珍杨德群两君开追悼会的那一天，我独在礼堂外徘徊……

文章开头的语气十分平稳，看似很平常，但与下文犀利的笔调大相径庭，细品之下发现，这一句子至少有三个反常点。其一，文章开头的时间表达太过反常。刘和珍杨德群两君十八日遇害，二十五日追悼会，而文章写于几天后的四月一日。按平常的习惯，用"前两天"足以表达清楚，为什么如此具体反复地言说哪一年哪一月哪一天呢？其二，开头如此郑重地用"中华民国十五年"记时，为什么？有没有反讽的意味，所谓"民国"，却干出如此恶劣的行径？其三，"就是国立北京女子师范大学为十八日在段祺瑞执政府前遇害的刘和珍

----

① 李煜晖. 实证、审美与思辨：关于小说教学路向的思考［Z］. 线上讲座，2023-04-12.

杨德群两君开追悼会的那一天"这一句中，"国立北京女子师范大学"为什么不用简称？"段祺瑞执政府"中为什么非得加"段祺瑞"这一人名？况且，该句句子太长，气韵悠长，节奏呆板，朗读时几乎没有留下换气的余地，为什么不换成短句表达？细细追问之下，就能读出鲁迅先生在这件事上内心强压下的悲愤之情，看似冷静平常，实则波涛汹涌。

此外，作品以书面语为主，偶尔插入的口语，又是需要关注的语言特色之一。如宋词元曲中的俚语入文、小说作品中人物的家常话等，都是语文品读的重要对象。如鲁迅先生的《故乡》中对少年闰土的一段讲述：

第二日，我便要他捕鸟。他说："这不能。须大雪下了才好，我们沙地上，下了雪，我扫出一块空地来，用短棒支起一个大竹匾，撒下秕谷，看鸟雀来吃时，我远远地将缚在棒上的绳子只一拉，那鸟雀就罩在竹匾下了。什么都有：稻鸡、角鸡、鹁鸪、蓝背……"

这是少年闰土所讲"雪地捕鸟"的一段话。细品下来，发现闰土所说的话翻来覆去颠三倒四，人称复用，语序颠倒，用词不准。但正是这样的描述才符合少年闰土的身份，他识字不多，甚至词不达意，虽如此，但他对少年的"我"依然热情，足见其纯真朴实。

2. 小说作品叙事技巧的品读

除语言的品读与欣赏之外，作品的叙事或抒情的技巧也是细品文本的重要关注点。叙事作品的故事如何讲才能吸引读者，抒情作品如何把感情写得真挚感人，描写性的作品又如何把形象写得生动逼真，这都是每一个读者需要认真考虑的问题。

技巧，又称为表现手法或统一称之为手法，包括了常见的修辞手法。从鉴赏的角度看，主要解决的是"如何写"的问题。如写人，正面写、侧面写还是正侧结合来写，侧面写又需要考虑是与他人来进行对比衬托，还是通过环境描写来衬托；如写景，实景还是虚景，动景还是静景，声音还是色彩，正面描述还是其他景或物的对比衬托；如抒情，直接抒情还是间接借助其他手段（借景抒情、托物言志、用典抒情等）抒情；等等。这些内容虽比较复杂，但语文老师平时在课堂上操作得比较频繁，研究得也算是比较系统，所以在此不再展开详述。

此处主要详细说说小说作品中的"叙事"技巧。作者是如何把他要讲的故事讲得精彩，这是叙事学比较感兴趣的话题，也是近几年比较热的研究方向。有意思的是，近几年高考特别热衷追问小说的故事情节，特别是叙事技巧或叙事特色。

那么，叙事类作品的故事究竟是怎么讲的？鉴赏叙事技巧有哪些角度呢？

关注一，究竟谁在讲故事。

谁在讲这个故事，他的身份是什么？在故事中的地位如何？这是叙事技巧首先要考虑的问题。叙事类作品中，故事的讲述者被称为"叙述者"，包含两方面内容，一是谁在叙述故事，专业点的术语叫叙述人称，二是"他"站在什么角度来叙述故事，此为叙述视角。

（1）叙述人物。叙述人称主要有三种，即第一、二、三人称叙事。第一人称叙事，给人以真实感，令人信服，且便于直抒胸臆，也便于描写心理活动，这是比较常见的方式；第二人称叙事，则便于交流感情，给人以亲切感，也便于强烈呼告；第三人称叙事，则视野开阔，不受时空限制，灵活自由，便于客观描述。从以上可以看出，用什么人称叙事，各有各的好处，并无优劣之分，只有适不适用之别。

（2）叙述视角。叙述视角又叫叙述聚焦，是指"叙述语言中对故事内容进行观察和讲述的特定角度"。同样的事件从不同的角度去看就可能呈现出不同的面貌，在不同的人看来也会有不同的意义。它的分类比较复杂，一般分为全知视角（外视角）与有限视角（内视角），甚至也可以叙事者的身份出发分出儿童视角（以儿童的纯净真实反衬成人世界的残酷与无奈）、动物视角等。

有限视角（内聚焦叙事），又称"限知视角"，可以是第一人称"我"的视角来观察、讲述整个故事，并参与到故事之中。"我"是文本中的讲述者、见证者甚至参与者，讲述另一个人的故事。此视角也可以是第三人称，就是从作品中的某个人物出发，"从这个人物的眼睛看出生的故事"，如《孔乙己》中叙述者"我"——酒店的一个小伙计。

全知视角大多见于传统章回体小说，一般以第三人称为主。叙述者处于全知全能的地位，作品中的人物、故事、场景等无不处于其主宰之下、调度之中。叙述者凌驾于整个故事之上，洞悉一切，随时对人物的思想及行为做出解释和评价。全知视角的优点是叙述自由，可以在不同人物、事件中自由切换，同时能保持叙述的客观全面，让读者能够了解到所有的真相。但作者的过多干预和介入也使作品和读者之间产生距离，从而降低作品的真实度和可信度。

动物视角，是限知视角的一种特殊视角，主要以动物的眼光进行观察与讲述故事。这一视角，既诡异又有趣，既神奇又新颖。它赋予动物与人类同样的生命、情感与思想，产生强烈的阅读冲击力，方便用新颖的方式呈现人与自然之间日益严峻的矛盾，利于拷问人性（文中的"人"往往成为"动物"的反面）。

儿童视角，也是限知视角的一种特殊视角，主要以儿童的眼光进行观察与讲述故事。故事的呈现过程具有鲜明的儿童思维的特征，小说的叙述调子、姿态、结构及心理意识因素都受制于作者所选定的儿童的叙事角度。如林海音的《城南旧事》，借助小英子的视角来讲故事，讲她的不解，讲她的成长，也借她的眼来观看大人世界的喜怒哀乐、悲欢离合，一种说不出来的淡淡的忧伤与哀愁，道尽人世复杂的情感。

当然，分析叙述人称或叙述视角时，并不是简单地判断是哪个人称或哪个视角，也不是简单地告诉学生用某个人称或某种视角有什么用，而应该立足于人物的身份及此人在整个小说的情节中所起的独特作用，并考虑其作为作者"代言人"的独特意义，要知道，讲述者的年龄、性别及身份不同，对人对事的思考角度、认知方式不一样，叙述人物流露出的感情色彩也将不一样，他身上承载的东西也会不同，这些才是我们品读叙事技巧要重点关注的方向。

如鲁迅先生的《祝福》中卫老婆子的讲述：

她到年底就生了一个孩子，男的，新年就两岁了。我在娘家这几天，就有人到贺家坳去，回来说看见他们娘儿俩，母亲也胖，儿子也胖；上头又没有婆婆，男人所有的是力气，会做活；房子是自家的。——唉唉，她真是交了好运了。

这段话中，极少老师把它拿出来做详细分析，偶尔有，也只是作为分析卫老婆子的形象特点来出现的。卫老婆子以介绍人打工为职业，还干媒婆的事情，所以借她之口来叙说祥林嫂"交好运"，肯定有给自己脸上贴金之嫌，从她"职业满足"且从中牟利的这两个点来评鉴她为"利欲熏心、无人情味、虚伪狡黠"的形象特点，本人真不敢苟同。其实，往深层次说，作者借卫老婆子之口说一个女人"交了好运"的标准：生男孩，上头没有婆婆欺压，男人会做活、可靠，有房可住。实是借此来揭示旧社会女性的命运身不由己的凄凉。当然，这段话也为下文写祥林嫂的悲惨命运进行了铺垫，这种巨大反差式的书写，进一步渲染了祥林嫂的悲剧性色彩。

还要注意的是，一篇文章中，作者若以多重视角、多重声音来讲述同一情节，则更加需要仔细分析，看每一视角站在不同出发点所讲的内容，同的有哪些，异的有哪些，异与同的部分是相互补充使情节更加完整、人物更加鲜明，还是为了突出强调某一部分的内容。

关注二，叙事时间。

时间，在叙事类作品中占有举足轻重的地位。首先，它作为叙事文体的六要素之一而存在，没有时间，故事无从谈起；其次，它还可以指文本的叙述时间。专业的名词叫叙述的时序、时限和频率。[①]

（1）时序。或按时间的先后顺序一步步讲下去，这叫顺叙；或颠倒时间，把结果先讲，这叫闪回或倒叙；中断正常的叙事时间与节奏，插入叙述相关的其他情况，这叫插叙；中断正常叙事，补充此情节有因果关联的其他情节，这叫补叙。此外，还有闪前（预叙），提前叙述将要发生的事件；交错，在叙述中将历史、现实、未来交织在一起（历史小说与意识流小说中常用）讲述；等等。

（2）时限。研究的是故事发生的时间长度和叙述长度的关系，也就是叙述节奏的问题。一是等述，叙述时间略等于故事中的时间；二是概述，叙述时间大大小于故事中的时间（如，一晃十多年过去了……）；三是扩述，叙述时间大于故事时间，叙述者缓缓地描述事件发展的过程和人物的动作、心理（相当于电影中的慢镜头）；四是省略，对某些故事中的时间略去不提（时间上的留白，让读者补充并加以思考。这也是处理主次的方式，利于集中讲述某个事件以突出人物或中心）。

（3）频率。研究时间发生的次数和叙述次数的关系，又可分为如下几种类型：一是讲述一次只发生过一次的事，这是最常见叙事，大多作品属此类；二

---

① 李卓. 叙事时间的语言形式及其形成的自我监控［J］. 太原城市职业技术学院学报，2007（2）.

是若干次讲述发生过若干次的事，即为单一叙事的反复；三是若干次讲述只发生一次的事（反复叙事，从个人或多角度反复叙述一件事）；四是讲述一次发生过若干次的事（概括性叙事）；五是静述，即叙事停顿，转向描述人物的心理或穿插大段自然环境描写（停止叙事），作者的目的自然是舒缓节奏，让情节张弛有度。

以上内容是文学鉴赏的专业性术语。我们教师可稍做了解，方便为文本中许多看似反常的语段找到合理的解释，但不必深究，特别是不必把这些理论引入阅读教学的课堂，我们带领学生进行的是教学解读，不是文本解读，更不是文学专业解读。所以，可以适度关注但不必非常专业。

但，叙事节奏与叙事频率中，我们确实需要重点关注"省略"与"反复"这两种比较常见又容易让我们忽略的叙述方式。

我们先来看"叙事省略"。

从作者层面考虑，"省略"指的是一种策略，把不必说的内容删去或把该说的内容故意隐藏。从文本层面看，"省略"有两种类型：意义或情感的省略与事件的省略。如归有光的名篇《项脊轩志》的结尾："庭有枇杷树，吾妻之年所手植也，今已亭亭如盖矣。"作者以景结情，把睹物思情、对亡妻的悼念均加以省略，简洁而含蓄。这是意义的省略。而《曹刿论战》的全文省略了历史上以少胜多、以弱胜强的"长勺之战"具体的战斗场面，只是详细写了曹刿与庄公的两次对话。因为作者意图不在叙战，而在论战，这是事件的省略。

再看"反复叙事"。

反复叙事也是叙事的一种策略，它最早或许可追溯至《诗经》中复沓手法的运用，古典文学作品中有好多经典就是采用此种手法，如《三打白骨精》《三借芭蕉扇》《三顾茅庐》《三打祝家庄》《刘姥姥三进大观园》等。有意思的是，反复叙事也是童话及寓言常用的结构形式。如《皇帝的新装》，在"任何不称职的或者愚蠢得不可救药的人，都看不见这衣服"的前提下，皇帝、大臣和普通老百姓，作者从不同的视角反复强化这个有关"骗与被骗"的故事，增添了文本主题的多重意蕴。

反复叙事这一技巧的鉴赏，甚至出现在2021年全国高考的新高考I卷中，试题问：

卞之琳《石门阵》王木匠讲石门阵时，多处使用反复手法，这种讲述方法有什么效果？

提供的参考答案包括但不限于以下几个方面：

作用一，反复叙事具有衔接语篇串起情节的功能；

作用二，反复叙事有完善情节的作用，反复叙事在情节的展开过程中并不是简单地重复，而是在视角的推进转换中，展现出事件的微妙变化与丰富性；

作用三，反复叙事有强调和突出某种主题或结构语篇的作用，反复的内容，就是要突出强调的内容；

作用四，反复叙事还能延宕叙事节奏，用制造悬念的方式以引起读者的阅读兴趣。

需要注意的是，小说中的反复叙事往往与叙事省略同时出现，我们可以这样理解，反复在讲某一件事，必然要省略一些其他的东西。如被誉为乐府双璧之一的《木兰辞》。[①]

文章写木兰为父亲担心，决心出征，不惜浓墨重彩，写了十六句。写行军中对爹娘的思念，写了八句："旦辞爷娘去，暮宿黄河边，不闻爷娘唤女声，但闻黄河流水鸣溅溅。旦辞黄河去，暮至黑山头，不闻爷娘唤女声，但闻燕山胡骑鸣啾啾。"这八句，想念爹娘的意思是相同的，句法结构也完全相同，几乎没有提供多少新信息，最多四行就够了。为什么写得如此铺张？归来以后，写家庭的欢乐，用了六句，接着写木兰换衣服化妆，一共十二句。而严格写战争的只有"将军百战死，壮士十年归"，"壮士十年归"还是凯旋。为什么省略对"英雄"的相关书写而"反复"讲述非战争的"小儿女之状"？

一是突出女英雄。从军不是女孩子而是男人的义务，文本反复渲染的是，女孩子主动承担起男人的保家卫国的任务，重点不在如何英勇，而在于与家人之间的亲情。木兰在立功归来以后，和男性享受立功受赏的荣誉、坦然为官作宰的行为截然不同，她只在意享受亲情以及和平幸福的生活。女性的毅然担当，女性的亲情执着，女性的超越世俗的立功受奖，是作者在前半部分想表达的。

---

① 以下《木兰辞》案例，选自明飞龙《中学语文文本解读路径与案例分析》，线上讲座，2022年11月。

二是恢复女儿本来面目的自豪和自得。这个是文本的生命线，在文本的结尾处特意透露出来。中国诗歌是讲究比兴的，可是这首诗却几乎全是叙述，极少比喻（唯一接近比喻的只有一句"关山度若飞"），到了最后却用了很复杂的比喻，显得扑朔迷离。"安能辨我是雄雌？"隐含着女性对于男性的粗心大意的调侃和女性心灵精致的自得，这是全诗点题之笔。

三是经典文本的文体风格蕴含着矛盾，统一而又丰富。一方面，在花木兰情绪的营造上，极尽排比渲染之能事，这是民歌风格，情致天真而单纯。另一方面，惜墨如金，百战之苦，十年之艰，一笔带过。表现了北朝乐府诗的成熟技巧。"朔气传金柝，寒光照铁衣"，不但是精致的对仗，而且平仄在一句之内交替，在两句之间相对。这说明民歌在长时间流传过程中，经过了许多不同文化水准的人士的加工。最明显的莫过于"将军百战死，壮士十年归"和"同行十二年，不知木兰是女郎"中留下的漏洞了。

赣南师范大学的明飞龙博士在《中学语文文本解读路径与案例分析》中提供的这个案例，非常精彩地阐释了在品读《木兰辞》一诗时，从"反复"与"省略"交叉叙事这个角度出发，有利于把握人物形象，深入挖掘作品的主题思想以及更好地鉴赏本诗的语言风格。

关注三，情节处理的技巧。

情节如何处理，技巧有很多，常见的有误会、矛盾冲突、巧合、线索串联、设置悬念、铺垫、伏笔、照应、抑扬、对比、衬托、情节突转（情节的意料之外、情理之中）、以某话题引入、戛然而止和留白以引人思考等。此外，还有非情节的情节安排，有一些作品的情节并不突出，目的其实就是淡化人物与事件以用更多其他的方式表现内容，例如用大量人物对话，推动情节发展或使情节集中紧凑；用大量的心理描写推动情节发展；穿插大段回忆或回忆与现实交织叙事；叙述与写景结合或写景贯串整个故事；通过艺术虚构或审美选择，将日常生活中大量存在的没有必然联系的重要的生活现象写进文学艺术作品的散文化叙事；等等。这些手法因为进行了细分而显得琐碎，再细究一下可以发现，若是从情节处理的目的或基本手段出发去划分这些技巧，无外乎包括以下三种类型：

其一，穿插。在叙事的过程中中断叙事，有目的地插进抒情、议论、说明、描写（如写景）或与事件进程相悖的其他记叙（如回忆性的情节等）。

其二，延宕。含有拖延、搁置之意。它是作家在小说创作中，为抓住观众急于获知内情的期待心理，故意放慢叙述节奏、延缓事件进程而使用的一种方法技巧。这一技巧，可以使故事情节迂回曲折、波澜起伏，也能使情节变化、顿挫疾徐，让读者在一张一弛中增强审美感受。

其三，紧凑。文章叙述故事的过程中，前后衔接紧密，而没有多余的话。主要表现为三种情况：一是结构的勾连，使情节环环相扣；二是叙述时空集中，结构紧凑；三是省略，叙事中省略实际存在的事件，能快速推进故事，加快叙事节奏，使情节紧凑，并能达到扣人心弦或引人思考的艺术效果。

（二）赏读：走向情感的深处

赏读的核心是共情，就是读者与文本以及与文本的作者之间进行深度对话，以期望形成思想感情上的同频共振，在以心会心、以情动情的阅读过程中品赏文本的艺术韵味，最终走向对文本情感的深度把握及人文素养的综合提高。

黄伟、梅培军在《阅读教学中的文本解读》一书中说，"阅读课文的审美心理过程大体有这样几个阶段：文（事、形）的感知——阅读课文，大体知道文章的类型和所写的人事；情的映射——在阅读过程中，感情受到激发，读者融入某种感情进行阅读；意的揣摩——对启人哲思、富有意趣的地方以心悟对，细细玩味；境的沉浸——阅读时完全沉醉在作品所描绘的情境中或沉浸在由作品而引发的联想、回忆中"[①]。对文本进行赏读，实是在感知内容的前提下，对文本的情感进行的"映射""揣摩"与"沉浸"。

1. 读出文心：以我之心，懂你之思

凡意蕴丰盈、美学价值深厚的文本，都包含了作者从心灵深处迸发出来的对社会、历史、人生的洞见与深切体验。作者的情感投射与时代精神、历史意识和文化情怀相互渗透、相互融合，使文本深深地烙上了时代的生命情感与文化印记。

赏读的第一步就是读出文心，尽可能地贴近作者赋予文本的生命情感及文化印记。学生阅读文学作品的过程，归根到底是学生与作者交流的过程，是一

---

① 黄伟，梅培军.阅读教学中的文本解读［M］.南宁：广西教育出版社，2019.

种特殊的人与人之间的交往与对话的方式，是通过阅读这一形式实现的文学接受、传播、巩固普遍社会价值观及人文精神的过程。所以，阅读的最高境界就是"以心会心"，在作品所提供的一字一句中试图进入作者的内心，了解作者的精神世界，从而去探索作者创作过程中的秘密和机遇。

读懂文心，需要知人论世。古诗词阅读讲究"以意逆志"，主张用自己的想法去揣度作者的心思，说的就是这个意思。这是因为任何一个作家的作品均是他精神世界的外在表征，他的作品集中体现了作者自己的文化修养、价值取向、审美意趣和精神追求。因此，我们为了更好地读懂某一作者的作品，就需要大量参读这位作者的其他作品，找到他创作风格上的一致性。

一些有经验的语文老师，甚至是名师，在进行某一作品的阅读教学之前，要大量参阅作者的其他作品，参阅有关文献对作品的评价（相关的学术文献），参阅作者自己对作品的评价等。之所以这样做，实为更好地理解作者，理解作者一贯的语言风格。如深圳名师程少堂老师，为了上好《沁园春·雪》这篇课文，驾车跑到22公里外的图书馆借阅了20本有关毛泽东诗词欣赏研究方面的书。[①]

读懂文心，需要了解创作背景。生活是艺术的源泉，时代则是艺术的土壤。好的作品源于生活，更源于时代，表现出"时代空气"。所以，一个时代的社会制度、社会风俗、社会风尚与思潮，均有可能反映在作品上。了解创作背景，就能更好地理解文本所表现的内核。

但是，不少的语文老师上课有固定的模式，导入新课后，先写课题，再写作者，然后简单介绍一下作者，并详细地介绍文章的创作背景。有些老师觉得先介绍作者及写作背景有助于理解文本的内容。更有教师是看到别人这样做，然后自己也这样做，不这样做就总觉得语文课堂少了些什么步骤。其实阅读教学的目的，首先是理解文本的内容。若从文章词句本身理解内容有难度或理解的深度有不足，这个时候再补上写作背景或与文本有关的其他资料，文本的分析才有可靠的依据。若先行突兀地亮出背景，一是学生记不住相关内容，也不知道背景对文本有何作用；二是容易让学生先入为主，分析问题从背景出发乱

---

① 程少堂. 《沁园春·雪》备教手记 [J]. 语文教学与研究（教师版），2016（28）.

贴标签。

2. 读出感动：以你之言，动我之心

赏读的第二步是动情。阅读教学注重情感的熏陶与教育，阅读作品也需要读者投入情感。赏读，其实就是学生在对艺术形象的感受、理解、联想与想象的基础上形成情感共鸣和审美愉悦。

阅读教学是需要情感投入的活动。于漪老师说："教学就是求真，教师真爱学生，真倾心于语文，真正受文中景物之美、思想之高远、见解之精妙、语言之精妙感染，必定神采奕奕，真情相托，随语声而流，叩击学生之心扉，在学生心中产生悦耳的共鸣。"要使学生动情，老师先要动情，老师的课堂语言、神态、手势特别是情绪，直接影响学生在课堂上的学习状态。一个优秀的语文老师，他的课堂状态一定是神采奕奕、精神饱满的。学生最怕的语文课堂就是死气沉沉、死板僵化、情感枯竭的课堂。

嘉应学院冉正宝老师在《中国教育报》上撰文说："语文教育，我们最缺少的是眼泪！"他还说，"没有泪水的语文是虚情假意的，犹如摆设在橱窗里的塑料花，没有生命，只有耀眼的姿态"，认为这种课堂是"假"的，要去"伪"、去"假"。他还分享了韩军老师的一个案例。"韩军为参加'六一杯'首届中国'新生代'中学和小学语文教育杰出（特级）教师教学艺术大展示活动的与会代表，上了一节流泪的课：课文是《大堰河——我的保姆》，学生是高中生，时间是45分钟。随着轻缓深沉的音乐响起，韩军开始了声情并茂的朗诵，男中音，夹着些许'鲁菜'的味道，有抑有扬，时顿时挫，忽轻忽重，亦缓亦急。'大堰河，在她的梦没有做醒的时候已经死了。她死时，乳儿不在旁侧……'音律开始不稳，脸上有泪涌动，他回转身子，拭泪，学生和听课教师中也开始有垂首拭泪者。20多分钟过去了，音乐远去，会场无声。"[①]单凭冉老师的叙述，我们就已动容，更何况在现场的学生了。我敢肯定，这是一节让他们永生难忘的语文课。

除了理解课文表达的主题思想外，还要在情感上稍做延伸，适时对学生进行必要的情感升华或情感教育。如柳宗元的《小石潭记》，知道面对逆境时，

---

① 冉正宝.语文教育，我们最缺少的是眼泪！［N］.中国教育报，2005-08-18（6）.

柳宗元寄情山水，写美景，也抒牢骚，但依然能坚持文人本色，牢骚过后，回到现实好好工作，做出了非凡成就；如苏轼的黄州系列作品（《赤壁赋》《定风波·莫听穿林打叶声》等），知道面对逆境时，苏轼也寄情山水，但他心中坦然，笔下均是豪迈之言，甚至感受不到外面是风是雨。那么，我们面对逆境时在干什么呢？可以发牢骚，但牢骚过后，依然要坚持自己的梦想，或者向这些古人学习，心胸坦然些，活得自在些。我的工作室的助手，阳春市第一中学的青年教师蔡甜，在讲完苏轼的《赤壁赋》后，用一段"长文"作为课文小结，"技"惊四座，赢得听课老师的阵阵喝彩。她说：

这篇文章，让我们看到了生命的渺小——哪怕是才高八斗的苏轼，也免不了受到现实的打击、命运的捉弄。但这篇文章更让我们读到了生命的坚韧与不屈——哪怕几经风雨、即使倍感屈辱，苏轼也努力地成为光、散发光。我们也应如苏轼一般热爱这自然山川、江水明月，热爱这世间的人情温暖，所以哪怕遭受困境，我们也会勇敢面对、积极解决、努力跨越。因为对生命有着虔诚的、纯粹的热爱，所以努力想要过一个热辣的、滚烫的人生！

最后，老师想以一句话作结，以此与各位同学共勉——在心里种花，生命就不会荒芜！

此种既有思维深度，又有情感参与，同时还有深远教育意义的语文课，谁能不印象深刻呢！

3. 读出感悟：以我之思，塑你之魂

赏读的第三步是填补。填补，是接受美学提出的主张。他们认为，任何一个文本，都存在着意义的不确定性和意义的空白。接受者（读者）在进入作者的情感世界之中和之后，根据自己所有的生活经验、体验，有意或无意地对文本的不确定性或空白进行填补，以生成新的意义。

他们认为："人"即学习者是阅读的中心，文本作品这一存在，需要经过接受者、读者的理解与阐释才具有意义。当读者进行文本阅读时，就会自觉成为"接受者"。而每个读者以"接受者"的角色进入文本阅读的过程，总是带着一定的经验模式，将阅读经验或生活经验投入接受过程中，并且将获得的信息纳入自己的经验视野，通过自我认知选择并根据已有的经验主动接受自己感兴趣的信息，剔除其他自己陌生或不感兴趣的信息，然后按照自己的阅读经验重组这些信息，这一信息重组的过程，其实就是"填补"的过程。

现象学美学家英伽登则说："每一部文学作品在原则上都是未完成的，总有待于进一步的补充，且这一补充是永远不能全部完成的。"

从这一观点来看，不管多严谨的文本，其总有或故意未能呈现出的内容或作者局限性下的未尽之处，接受美学者称之为"空缺"与"空白"。读者在文本接受过程中，总是用自己的经验与情感对文本中的"空白"与"空缺"的内容进行填补与质疑，使得文本展现出的内容不断更新与延伸，最终形成了对文本理解的新视点，接受者们获得了新感受，从而挖掘出作品的新内涵。

以上告诉我们，阅读作品特别是文学作品，有必要对文本进行"填补"再创造。

那么，对文本进行"填补"的最佳方法是什么呢，该如何指导学生对留有空白的文本进行有效"补充"呢？不妨从以下三方面入手。

一是把读完后的感悟写下来。就是让学生学完文本后就文本中感兴趣的某一方面写出他们的独特感受。学生读完文本或在老师的带领下深入理解了文本之后，或多或少会有一些感悟，可以让学生把这些感悟写下来。开始的时候，可以由老师指定主题，让学生就某一点说说自己的感受，允许他们课后查阅相关资料。这样，学生查阅相关资料的过程，又是一个深入学习文本的过程，他们获取的信息就远远多于在课堂上从老师那获取的内容。同时，为了提高学生由读到写的能力，还应该就所写的小文章提出一些具体的要求。如字数、适当的句型以及提交的时间。需要注意的是，学生提交作业之后，老师要尽快批阅，观点新颖，论证充分，感受文章的深刻，并利用简书、公众号、班级宣传栏等方式予以公布，时机成熟后，可以装订成书，人手一册，作为学生语文学习的成长手册。这样可以极大地提高学生写小感悟的积极性，真正提升学生的语文学习成绩及语文综合素养。

二是把写完的感悟讲出来。除了利用平台把这些小感悟展示出来，还可以利用语文课前五分钟这一时间，让学生把自己的所思所悟讲出来。最初，我采用的是学号轮讲的方式，后来发现弊端不少，因为既定了顺序，已知自己不用讲的同学对活动明显就有点敷衍。后来，我改为抽签的形式，每一天要讲的同学交由概率去决定，大大提升了学生写与讲的质量。同时，为了锻炼学生的综合能力，还可以对所讲的方式提出具体要求，如不得少于三分钟，必须全程脱稿，中间停顿若超过三次，第二天继续，等等。

三是把读完的感悟演出来。除了写与讲，对于一些故事性极强的文本，还可以让学生在深度理解的基础上，对文本进行合适的改编，改成课本剧的形式，再以小组为单位，把改编后的剧本演出来。先是班上的预演，让每一个人都确保出演（若时间不足以每一小组展演，可让多个小组合演）；再是班级共同打磨，在学校读书节或文艺汇演中演出。当然，这种方式耗力费时，所以只能每一个学期组织一次，但可以让这一次展示变成班级嘉年华，深深地留在学生的记忆里。

当然，这里的感悟在形式上同于"随想"，但在内容上忌"不教而得"，不是识字断文后的随便乱想，而是需要学生在全面梳理文本内容，深入了解文本内核后进行的探究与整理。这其实也是后文要重点讲述的"深悟"的内容。

（三）冷读：走向文本的常态与常理

唐代禅宗大师青原惟信有一段著名语录："老僧三十年前未参禅时，见山是山，见水是水。及至后来，亲自拜见高僧大德，有个入门处。见山不是山，见水不是水。而今得到安歇之处，依然像以前一样，见山只是山，见水只是水。"这就是禅宗著名的三重境。后来从这段话提取出人生三境界：看山是山，看山不是山，看山还是山。

其实，我们读文本亦如此。看山是山，是对文本的初步感知；看山不是山，是对文本的沉浸式阅读后的感悟；看山还是山，则是跳出文本去分析文本的冷静。这就是常说的"入乎其内"与"出乎其外"。王国维在《人间词话》中说："入乎其内，故有生气；出乎其外，故有高致。"文本的品读，需要感情的投入，才能动心动情，但一味地投入感情甚至感情泛滥，对文本的分析则容易有失偏颇。为更好地理解文本，还需要冷静下来，从旁观者的角度，尽量避免情感的参与，遵循语言的常态与生活的常理去条分缕析，以获取对文本更加公允的价值判断。

1. 文本分析应遵循的常态与常理

文本分析经常被用于阐释文学作品及文章的意义，进而深化对文本的文化内涵和社会意义的理解。而这份内涵及意义应该是客观公允的。所以，分析文本特别是文学类文本的过程就应该尽量避免过多的情感投入，而应该保持冷静与客观，追求语言及文学的普遍共性，符合人之常情常理。

（1）文本分析应遵循常态

常态是指文本内容及语言形式所呈现出来的规律，例如"情节递进""人物性格分析""主题呈现"和"语言运用"等。通过分析这些规律，可以梳理出文章结构、主题思想、人物性格以及情感表达等。这种分析方法，是文学研究基本的分析手段，是语文阅读教学中文本分析的基本功，是一种合理而必须的方法，是语文试卷中常考的"为什么用这个词""不能换成另外一个词"的最基本的理解与分析方法。说直接一点，常态，其实就是文本，是从文本语境出发到文本中去；常态，也是语法，是从语言本身的规律出发，厘清语句要表达的真正意思。

但学生对文本理解往往比较片面，容易掺杂个人的喜好。这是因为学生普遍缺乏文本分析的能力与文本分析的实践经验，往往只是凭个人好恶来对文中的人物或作者通过文本要表达的意义下一个简单的判断。最典型的莫过于学生在小说阅读中对人物命运或人物性格的分析与理解严重脱离文本的逻辑与实际的社会环境，他们对文本分析的结果往往注重的是阅读后的直接反应，简单、肤浅而又片面。

如七年级下册的一篇课文《老山界》，有学生读到"山下有人送饭上来，不管三七二十一，抢了一碗就吃"时，对这一句中的"抢"字进行了分析：一个"抢"字，写出了当时红军战士物资的匮乏。再如寓言故事《愚公移山》，大有老师带领学生辩论，愚公一家到底该移山还是搬家，而不是把这篇文章当作寓言，组织学生理解寓言的教育功能。

（2）文本分析也应遵循常理

常理是指人类的生活和思维经验以及道德和文化传统等所形成的基本认知和价值观念。孙绍振先生说："要欣赏艺术，摆脱被动，就要善于从艺术的感觉、逻辑中还原出科学的理性，从二者的矛盾中分析出情感的审美价值。"[1]

例如，李煜感叹"问君能有几多愁，恰似一江春水向东流"，为什么是"春水"而不是夏水？若只是形容愁之多、愁之绵长，"夏水"之泛滥肯定比"春水"来得汹涌。此时，只抓住比喻这一修辞的相似性特点，显然无法真正

---

[1] 孙绍振. 文本分析的七个层次（续）［J］. 语文建设. 2008（4）.

解决这个问题。但从"常理"的角度分析，可以知道，李煜在自己的生日之夜由一国之君到阶下之囚，触景伤情，必然引发他对过往的一些感慨与思考，又想及未来，重获自由无异于痴人说梦，各种煎熬迫使他的愁绪越发滋长，如滔滔春水一发而不可收。所以，以"春水"喻愁，既写愁之多，愁之绵长，亦写愁之渐长越发汹涌的态势。另外，从"常态"上讲，这阕词中还有"小楼昨夜又东风"一句，"东风"即春风，春风已起，意味着春天的脚步渐近，春水自然也将随之而来，于是词人自然想到以"春水"来喻"愁"。再者，伤春而悲秋，是中国文人的独特情怀，已深入我们的民族心理，已成为民族文化的一部分。

语文课本中的文本，大多注重人文教育，"主旋律"是其最重要的特点。但作为中学生特别是高中生，除了了解文本中"高大上"的情怀，还需要更加深刻地思考作品反映出来的"普世价值"，即引导人们思考人生、生命的意义以及世界的价值，它能够描绘出人们心灵深处的情感和人生的价值追求。

如《孔雀东南飞》的结尾：

两家求合葬，合葬华山傍。东西植松柏，左右种梧桐。枝枝相覆盖，叶叶相交通。中有双飞鸟，自名为鸳鸯。仰头相向鸣，夜夜达五更。行人驻足听，寡妇起彷徨。多谢后世人，戒之慎勿忘。

犹记得早些年教这篇文章的时候，借助了不少的参考书，把字词句名都弄得清清楚楚，然后带着学生扎进文本所讲的动人的故事中。当分析到文章的结尾"中有双飞鸟，自名为鸳鸯"的时候，我对学生说，"鸳鸯"是一种鸟，它们一般成对出现，生活在水里，此处说"林中双飞鸟"看似不可能，实则为"浪漫主义"写法，表达的是古人们朴素的情怀：委婉地表达了对二人忠贞爱情的赞颂和对他们被迫害而死的无限同情，反映了人们追求婚姻自由和向往爱情幸福的美好愿望。讲完后听课的老师大加赞扬，认为我对文本"读得细""读得深"，是"神来之笔"。自己也是自鸣得意，把这一讲法延续了好几届。直到有一次看电视，忽然看到鸳鸯这种鸟一般生活在水里，但也会生活在树上，特别是每年孵化季，它们会在树上筑巢。如此看来，"林中双飞鸟"实指正在孵化的一对鸳鸯啊。从这一角度来分析此两句，比之浪漫主义手法更具悲剧性，更具有震撼的力量。

当然，有些人认为，过度强调常理或者把常理当作唯一的分析依据可能会导致客观性过高，出现自我偏见、陷入固化的文化刻板印象等问题，还可能会导致忽略文本中的反常现象和意外惊喜，而这些意外与新鲜的表达形式和思想，则正是文本对于日常生活和成见的挑战和反思。

但是，语文文本分析还是应该遵循常态与常理，因为只有在这两者的双重约束下，我们才能对文本做出真实的把握，尤其是对文本所传递的文化、历史、社会及人性等深层次的意义，我们需要从每一个角度出发，做一个全面的思考和分析。与此同时，我们也要注意避免片面化地运用某种分析方法或错把某种分析方法当作唯一的突破口而限制我们的视野和分析问题的能力。我们的目的是希望通过语文文本分析，进一步挖掘文本内涵，加深文化理解，提升文学审美能力，甚至是获得更深层次的哲学思辨及人生价值的思考。

2. 审视文本事实的"真实"性

进入教材的作品有很强的教育意义，自带"真实"的属性。信息类文本以真实为生命，如议论文讲究以事实为准绳，对某一问题进行客观严谨的分析；说明文则要求语言准确严谨，说明物或理的特点或属性；新闻类的作品更是把真实当成文本的最重要的特点。在文学类的作品中，"真实性是散文的一种基本属性，也是散文的力量所在。散文之所以能感染读者、影响读者，一个相当重要的原因是读者相信作者所写的内容是真实可信的而不是编造杜撰虚构的"[①]。

小说的真实是艺术的真实，它比较复杂，正是我们需要审视的重要内容。一篇优秀的小说不只是由一个好的故事构成，更需要深入谋划和思考，如故事设计的前后连贯与合理性，人物行为与其身份、经历、性格等的一致性，多个人物身上的多样性，等等。所以，小说家要花很大的精力在故事的结构、人物的塑造和情节的设置上。著名小说家毛姆曾说过："小说就是智慧的结晶。"只有经过深刻思考的小说才能打动人心。

站在这个角度上看小说，我们就会发现，小说不过是由一系列话语写成的一个虚构的故事。这些话语指涉着"现实"，但却并非"现实"本身，它带给

---

① 李朝全. 散文的真实性［EB/OL］. https://www.fx361.com/page/2018/0202/4777551. shtml，2018-02-02.

我们的某种"真实感"，其实不过是一系列"修辞"所造成的幻象。[①]

但是，作家虚构出来的甚至是荒谬的故事，又何以给了我们某种强烈的"真实感"呢？要真正弄清这些问题，首先是要超越这些问题，"要用阅读理性审视作家的创作理性"[②]，超越传统现实主义式的非真即伪的二元对立的事物认知模式，才能认识到，小说的所谓真实或现实，是经作者加工后的艺术真实，这种艺术真实在作家高超的语言组织、绝妙的艺术手法及非同一般人的思维驾驭下，从整体到局部都展现出一种动人心魄的力量，使读者沉浸之中，不自觉地进入作品的情境中无法自拔。

（1）小说的艺术真实表现

小说作为一种文学形式，不仅有其独特的表现形式和叙事技巧，还是表现作者丰富人生体验的载体。小说的艺术真实不仅仅在于其人物、情节的真实性，更在于其在现实与虚构之间所构筑的一种真实感受。

人物真实感。小说的人物是其故事的灵魂，而人物的真实感是小说艺术真实的基础。在小说中，真实的人物是有着复杂人性的，他们有着内心的情感、思想和动机，同时也有着人世间最真实的欲望。小说家通过对人物的描绘和塑造，展现了人性的多样性和现实的复杂性，让读者感受到一种深刻的真实感。

例如，《红楼梦》中的贾宝玉，他有着富贵贫贱不坠的浓郁人性，同时也有着柔情似水的内心世界。他对家族的历史和荣光有着强烈的认同感，也对花花世界和爱情有着无尽的好奇和追求。小说家曹雪芹通过描绘贾宝玉的人物形象和内心世界，让读者感受到一个家族的兴衰历程和一个具有独特人性的人物形象。这种真实感使得读者感受到了小说中的人物是存在于现实中的。

情节真实感。小说故事的发展离不开情节，情节则是小说艺术真实的又一重要体现。情节的真实感体现在小说家通过对生活的观察和感悟，进而在小说中构造出一个紧扣生活、有着生动细节和合理发展的故事。

例如，钱锺书的《围城》中，主角方鸿渐在为自己的生活和未来而烦恼

[①] 臧策. 说说什么才叫文本分析（二）［EB/OL］. http：//www.cphoto.net/article-49157-1.
html，2007-11-15.

[②] 李煜晖. 实证、审美与思辨：关于小说教学路向的思考［Z］. 线上讲座，2023-04-12.

时，经历了一次又一次情感和家庭的变故和经验。这些情节构成了一座围城，形象地表现了一个人在现实生活中所面临的难题和内心的矛盾。小说家通过这些情节的构成，表现了现实中生活在围城之中的人们的状况和生活状态。

现实与虚构的真实感。小说叙事离不开现实，而虚构又是小说中不可或缺的因素。小说家通过运用已有的事实和生活经验，将其与自己的幻想相结合，构建出一个富有感染力和共鸣力的虚构世界，使读者感受到虚构中的真实感。

例如，鲁迅的小说《狂人日记》，其以医生的第一人称视角来描写一名精神病患者的形象和经历，通过这种叙事方式，揭示了社会底层的生活状况，以及人类面临的现实困境和悲剧。小说家在虚构的过程中，不仅仅传递了自己的思想和观念，更是用虚构中所表达的真实情感激发了读者内心深处的共鸣。

但是，北京师范大学的李煜晖教授认为，"把人物真实拆解为语言、动作、神态、心理等描写是否贴切，把情节真实拆解为伏笔、铺垫、照应、巧合等是否合理，把环境真实拆解为自然环境、社会环境的刻画是否准确"，这只是一种"点对点的欣赏"，"学生对艺术真实的理解毕竟是局部的而非整体的，是写作技巧层面的而非创作理性层面的——说到底还是表层审美"。①

但必须承认，中学小说的阅读教学，在中学生还没有娴熟地掌握各种文本解读的理论与技巧之前，从塑造人物、构建情节和虚构世界这些角度来体会作品表现出的真实感，不失为一种常态而又有效的分析理解作品的手段，对学生后续从较专业的角度登堂入室有很大的帮助。

（2）情节的偶然与人物命运的必然

情节始终是小说、电影或戏剧引人入胜的原因之一。为了把故事讲精彩，作者竭尽所能，让整个故事在悬念、误会与巧合中跌宕起伏。但故事情节的展开又常常在无数个偶然的巧合与误会中潜藏着走向结局的必然。可以说，故事情节的展开需要偶然和必然的交织，偶然成为促成情节发展的推手，而必然则是情节展开的前提。

偶然其实并非无意义的事件，而是能推动故事情节的关键元素。例如一

---

① 李煜晖. 实证、审美与思辨：关于小说教学路向的思考［Z］. 线上讲座，2023-04-12.

次意外的相遇、一封错邮件的传递或一次误会，这些看似偶然的事件，一旦出现在故事情节之中，就会使得故事情节更具有生活感、更加真实。在现实生活中，有很多事情是偶然发生的，这也是小说、电影和戏剧让人容易产生共鸣的重要原因之一。故事情节中的偶然事件，常常是获得观众情感共鸣的主要元素之一。

然而偶然并非情节的全部，情节的展开还需要有必然的存在。所谓必然，就是故事发展的客观规律。故事情节的发展，必须遵循时间的流转、人物性格的表达以及情感的转移等方面的规律，需要有必然的逻辑。如果故事情节只是随意发展，就会导致观众难以理解、难以接受。因此，必然更是情节展开的前提。

除此之外，情节中的偶然和必然，还有一个很重要的要求，那就是相互之间的衔接。偶然和必然并不是割裂的，而是相互融合、相互补充的。情节的展开，需要在偶然和必然之中互相嵌套、相互交织。因为只有偶然和必然的完美衔接，才能让情节更为自然、更引人入胜。

在文学史上，许多经典作品都成功地运用了偶然和必然来推动故事情节的发展。例如《林教头风雪山神庙》中夜宿山神庙的偶然与他被逼上梁山的必然。还有《哈利·波特》中哈利·波特与各种魔法生物的奇妙相逢的偶然和魔法世界中的种种规律的必然，都让读者陷入了深深的情感共鸣之中。

小说或戏剧的阅读教学，要让学生理性思考情节体现出来的偶然性与人物命运的必然性。情节的偶然性表现在误会与巧合，情节的必然性则主要表现在社会因素、人物性格或人物命运等方面。但不管是情节还是人物命运的偶然或是必然，好的小说必须能自圆自融，体现出水到渠成的合理性。如情节自身前后的关联性（铺垫，伏笔与照应），人物性格特征和发展变化轨迹，合乎生活逻辑或艺术规律，符合读者的阅读期待（结尾：感伤型、大团圆型等）以及作者需要实现的创作意图，等等。

也就是说，分析情节是否合理，审视文本事实是否具有可信性以及这种可信性产生了怎样的艺术效果，必须立足于三个方面：一是这是不是一种特殊的手法（如想象、浪漫主义笔法等）；二是前面是否有了足够的蓄势（如前期的铺垫、前后的伏笔照应等）；三是是否有利于实现创作意图。

四、深深悟：在思辨中阅读与思考

"深悟"需要理性思维的深度参与：一是在比较与整合的多文本联读中，发现文本更深层次的思想表达；二是在批判性思维的参与下，对文本进行深度分析与论证；三是在深入学习的基础上仿拟与创新，走向读写结合。

前面"赏读"部分已经涉及了对文本"感悟"的相关内容。但"赏读"之悟，主要是读完文本后的初步印象，就自己感兴趣的某一点写下感受，提倡的是情感的参与。我们知道文本的内核是语言，语言的内核则是思维，而思维的内核就是逻辑。从这点来看，语文文本的学习，除了感性认知以获取对文本的第一印象、深入品读以掌握行文的诸多美妙之外，还需要更进一步的阅读，在分析、综合、比较、推理等多种思维参与下感受语文学科中理性的力量。

理性思维也就是人们常说的逻辑思维（抽象思维），是人对于事物认知的一种高级形式，即通过概念、推理等思维方法，最真实地呈现客观对象的本质规律的过程。语文并不排斥逻辑思维，不只是因为议论文的学习及写作需要学生了解并掌握严谨说理，还因为它广泛应用在文学类作品欣赏中的文本的理性分析、艺术真实的把握、行文结构的推进及单元教学的整合等语文学习之中。"语文学科与汉字学、语言学、文章学、文学、写作学相关，寻觅语文学科逻辑不能漠视这些学科逻辑，尽管它一定不是后者的简单相加或机械拼凑。"[1]

逻辑思维是语文学习不可缺少的知识工具。学生拥有逻辑思维，并用逻辑知识去看待事物，将会更加理性与客观。此外，在语文学习中能保持着理性的头脑，尤其在进行文本阅读这一特殊心理活动时拥有逻辑思维"能帮助学生快速地分析、归纳、综合，分清主次，捕捉行文间的蛛丝马迹"[2]。

（一）比较与整合：多文本联读

运用比较与整合思维，把多文本联系起来读，这是目前比较流行的新课程

---

① 施茂枝.语文教学：学科逻辑与心理逻辑［M］.北京：教育科学出版社，2013.

② 李杰.逻辑思维视野下的高中语文思辨性阅读教学研究［D］.漳州：闽南师范大学，2022.

下的阅读教学的课堂模式。必须承认，多文本联读并非新课程的标配，新课程之前，也有两个文本的比较阅读，高考试卷中，也有多个材料的非连续性文本的阅读，文学类文本及古诗鉴赏阅读，也偶有两个文本的组合阅读。

比较是指将同类或相似类的文本进行对比分析，找出它们之间的关联性，而整合则是将不同类的文本进行抽象升华，形成更为通盘的理解。它实际上是一种全面的认知策略。在学习、工作、生活的各个方面，都可以运用比较与整合来促进我们的思考和创新。比如，在生活中，我们也可以将同类产品、企业的优劣进行比较，找到其各自的优势和不足，以提供更加精准的服务和产品；在学习文学、历史、哲学等人文科学时，我们可以通过比较不同文献、理论、学派，进行思想碰撞与重组，提炼出自己的独特见解。

《普通高中语文课程标准（2017年版）》指出："加强课程实施的整合，通过主题阅读、比较阅读、专题学习、项目学习等方式，实现知识与能力，过程与方法，情感、态度与价值观的整合，整体提升学生的语文素养。"最直接的比较与整合，则是多文本的联读，或者叫群文阅读、大单元教学。

1. 多文本联读的价值

文本阅读教学是教师、学生、作者与文本之间的多重对话，也是他们之间的思想碰撞和心灵上的对话。语文教学不仅要重视文本及文本阅读教学的作用，还要促进多文本联读的教学，延伸课堂教材阅读的教学，从而让语文阅读教学由表层向深层发展。教师必须提高自己的教学整合能力，引导学生关注、钻研多种文本的分析，充分感受语言文字的魅力，感悟汉语的博大精深。

多文本读写教学指的是教师将一组或多个议题进行集体构筑，并达成一致意见的过程。"多文本"是对以前"对比阅读""群文阅读"的解释，两个或者两个以上的文章片段即为多文本，由于课堂时间和学生阅读速度的限制，课堂上学生阅读多篇文章有一定难度，而这种文章片段联读是选择精华片段进行阅读的，可以有效地提高课堂教学效率。多文本联读教学模式打破了传统的填鸭式教学模式，构建了新的、发散性的、多层次的、多方向的教育模式。

多文本联读的最大价值在于帮助读者实现对信息的更深层次的理解。通过对多篇文本的综合阅读和分析，学生可以更系统地了解相关主题、问题或事件的各种因素、解释和表述方式，并借此来更好地判断和评估信息的可信度以及真实性。特别是在多文本联读中发现的共性结论，可以总结出普遍性的规律，让文本更具深度；多文本联读中的互补，也能让多个文本互相印证，使结论更加严谨。不管是求同、存异还是互补，均有助于更深层次地理解文本的思想内核。

同时，多文本联读也有助于读者提升自己的思维水平和分析能力。在多文本联读的过程中，读者同时面对多篇文本，需要进行对比、分析、综合等多种复杂的思维运动，这对于读者的思维能力和分析能力都是一种有效的锻炼。例如，在一篇新闻报道中，相同事实可能会被不同的媒体表述得不同，通过读者的比较分析，可以更好地了解各种媒体的立场和角度，并且借此来更加全面地了解事件本质。

除此之外，多文本联读还可以帮助读者了解不同领域间的联系和交叉点。在现实生活中，各种领域之间的联系和相互作用越来越密切，而通过多文本联读，读者可以进行综合阅读和分析，了解不同领域之间的共性和差异，并且可以借此发现不同领域之间的联系和交叉点，以此来拓展自己的知识面。例如，在研究一个词汇时，通过多篇文献的联读，可以了解这个词汇在不同领域中的使用情况及其在不同领域中的含义。

总之，多文本联读作为一种重要的知识获取方式，具有较高的价值。在当今信息爆炸的时代，将多篇文本进行综合阅读和分析，不仅可以让读者更深入地理解和认知信息，还可以帮助读者提升自己的思维水平和分析能力，看到更多的分析问题的维度和角度，扩展自己的知识面。

如，读司马迁的《屈原列传》时，可以加入《报任安书》一起读，就容易理解文本"太史公曰"的那段深情的自白："余读《离骚》《天问》《招魂》《哀郢》，悲其志。适长沙，过屈原所自沉渊，未尝不垂涕，想见其为人。及见贾生吊之，又怪屈原以彼其材游诸侯，何国不容，而自令若是！读《鵩鸟赋》，同死生，轻去就，又爽然自失矣。"所谓"悲其志"，实是司马迁的情怀，即为屈原的政治才能不被重用、志洁行廉不被赏识、正直忠诚不被理解以及直谏从容不被接纳而痛惜。同时，又是借屈原为自己立传，一样的怀才、正直、忠君爱国和有志向，一样的受谗被疏，面临生死抉择，屈原是以死明"志"，自己却是以生践"志"，实是借他人之酒杯浇胸中之块垒。

再如，江苏省盛泽中学姚莉萍老师执教《祝福》《林教头风雪山神庙》两篇小说的联读，把两篇经典文本中的"庙"这个相同物象的出现进行深度解读。祥林嫂捐门槛，实际上是以封建思想来反抗封建礼教的本质，《林教头风雪山神庙》对山神庙的一番描写，也有深度的考量，"宋朝的林冲与现代的祥林嫂在性格类型上有共同性，那就是优秀的小说总是让人物用捆束自己的思想精神来反抗这种思想精神所赋予他的命运，从而揭示出深刻的悲剧性"[①]。这一角度，特别新颖，且极具深度。若只从单篇文章进行分析，只是分析祥林嫂或林冲，决然达不到如此震撼的力量。

2. 多文本联读的文本选择

现实中，我们每天身处于浩如烟海的信息中，碎片化知识越来越多，新闻越来越杂，话题越来越爆，什么都是来得快去得快。而我们的教材文章往往都是经过修饰、去情境化、有知识内蕴的文章。多文本联读模式，强调的就是对那种原汁原味的阅读材料的解读，让学生去解读真实性、多元性的文本，形成真实、多变的阅读策略。虽然多文本的文本选择相对宽泛自由，但也不能随便拿来几篇任意组合就可以用，更不能根据教师自己的好恶来取舍文本。

（1）必须符合学生认知规律

在组合时，要引发学生的探究欲望。文本组合要么形成明显的异同点，要么形成强烈的认知冲突，要么形成独特的排列，这样才能在单位时间内引发学生的阅读兴趣，让学生启动思考，主动去探究。目前使用的部编版教材在单元的设计上正是立足于此，部编版教材在传统阅读教学中强调由教师来引导学生去接受自由阅读，强调了让学生对同类文章选择性地拓展，强调了课内和课外结合的教学方法。部编版教材在选文编排过程中特别注重文章的相似点，是我们进行多文本联读教学时有力的依托。

（2）必须符合学生实际情况

高中语文多文本联读教学就是要根据学生的实际情况，来选择符合其具体发展的文本进行多元化综合教学，打破了将知识一味地灌输给学生的传统的填鸭式教学模式，从而改善学生学习效果不好且对语文学习不积极的境遇。多文本教学根据学生的实际学习情况和自身特点来选择文本，最大限度地带动学

---

① 孙晋诺. 为什么要群文阅读：从林冲的祭神说起［EB/OL］. https://mp.weixin.qq.com/s/3Zs8RElgkTHCBC9EEKEN2w.

生的兴趣。学生对知识有渴望，自然而然就会融入老师所设计的教学设计中，跟着老师的节奏进行高效的语文学习。良性循环下去，学生的语文成绩与水平自然不再低下，教师的教学热情也会增长，以此更加积极地投入所在的教学之中，更加积极地影响学生学习积极性。

（3）必须具有代表性

注重阅读所选取的多文本之间的内在联系。虽然是多文本，但不能随机选取多个文本凑在一起，而是注意其一定的内在联系。或者是主题相同，或者是体裁相同，或者是类型相似，又或者是写法相似或迥异，这些为阅读者掌握阅读方法提供了最基础的条件。学生可通过对一组文章的阅读比较，掌握某种或多种阅读方法，提高某种或多种阅读能力。

3. 多文本联读的深义

有很多教师一味反对多文本联读，认为一个文本都没有咀嚼清楚，贸然进行多文本联读，囫囵吞枣不得要领，其结果必然是教之者累、学之者慌。这种担忧是正常的，毕竟在实际操作过程中，多文本联读的成功案例并不多见。一是教师自身吃不透文本，难以驾驭课堂；二是学生的鉴赏水平有待提高，跟不上节奏；三是缺乏足够的时间让学生进行深度学习。但造成这一困局的最主要原因还是课堂设计之初，教师找不准多文本之间的内在联系，只能停留在写法技巧、思想主题、语言风格等几大方向进行对比阅读，致使联读的话题缺乏敏感性，联读的主题本身缺乏深度，从而让师生都提不起教与学的兴致。如《荷塘月色》《故都的秋》和《我与地坛》三篇课文的联读，只停留在写景手法上的异同辨析，如此联读，价值不高，自然味同嚼蜡。

教师在进行多文本联读教学时，不能只让学生看到文本的表面现象，这样阅读文本就达不到应有的深度。教师在多文本联读的教学过程中是处于引导地位的，要去引导学生的积极性，让学生自身去探索文本的多义性，去理解作品带来的意义，让学生形成多向思维的好习惯，对于作品有自己独到的见解。

（1）多角度发掘文本

要想对多个文本进行发掘，就必须进行文本细读，吃透要联读的多个文本。文本细读是学生对文本内容理解最基础的一步，也是最关键的一步。就目前来看，一方面，大多数高中语文老师在进行多文本阅读教学时，虽然主张学生首先要对文本进行细读才能真正把握文章内容主旨内涵，但是在分数以及高考升学率的重压下不得不退而求其次，仍旧选择一些应试教育的死板模式来进行文本的阅读教学。另一方面，有些教师本身专业素养并不是很高，相应地，自己的文本细读水平也就不高。在多文本联读教学中，不仅需要对字词进行斟酌、反复阅读和理解，还需要教师提高和丰富自己的文化底蕴，有能力在多文本的联读教学中渗入自己对于文本的感悟，从而对文本进行再次解读。

多文本联读教学过程中，教师要引导学生对多个文本的象征、语言和结构等要素进行细致具体的解读，通过带领学生推敲字词所表达的含义、分析文章的具体语境以及探究文本中情节、事件等的矛盾，进一步让学生体会和理解多个文本中所蕴含的共同的人文情感、人文志向、人生哲理等内容。教师在多文本联读教学中，利用文本细读的方法，能够提高学生对文本阅读的有效性，也能进一步体现教育部提倡的语文学科要实现工具性和人文性两者结合的要求。

（2）探究文本深层内涵

探究文本的深层内涵，教师自身丰厚的专业知识在多文本联读的教学中的作用是不可小觑的，但也离不开学生方面的积极配合。首先，如果学生没有文本细读意识的经验和习惯，只是阅读发现文本的主要内容和注重对精彩情节内容的分析，不够重视文章中字词、语句的分析，就不可能精确地把握文本的深层次内涵，也只是对多个文本的一些表面理解，笼统概括，囫囵吞枣地学习。其次，学生本身在阅读中要积极主动地去进行文本探究，跟着教师文本细读的引导，逐渐地使自己具备一些文本细读的能力，掌握文本细读的方法，才更有利于在未来素质教育的教育模式下获取更大的竞争力。

以《鸿门宴》联读教学为例。在文本层面，许多教师引导学生将其定位为历史人物传记，因为《鸿门宴》节选自司马迁的《史记·项羽本纪》。然而，如果我们考虑文本本身的文学性质或所代表的写作形式，我们可以再次引导学生将其定位为历史故事或历史散文等。另外，在学生方面，我们可以超越对刘邦、项羽等历史人物的历史评价，根据自己个性的解读，创造性地评价上述人物的性格特征、思想情感和道德品格等，形成自己独特的解读观点。

（3）透过现象发现本质

教师在进行多文本联读教学的过程中，在对待文学的问题上，大多都存在"文本边缘化""课堂阅读训练化"和"教学娱乐化"等诸多现象，这也是造成语文教学课堂气氛过于枯燥或过于泛化的原因之一。将文本细读融入教学中，改变原先的教学策略，即运用语言学、文字批判和鉴赏对文本中的语言、结构和细节这三个方面进行深入分析的方法，文本细读才能读出文本的情感性、审美性和多义性，才能在多个文本中找到共性与个性，找到新的兴奋点，从而吸引学生投身文本的阅读和学习中。

在高中语文阅读教学的文本细读中，要以速读为基础，研读为根本，悟读为关键。可尝试用诵读、想象、还原、比较和改写等具体方法，将文本细读融入中学语文阅读的教学过程中，不仅有利于纠正当前语文教学中存在的问题，也为教师培养学生开放式思维奠定了基础。这种教学模式和新课改理念相辅相成，为阅读教学注入了源头活水。

（二）思辨与探究：促进学生的精神成长

在阅读教学的课堂上，让批判性思维经常在场，即让学生在思辨与探究中理性思考，培养思辨能力，促进其精神成长。

阅读在我们的生活中扮演着非常重要的角色，它能够带给我们新的思考和认知，而在阅读的过程中，思辨被视为尤其重要的一部分。思辨是指通过分析、推理和辨别等方式，深入地思考问题并获取新的知识和见解。在阅读中，思辨往往是阅读的重要目的之一，因为它能够帮助我们更加深入地理解文本，不仅是文本中表面的意思，也包括更深层次的思想。

首先，思辨可以帮助我们深入理解文本。在阅读中，我们经常会遇到一些复杂的文本，这些文本中包含着许多深层次的思想。如果我们只是单纯地阅读，可能只能理解文本中的表面意思，抓不住文本中的核心思想。但是如果我们在阅读的同时进行思辨，通过分析、推理和辨别等方式深入地思考文本，我们会从中获得更多的认识和知识，从而更深刻地理解文本。

其次，思辨可以帮助我们培养批判性思维。在阅读的过程中，我们经常会遇到各种各样的观点和见解，有些观点可能与我们的想法不同，甚至是完全相反的。如果我们只是单纯地接受这些观点和见解，可能会受到错误的引导，丧失批判性思维。然而，如果我们在阅读的过程中进行思辨，通过分析、推理和辨别等方式深入思考这些观点和见解，就可以更好地理解它们的优缺点，更好地识别它们的真实程度和实用价值，从而更好地培养批判性思维。

最后，思辨可以帮助我们拓宽视野和思维方式。在阅读的过程中，我们常常会接触到不同领域的知识和观点，这些知识和观点源于各种各样的文本。通过思辨，我们能够从不同领域的知识和观点中汲取营养，获得新的思维方式和视野，从而拓展我们的思维深度和广度，同时也能够增强我们的学习能力和适应能力。

1. 思辨的基础是对文本的充分理解

思辨素养形成的基础是对文本的充分理解，只有充分地理解了文本的主要内容，进入了文本的思想深处，找到了文本的缝隙或张力，挖掘出了文本不一样的思想内核，才可能有审慎的辨别力，进而进行真正的批判性理解。

思辨性思维，归根到底是对"认知"的"再认知"，它起于文本阅读和文本知识而又超越文本阅读和文本知识，是对课文学习的理性认识，也是对文本进行质疑与反思的思维过程。

但在实际的阅读教学过程中，思辨性思维在课堂之上明显缺失。一是因为教师自己对文本的理解不够深入。大部分语文教师在课堂上依然以讲授知识为主，偏重于知识的灌输，备课的内容大多源于教参、各类教辅或网上现成的教案、课件，囿于权威或考试的压力，教学上不敢有更多自己的见解。二是学生的思辨意识相对薄弱。尽管多次课程改革均提倡"以生为本"，强化学生在课堂上的主体地位，但在实际的教学当中，大部分课堂还是教师"满堂灌""一言堂"，学生普遍不敢质疑"标准答案"，长期处于被动接受知识的状态，思维受限，缺少提出疑问的能力。三是极少数语文教师在思辨性阅读教学中，思辨的内容脱离文本或教学目标，出现对文本的过度解读或误读的情况。如讨论《背影》这篇文章中的父亲违反交通规则，造成不良的行为示范，或是认为《愚公移山》中的愚公自私自利，没有顾及后代，等等。这些观点，虽有质疑，但脱离当时的背景，罔顾课文整体，用怀疑一切的精神来追求课堂的求新求异，实质价值不大且负面作用极大。

思辨，应该主题先行，忌漫无目的地胡乱生发。依照教学任务及学生基础，基于文本内容的理解，确定一堂课的导向和核心。若思辨的主题是作者在文中的主要观点，则需要追问作者在文中的主要观点是什么？这个观点是基于什么背景提出来的，在当时具有什么价值？现在是否还有其他的理解？若思辨的主题是赏析作者的语言，则需要了解作者的语言风格是什么？是不是他一贯的风格特点？与作者其他文章与本文的语言风格是否具有一致性？当然也可以思辨作者的逻辑思维，看他如何层层递进地叙事或说理，能否调换文章的部分段落等。

换句话说，思辨性阅读教学要围绕教学价值及学生实际发展状况，根据文本的内容或形式，"设置一个核心议题，这个议题应当是文本中有矛盾、有争议的地方，然后在老师的引领下，让学生不断对这个议题进行深入的思考、分析、辩证，打开学生的思维视野，进而促进学生的理性分析能力和思辨能力的提升"①。

信息类文本就要避免把"语文课上成科学课"的误区，除了完成语文学科所需要教的知识之外，可以把思辨的重点放在对信息真实性及附着其中的价值取向上做出明辨；文学类文本的思辨则比较多元，人物的命运、人生的意义和社会的价值是永恒的主题，当然可以是思辨的重点内容，而某一文本所具有的个性化的特点，则更应该是思辨的关注点。

例如，读《水浒传》就可以立足于宏观的主旨进行思辨。有人说《水浒传》的主旨是官逼民反，梳理一下文本，看文中哪些是被"官逼"的，哪些不是？《水浒传》这部小说最核心的思想是宣扬忠义思想，你怎么看待？他们的忠义在当今社会还有多少价值？这些问题，既来自文本内核，又紧跟时代，需要学生完全深入地理解文本，又需要联系生活实际观照自我，甚至还需要查阅有关《水浒传》的学术作品，这些思辨主题，我认为是恰当且必需的。

2. 思辨的路径选择

思辨性阅读对于语文教学来讲是有着突破性的意义的，因为这样的阅读方式会帮助学生在理性阅读的同时培养批判性阅读的能力，学生在这两种角度的作用下对文章进行分析可以更有利于学生分析出文章背后的含义。思辨性阅读，需要多个思维参与其中，注重在语文学习实践中多个角度审视，需要经历质疑、求证和辨识等多个思维历程。

路径一，始于"问题意识"，进行多维质疑。

中学生普遍具有质疑精神，这是思辨性阅读最为可贵的精神品质。选入教材的课文大多是大家之经典，又经专家精挑细选，还受时间磨砺淘洗和代代师

---

① 陈露华. 高中思辨性阅读教学策略探讨［J］. 文学教育，2023（3）.

生的千锤百炼，是学生学习语言文字的典范。但不管如何典范，总有百密一疏之处，字斟句酌中总有可以议一议说一说的地方。这些地方，其实就是可以质疑与思辨的地方。

如在《荷塘月色》中，朱自清用"落下参差的斑驳的黑影，峭楞楞如鬼一般"来形容月下灌木落下的黑影，从全文的写景来看，此处的意象"鬼"的使用一时让人难以理解，显得有点突兀，与全文的风格极不相称，甚至破坏了全文的美感。

朱自清先生写散文写景有"刻意为之"的痕迹，就是写景时他会力求写出景的特征。树的缝隙不规则，月光是淡淡的，路灯是渴睡人的眼，说明一切都不光亮。那照出的树影自然没有具体形体可言，而"鬼"恰恰也没有具体形状可言，两者还都是黑黑的。在追求本体与喻体的相似性而言，用"鬼"或许是最恰当的了，最能体现此时树影黑乎乎、不规则而又略显神秘的物象特征。只是，它是否具有其他深层的含义？作为写景的大家，有那么多的意象可以选择，为何非要用一个"鬼"字？

当然，质疑的目的不是完全否定，不是为质疑而质疑，而是让解释更加合理，让理解更加深刻。这就需要对自己提出的问题进行必要的求证。

路径二，基于"素养提升"，进行多向求证。

近年来，一直致力于在中小学课堂上推行批判性阅读的上海特级教师余党绪在《语文学习》上刊文写道："基于批判性思维的文本分析，追求文本事实、历史背景、文化逻辑和人性情理的统一，在考虑各种要素的意义上强调'大胆假设，小心求证'，追求一种综合意义上的'合理性'解释。"[1]提出疑问在于发现问题，小心求证以求合理性的解释，才是思辨性思维的价值所在。

还是以《荷塘月色》中"鬼"这一意象的使用问题为例。我想要解决这个问题，非得深入理解文本不可，且必须从文本之内到文本之外（如朱自清的散文风格、当时的时代背景和名家对朱自清散文的评价等）进行多方求证，才能

---

[1] 余党绪. 阅读教学呼唤批判性思维——《愚公移山》的课例批判及启示［J］. 语文学习，2016（1）.

力争对自己所下的结论自圆其说。这个过程，其实就是学生素养提升的过程。

《荷塘月色》是现代抒情散文的名篇，多次被收入高中语文教材（鲁人版高中语文教材删掉了"峭楞楞如鬼一般"）。文章写了月下荷塘美丽动人的景象，并借此景象含蓄而又委婉地抒发了自己对现实不满、渴望自由宁静以及想超脱现实却又不得的复杂的思想感情，"为后人留下了旧中国正直知识分子在苦难中徘徊前进的足迹"。同时，朱自清是"五四"以来非常著名的学者，他的文章深受诸多大家推崇，如郁达夫在《新文学大系·现代散文导论》中评价说，"文学研究会的散文作家中，除冰心外，文章之美，要算他了"。如此大家之大作，当不至于存在这么大的一个"用词"失误。基于以上思考，结合背景及文本本身，我们得出以下结论：

第一，体现的是他内心的压抑。

《荷塘月色》中，朱自清之所以会把月下灌木落下的黑影比作"鬼"，其实是因为他内心压抑的情感。《荷塘月色》的创作背景是1927年7月，此时正值大革命失败，蒋介石叛变革命，白色恐怖笼罩中国大地。朱自清作为"大时代"一名有良知的知识青年，一直在为争取民族独立与自由呐喊和斗争，但是在四一二政变之后，他找不到正确的方向，于是从斗争的"十字街头"钻进古典文学的"象牙之塔"。只是，朱自清先生又始终平息不了对黑暗现实产生的不满与憎恶。他对生活感到惶惑矛盾，内心是抑郁的，是始终无法平静的。于是朱自清将月下灌木的黑影比作"鬼"，是因为在这种背景下，他的内心压抑，不是他找不到美好的比喻去形容月下黑影，而是用"鬼"这样黑暗的比喻来形容黑影这一事物成为最好选择。

第二，体现的是他对现实的反抗。

朱自清用"鬼"字来形容月下灌木黑影，其实也是他对现实的反抗。"鬼"是一种邪性的事物，它的出现往往代表人们的某种精神压力，对于大多数人来说，"鬼"是一种令人生畏的事物，对于朱自清来说也是一样。他之所以会将月下灌木落下的黑影当作"鬼"，其实也是一种对现实畏惧的心理作祟。此时的月下灌木黑影，已经不再是一个简单的黑影意象，它代表的是朱自清所处的现实环境。在作者看来，这种写实的现实环境，已经没有了其本真的寓意，其所代表的是一种如鬼魅一般令人生畏的事物。这种横空而来的畏惧，催生出了朱自清对现实的反抗，他将现实中的黑影丑化成鬼魅，就是反抗意味的体现。

第三，体现的也是他对未来的迷茫。

朱自清用"鬼"字来形容月下灌木黑影，其实是他对未来迷茫的体现。鬼魅是一种具有不确定性的事物，其可能出现在生活中的各处，而人之所以会出现见"鬼"的幻觉，其实是源于其自身的心境。正是由于其自身的心境不稳定，具有不确定性，才会出现见"鬼"的幻觉。这种关于"鬼"的解释也适用于朱自清，正是因为其心境不稳定，所以在他看见黑夜中的灌木阴影时，才会将这种阴影看作鬼魅。而朱自清之所以会出现心境不稳的问题，其实还是由于其对未来的迷茫。对于作者来说，他那个时代已经有了定性，所以不会有什么改变，而唯一具有可变性的未来，又不能够由人所决定。所以朱自清心中迷茫，这种迷茫在看到黑夜中的灌木黑影时开始加深，在他看来，这已经不是简单的灌木黑影，而是浮世中的自己，他就像这丛灌木黑影一样，在黑夜中胡乱投下阴影，就像鬼魅一样，不知道自己的未来在何处，自己又将去向何方。

路径三，指向"深度阅读"，进行多方关联。

思辨的最终走向是对文本的深度阅读。为了达到这个目的，也可以把文本多方关联进行阅读，除了先前所说的文本联读之外，这里的关联是还可以把文本与学生、文本与社会关联起来一起观照，引导学生思考自身的问题与现实的问题。

首先，关联文本与学生，从思想内容出发，引导学生反思人生困惑和社会问题。

阅读教学一直是教育教学的重要方面，也是培养学生综合素质的关键途径之一。单纯地注重技巧和知识的传授已经远远不能满足当今教育教学的需求，我们更需要通过阅读经典作品，引导学生思考人生和社会问题。

从作品的思想内容出发，能够帮助学生建立正确的人生观和价值观。作品是文化的载体，其中所包含的思想和价值观都是世世代代留存在人们心中的，因此，让学生通过阅读作品领悟作品中的思想和价值观，不仅能够帮助他们在理论上认识到什么是正确的人生观和价值观，更能够让他们深入感受到这些观念对生活的影响，从而将这些观念真正内化于心，并将其付诸行动之中。

从作品的思想内容出发，能够引导学生反思人生困惑。在阅读中，学生往往会遇到一系列的人生困惑，如自我认知、人际交往和成长与独立等问题。因此，阅读教学通过引导学生深入思考作品中的人生困惑，从根本上解决学生在人生中遇到的问题，培养学生综合素质，从而更好地适应社会的需要。

从作品的思想内容出发，还能够引导学生深入思考社会问题。随着社会的不断发展，新的社会问题也不断涌现，这些问题不仅影响到每个人的生活和发展，还影响到整个社会的发展。因此，在阅读教学中，引导学生深入思考作品中涉及的社会问题，并通过一定的引导方法和技巧，使学生逐渐认识到这些问题的复杂性，提高学生的批判性思维能力和理性思考能力，从而培养学生的社会责任感和思辨能力。

阅读教学就像一扇通向智慧和美好的大门，我们应该通过多种方法，尤其是从作品的思想内容出发，引导学生学习阅读、理解文本，深思人生的意义和社会的价值，让他们在探求知识的同时也丰富自己的生活和人生经验，成为一个全面、健康且积极向上的人。

其次，关联文本与社会。从现代社会价值观念出发，引导学生思辨地看待作品的思想内容，提高对真假、善恶和美丑的辨识力。

阅读教学一直被视作学生学习过程中的重要环节，而在现代社会，阅读教学的重要性更为突出。现代社会中，信息和知识都处于快速发展和变化的状态，而通过阅读，人们可以接触到各种知识和信息，不断地充实自己的认知和思想，从而适应现代社会的发展要求。因此，在阅读教学中，让学生从现代社会的价值观念出发，引导学生思辨地看待作品的思想内容，提高对真假善恶美丑的辨识力，这是十分必要的。

从价值观念出发，是现代阅读教学的重要核心。现代社会的价值观念是多元化的，它体现了人们对于真善美的认知和追求。而不同的阅读作品，也往往体现着不同的价值观念。在阅读教学中，通过引导学生对作品中的价值观念展开思辨和讨论，并引导学生根据自身价值观念的认知结合社会价值观念进行理性分析，就能提高学生对于价值观念的敏感度。

当然，阅读教学不仅仅是对于作品中价值观念的认知，更重要的是对于"真假善恶美丑"的辨识。这种辨识力是现代社会人们必备的素质之一，因为现代社会中真假的事情、善恶的事情和美丑的事情无处不在。而在阅读教学中，通过引导学生对于不同作品中真假善恶美丑的思辨，使得学生能够准确地判断和认知事物的本质，进而能够更好地适应和应对现代社会中的各种情况。

在引导学生思辨地看待作品的思想内容的同时，阅读教学也应该注重培养学生的创新意识。现代社会中，创新意识是社会进步的重要推力之一。而阅读教学中，通过让学生对不同作品的思想内容进行创新性的理解和发挥，不仅能够提高学生的阅读理解能力，更能够培养学生的创新意识和思维能力。

因此，从现代社会价值观念出发，引导学生思辨地看待作品的思想内容，提高对真假善恶美丑的辨识力，培养学生的创新意识和思维能力，都是阅读教学中必不可少的内容。只有这样，学生才能够更准确地认知事物，适应现代社会的发展要求。

总之，在阅读教学中，要注重从现代社会的价值观念出发，引导学生对不同作品中的思想内容进行深入的理解和思考，以提高学生的阅读理解能力、价值观念敏感度、真假善恶美丑的辨识力以及创新意识和思维能力。从而在现代社会高速发展的环境下，更好地满足人们对于知识和情感上的认知和追求。

3. 落实思辨性阅读与表达的策略

对于学生来说，思辨性阅读是为了培养学生独立阅读、提出疑问以及在质疑中进行求证与探寻最终形成自己的观点的能力。换句话说，思辨性阅读的最终目的是让学生可以在头脑中呈现出构建性的思维方式，形成精神构建以及语言构建的基本能力。思辨性阅读是提高学生阅读能力的改革性措施，可以更好地培养学生的语文素质以及综合素质。

文言文阅读教学特别需要思辨性思维的参与，因为在文言文教学中，现代人的思维与古代人的思维本身就有着明显的差异，多角度的发散思考可以帮助学生发现以及理解更多有关于文章所要传达的思想。这里主要以文言文为例，说说在文言文教学的过程中要怎样引导学生进行思辨的策略。

我们先来看对文言文进行思辨性阅读教学的必要性。

首先，中学生处于思辨思维形成的重要阶段。

中学生处于思维形成的成长期，在这一阶段中，学生的思维正在向着理性与逻辑性方面发展，而这样的特征正是思辨思维的核心。所以当学生处在思辨思维形成这一重要阶段的时候，以最有代表性的思辨性阅读教学方式对学生的思维进行引导，可以帮助学生加速形成思辨性思维。

语文新课标中要求"教学时要进一步培养学生的语言梳理和建构能力、文学作品的个性化体悟能力、科学思维和问题解决能力、文化理解和批判能力"。这就要求我们在日常的语文教学过程中，要将语文这一学科的批判能力落实到阅读教学过程中，文言文作为语文这一学科中非常重要的一个组成部分自然也不例外。所以，思辨性阅读教育方式的推行是语文文言文教学中不可或缺的重要教学方式。

其次，思辨思维利于帮助学生掌握文章思想价值。

以思辨性阅读的方式对文言文进行分析与理解，学生可以更容易地掌握文章的思想价值，在对文言文不断地进行思辨理解的过程中，学生自身的思辨能力也会得到训练与提升。

比如说《孔雀东南飞》，若把文章主旨归结为对封建礼教的批判，则还远远不能触及本文的核心要义。更为全面的做法是将文章放回到原本的时代背景中进行剖析和研究，只有这样才能尽可能地看到文章的全貌。这样的一首乐府民歌在当时的社会中流行过很长时间，其原因是值得深入研究和发掘的，由当时的社会环境问题入手，用辩证的角度和眼光去看待文章所处的环境，从而得到更为客观和全面的文章理解。

最后，思辨思维能培养学生的多元化视角。

文言文作为语文学习中非常重要的部分，明显地区别于其他的语文教学板块，如果说其他语文教育中知识的掌握是对当代文化的一种延展，那么文言文的学习就是对古代文化的深耕。相对于其他的学习内容而言，文言文的历史更加久远，在文言文学习的过程中，能感受到语言的变迁历程，品读文言文是一个品读历史的过程，因此在学习文言文的过程中需要将文言文放到其所在的年代进行剖析。但是现代人毕竟没有在当时的社会生活过，所以会对以往的历史产生多元化的有根据的社会环境假设，并且在这样不断地提出怀疑与小心求证的过程中会获得很大程度的成长。

具有辩证思维的多元性开放阅读可以让学生在不同的文言文中获取丰富的知识，在沉浸于文中内容的同时，对文章进行质疑与分析求证。经过如此阅读过程后，学生对文章的理解会进入全新的层次，对文章本身的感受更加多元，看待事物的角度更加丰富，获得更加开阔的文化视野。

我们再来看文言文思辨性阅读教学的内涵。

结合新课标中对文言文学习的要求，文言文阅读教学要以历史的眼光看待文言文的思想内涵，提出自己对于文章的看法，然后对民族传统文化进行理解和学习，最后得到自己最中肯又恰当的评价。

　　根据以上要求，我们可以发现，文言文阅读教学不能只停留在逐字逐句的解释上，而是需要在结合文章背景的情况下，将文章重新放回到几千年前的文明之中，从更加宏观的角度尽量客观地看待文章中所阐述的内容，学生阅读文言文的过程与其说是学习不如说是一种品鉴和感悟，用历史与现代相结合的眼光，对文章本身内容进行理解，同时对文章所处的背景进行分析与评价，最后得到一些属于自己的看法。对学生来说，这样的学习才是更加完整而又深刻的。总结一下，文言文的思辨性阅读教学有三大要点。

　　第一，具备知识基础，正确地看待人与事物，了解古代文化环境。

　　想要达到思辨性阅读文言文的水平，需要有扎实的文言文阅读的知识基础，对比现代文的学习，学生在进行文言文思辨性阅读的时候，知识储备需要具有更高的水平。这里所指的知识储备不仅仅是书本之中对文章本身的词句含义进行明确的理解，还包括对书本之外的文章所处的时代背景和社会环境等内容的基本了解。所以，在对文言文进行思辨阅读的时候，需要抓住文章的本质，然后以此为点进行深入又全面的了解。由于文言文是古代不同时期的产物，而文言文的作者处于古代的不同时期，不同的历史时期都有不同的文化背景和社会环境，主观的判断和牵强附会不会对文章的分析起到任何帮助作用，反倒会影响判断思路。知人论世是文言文思辨阅读的基本原则，这个原则像一把钥匙一样帮助学生打开深入研究文章的大门。

　　同时，思辨性阅读是一个从量变到质变的过程，学生根据自身的文化储备对文章进行初步的阅读，然后形成最初的质疑和判断。知识储备的量决定了学生文言文阅读的最初质量，之后考验的才是学生对于相关知识的梳理与过滤能力，在不断地求证与推翻的过程中，学生会逐渐形成甚至确定自己的观点。这样将历史的角度和现代的观点相结合，就是文言文思辨性阅读的本质。

　　第二，鼓励个性化阅读，支持多元的探究性阅读。

　　文言文的思辨性阅读是个性化阅读与探究性阅读的结合，在对文言文进行思辨性阅读的时候，需要允许个性化角度的存在，学生的年龄正是处于发散性思维的培养阶段，其个性鲜明，加以适当的引导会使他们具备更加成形的多元化思辨角度。

　　学生具备了学习的主动性之后才会融入更多的个性化阅读并形成多元化阅读成果。所以在学生对文言文进行思辨性阅读的时候，教师要尽可能地尊重学生对文章的个性理解，只要不是大方向上的原则性问题，应当尽量用包容的态度进行处理，并且还要多鼓励，允许学生更加大胆地对文章进行批判与质疑，发出更多不同的声音，学生在这样的学习环境下才会更积极地参与思辨性阅读，培养出多元化解读文章的能力。若在此之上进一步优化，使所有多元化的思维都在主题的框架里进行延展，并且加以尺度方面的控制，学生的阅读水平将会朝着更加向上的高度与恰当的深度发展下去。

第三，掌握辩证思维的能力，提高语文综合素养。

批判性思维是思辨性思维的重要组成，在对学生进行思辨性思维培养的过程中，批判性思维的养成也有着十分重要的意义，特别是对学生的认知、判断、决定以及人格形成等多方面都会产生正向影响。但要十分注意的是，学生进行思辨性阅读的时候，切记不可以和批判性阅读混淆，而是需要在具备批判性阅读的情况下进行有关于思辨性阅读的升华，这是一个从初阶到高阶的进化过程，就像是一个小孩子在会跑之前要先学会走的过程。

在进行文言文思辨性阅读的过程中，首先要具备勇于挑战权威的精神，然后要不拘泥于一种形式，具有允许多元思维存在的包容性，鼓励学生表达自己的想法，同时，教师要引导与激励学生产生疑问，只有学生敢想，才能有后面的一切成长与发展。

我们最后看看落实文言文思辨教学的主要策略与方法。

方法一，补充未完整部分进行思辨。

语文教材的文言文部分很多是节选，如此就会产生一个常见的问题：学生所学习的文言文部分仅仅是该文言文全篇之中的一小部分，而作者所表达出的含义包含于全文之中，在这样的情况下只通过选文进行理解是很难全面的。片面的学习不仅不能理解作者想要传达的全部概念，而且会让学生一头雾水不知所云。教师若想让学生对文章进行更加全面的学习和更加深刻的理解，那么就要在教学的过程中将课本中没有呈现出来的删减部分进行补充。

如归有光的《项脊轩志》，该篇文章写了作者的不同时期，一部分是少时的仕途顺利，一部分是后来的命运转折。文章用生活中的琐事串联起所有感情，通过对老屋子的兴废描写将几代人之间的回忆串联起来，对已故的人表达思念，对变化的世事阐述感触，整篇文章都是作者在人情味方面的表达，不论是睹物思人还是表达感情，娓娓道来的文字都给人带来明了又深切的怀念之情。

目前的教材对其中的"项脊生曰：……其谓与坎井之蛙何异？"这一段进行了删减，在原文中，文章的前后阶段形成强烈的感情对比，删减后的选文主旨仅仅就是悼亡和怀念的意思。倘若对文章进行补充，结合通篇文章进行分析，前期的仕途顺利和后面的家道中落形成强烈的对比反差，但即便处于家道中落和幼年丧母的境况之中，作者对自己的仕途还是相当自信的，这样的结论与删减后的教材所要表达的意境是不相符的，但确实更接近于作者原本的想法。所以在对本篇文章进行学习的时候，需要将全文进行还原，站在更宏观的角度对文章进行剖析，这样才不至于出现失之偏颇的情况。

方法二，剖析文章的冲突对比处进行思辨阅读。

在学习文言文的过程中，会发生文章前后逻辑不一致的情况，对于这样的冲突矛盾点，教师需要引导学生进行思辨性思考，让学生在对文章进行品读的过程中深入挖掘，让学生主动地思考，推动学生的思维发展。

如《廉颇蔺相如列传》，作者在描写蔺相如这个形象的时候，对他的机智和不畏强权进行了大规模的描述，其中"完璧归赵"与"渑池之会"就非常典型。但在蔺相如被封为上卿之后，地位与廉颇比肩，因此招来了廉颇的不满，面对廉颇的刁难，蔺相如选择了回避的态度，拒绝与廉颇进行正面交锋。蔺相如前后如此大的反差是值得人深思的，因此在教学的过程中，可以由此引发学生的辩证思考。强大的秦王、倔强的廉颇和机智的蔺相如，这三者之间是怎样的关系，又是因为什么样的情况才导致了蔺相如的双重表现。通过对文章所处背景环境的分析，再加上对当时蔺相如所处国家的情况分析，就可以很轻易地对蔺相如的行为做出理解，一切的表达与描述都是为了更完整地呈现出蔺相如这个人的性格而存在的，只有全面深入地对环境进行了解才能体会文章之中的冲突与矛盾反转。

完全沉浸于文章之中，才能够更好地对矛盾进行思辨，在教学的时候，教师要对学生进行思考方面的引导，来刺激学生对于思辨性阅读的兴趣，这样才能使学生进一步与文言文文章本身进行深层对话，实现深度鉴赏文本的目的。

方法三，针对繁复的地方进行思辨分析。

在阅读文言文的时候，文中会存在一些作者不吝笔墨而反复叙述的文字，这样的地方也可以作为激发学生思辨性研究的部分。以作者不吝笔墨的原因为出发点，对学生进行引导。对于经典作品而言，是不存在烦琐赘述的低级错误的，所有文字的重复性叙述都存在着其合理的意义，以这样的地方为例，引导学生对重点进行思辨分析。

庄子的《逍遥游》就有这样的赘述情况。第一段与第二段最开始的地方有着非常高的相似度，两段文字都对鲲鹏进行了详细的描写，一是对鲲的大以及对鹏背部的广阔描写，都以比喻的形式表达其超凡之能，二是大鹏南飞的一段描述。后人对于这两段文字的感受，大概有两种情况，第一种认为这属于重复的现象，第二种则认为作者庄子是在表达自己的大小之辩，对于全文来说有着关键性的作用。对于这两种说法而言，第二种说法更具有实际的意义，言之有物才是这样一篇文章应该具备的基本特征，与庄子文章的深度也是相符合的。

第一段中庄子对于鹏鸟的描述源自先秦神话，很多人对于这段神话抱持怀疑的态度，所以对其的客观解释是庄子在借"汤子之问棘"来加以辅助证明。仔细观察这两段文字，会发现两段文字的描写的详略程度是有着显著区别的，描写的方法也不尽相同。在对鹏鸟的描写中，前面以距离做比喻，而后面则直接列举了实际存在的泰山做比较，而且分别从动作姿态和外观样貌方面做了互补性的描述。从这些地方就可以看出这两处好像重复的描述其实是庄子的有意为之，最有可能是用来做强调用的，如此才可以使阅读的人对大小之辩的感受加深，同时还可以达到两段文字彼此呼应的目的。所以说，以思辨性的角度来看待这两段文字，会发现庄子想表达的是更深一层的含义，进而得到更贴近于庄子本意的文章分析。

方法四，对作者留白处进行思辨。

人们在赏析画作的时候，经常会看到一种手法，即在有限的地方呈现出无尽的宽广，让人有一种有限而又无疆的感觉，如此的艺术效果就被称为留白。这样的手法不仅仅拘泥于画作中，在文字作品中的应用也极其广泛。是独具匠心的存在。像这样的留白处理的地方，就可以作为思辨性角度切入的地方，帮助学生在有限文字的基础上加以无限的想象与分析，挖掘文字背后的隐藏含义。

在《烛之武退秦师》中就有这样的留白手法。文章将大量的笔墨放在了描写烛之武的说辞上面，对于事件的本身仅是做简单的交代，整个事件的前因后果以及各方面的人在这样的环境分别有着怎样的表现只字未提，阅读这篇文章的人只能通过烛之武的表现来判断、感受和猜测事件中其他人和环境的发展变化，而这正是教师需要引导学生进行思辨的地方。

烛之武的说辞被作者描述得活灵活现，读文章的人犹如身临其境。作者对于烛之武语言的把控相当精准，而对于周遭环境的描写进行的留白也是恰到好处，使得文章对烛之武形象的呈现是十分成功的。特别是在与故事描述的结束部分，丝毫没有累赘与拖沓之感，甚至说是戛然而止都不过分，给看这篇文章的人留下了无尽的猜想，很多人会对事件的结局进行脑补，给文章增加了更大的想象空间。

让学生针对留白处进行思辨性阅读分析，可以更加有效地激发出学生的发散思维，对培养学生脑中思维有着区别于其他思辨性思考的意义。

方法五，瞄准文章主旨进行思辨理解。

一篇文章的主旨是文章阐述的核心部分，在学生进行思辨性阅读的过程中，一个很小的事件都足以点明全文的主旨，文章的文眼就是作者巧妙安排在藏有玄机的地方的关键。

我们可以通过《愚公移山》来理解这个概念。因为寓言本身就是借由一个很小的点来点明全文核心思想的叙述形式。文中愚公的妻子和智叟对他的提问就是作者的有意为之，教师可以通过这个点让学生进行思辨性的剖析，两个人提出的问题看似一样，但为什么要分开进行描述呢？教师将这样的问题抛给学生，学生针对这一点表达自己的看法和观点。学生会在分析的过程中发现两个人是有着明显的区别的，两个人不仅语气不一样，而且产生疑问的时间也是不一样的。智叟的提问是在最初的阶段，提问的眼光和那些自以为聪明的路人差不多，而妻子的提问是在愚公的方案制作完成后，更多的是关心的意思，两种不同角度的质疑，会更好地突出描述愚公的形象。而愚公回答两个问题的方式也有着言外之意，愚公很认真地回答了智叟的提问，而对妻子提问的答案却已经在智叟的回答中呈现过了，因此没有再一次描述的必要了。

学生在对文言文进行思辨性的深入阅读后，会逐渐地开始对人物的性格进行细致分析，从而达到进一步揣摩作者写作心态的目的，在不断的质疑和假设后，会逐步在心中形成自己的观点，这时候学生对于文言文阅读本身就已经有了自己的思辨性思维了，再通过不断的强化，学生的思辨性思维会更趋向成熟。

"博学之，审问之，慎思之，明辨之，笃行之。"（《大学·中庸》）这句话告诉我们，学习是一个广泛积累的过程，学习中的任何一小点都不可以被忽略掉，每一个不显眼的细节都值得认真思考和细细推敲。学习的过程就是一个去伪求真的过程，分辨是非对错，将自己的每一个想法都落实到行动上面，最终必定会有所收获。而思辨精神只是阅读中最初的一环，在此之后还要有质疑与求证的过程。学生具有思辨精神是深入研究一切的开始。所以在学习的过程中，对于文言文本身的思辨过程只是一个入门的引导过程，学生真正需要的是在这样的引导过程中学会思辨的思维方式，在头脑中形成这样的思辨框架和思辨本能，这样才可以让学生在以后的人生道路中拥有更广阔的思想格局与发展空间。

（三）重证与重构：从文本理解走向读写结合

理性思维深度参与的文本"深悟"，还有必要对文本进行重证与重构，深入挖掘文本意蕴，从文本理解最终走向读写结合。

我一直认为，就学生而言，阅读一篇文章最终走向的是读写结合。我们读一篇文章，如果只是大致了解写了什么，甚至了解得非常肤浅，那么就只能是低层次的阅读，因为即便离开教师的指导，学生自己也能独立完成。以至于现在的阅读教学，学生除了记住老师的几句口头禅，对于课文内容则是学完就忘，偶能有不错的印象，也只是增添了与同学闲聊的谈资而已。那么，让学生印象深刻的途径是什么呢？答案：引导学生对文本进行重证或重构，深入挖掘文本意蕴，最终走向读写结合。

这里的读写结合，不是传统意义上的对技法的简单模仿与内容的单一迁移。如学完《荷塘月色》，文章的景物描写非常精彩，则让学生仿照里面的比喻或通感手法另写一段写景的段落；学完《故乡》，觉得雪地捕鸟的动作描写很生动，则布置任务让学生就某一场景进行动作描写训练；等等。虽然这种仿写有利于提升学生一定的写作能力，但总体上讲，其结合层次依然不高，效果也不太好。

基于思辨的读写品质追求的是对文本的重证与重构，是对文本意蕴的深入理解与挖掘，这是文本理解的最大价值所在。文本重证和重构共同构成了语文阅读教学中的非常重要的内容，对于学生的语文素养和思维能力的培养具有极其重要的作用。

1. 文本重证，深度理解文本意蕴

文本重证指的是学习者通过读懂文本中的直接信息能够正确获取文本的基

本含义，从中吸收有用的知识和信息，并能通过分析文本的结构和语言运用而挖掘文本中的深层含义，理解文本的不同层面，把握文本的思想内核。简而言之，所谓重证，就是学习者能顺着作者的思维轨迹，接受并阐释在文本中表露出的情感态度、义理逻辑与社会价值。

重证文本的过程一般分为感受情思、生发共鸣和理性认知三个步骤。先走进文本的内部世界，再走进作者的内心世界，最后从文中走出来，在接受中激活自己的情思，生成自己的思想。前面所讲的"浅教""细读"和"慢品"，均是文本重证的过程。

一个文本从它存在开始，就已经承载了作者想表达的东西，古人讲究"文以载道"，现当代作者也注重文本的教化功能，文本中的"道"很大程度上是作者主观赋予的，我们阅读文本，最起码需要弄清楚作者试图要表达的这个"道"（创作意图）。同时，"一个特定的文本，一旦作为一个自足的存在，它就不再受作者思想的绝对约束，它会在流传过程中形成它特定的意义，这就是文本的客观意义或文本的社会意义"[1]，黄厚江老师把上述文本的两种含义概述为"所指"与"能指"。文本流入社会，随时间推移，时代自然赋予它更多的含义，再加上千千万万个读者（或学习者）的个性化解读，文本的社会意义将越来越丰富，这也就是一个经典作品进入教材而成为课文，再经无数教师解读却依然常教常新的原因所在。

重证文本指向读写结合，就是要找到作者赋予文本的"所指"，并把这种"所指"经自己组织的语言重新表达出来。一是概括或称之为"压缩"。对于一些信息类文本，作者赋予的更多的是信息或某一道理，重证的过程就是把这一信息或道理整理后概括出来，这种方式就是语文考试中常考的语言运用题——语段压缩，只不过这里压缩的对象不是语段，而是整个文本。如学完《喜看稻菽千重浪》，就可以布置学生课后把文章压缩成一篇不超过300字的短文，尽可能保留最多的信息。二是概论。这是文学类作品常用的重证方法，就是既高度概括文本的主要内容，也对这一文本主要价值做适当的评议，当然，评议角度要小，要尽量客观公允。

---

[1] 黄厚江.语文教师的智慧阅读——谈谈语文教师的文本解读［J］.语文学习，2007（10）.

一些作品的"百度词条"就是不错的"概论"，如鲁迅先生的《祝福》的"词条"是这样概论的：

《祝福》是民国时期文学家鲁迅创作的短篇小说，写于1924年2月7日，最初发表于1924年3月25日出版的上海《东方杂志》半月刊第二十一卷第6号上，后收入小说集《彷徨》。作品叙写一个离开故乡的知识分子"我"在旧历年底回到故乡后寄寓在本家四叔（鲁四老爷）家里准备过"祝福"时，见证了四叔家先前的女仆祥林嫂瘁死的悲剧。该小说通过描述祥林嫂悲惨的一生，表现了作者对受压迫妇女的同情以及对封建思想封建礼教的无情揭露。也阐述了像文中的"我"一样的启蒙知识分子，对当时人们自私自利以及世态炎凉的这一社会现状的无动于衷和不知所措。

当然，信息类文本或文学类文本均可进行概括或概论，但无论采用哪一种形式，最终走向读写结合之后，表现出来的成果必然包括：学习者提取或概述了文本主要的信息或观点，这个信息或观点是作品常规承载的"所指"的内容；学习者对作品的"所指"进行的评价是适度的，并且符合社会潮流被众人普遍接受的主流观点，而非"语不惊人死不休"的个性化的漫谈。

读写结合是检验学生对文本的理解程度的有效途径。一节阅读教学课，如果可以做到课堂热闹，各环节严密细致，师生互动极佳，那么无论从哪个角度看都是一节非常成功的课例。但实际上，学生在课堂上的精彩表现并不等于他就深度理解了文本的内容。学生学习语文的怪圈往往是听起来好像都懂，但合起书什么都不懂，讲与不讲好像差别并不太大。这个时候，重证文本并把重证的内容用文字表达出来，倒逼似懂非懂的学生再次回归课文，重新阅读并做出取舍性的归纳以加深对文本的理解。同时，把所知所思所想的内容写出来的过程也锻炼了学生的逻辑思维与表达能力，对当今中考的"微写作"能力的提升也有极大的价值。

2. 文本重构，对文本的再创造

经典并非一个固定的文本，而是一个不断重新建构的过程。何谓"文本重构"？广东省东莞市英语教研员邓宁霞老师认为，"文本重构是基于教材和学生特点而采用的富有创造性的文本处理方式，它是指教师对现有教材的语言内容进行改编、改写或整合，以适应不同的学生个体或群体"。文本重构要求学生在深刻理解文本的基础上，能够对文本进行个性化的分析和推理，进一步提炼出文本中的深刻内涵和价值（"能指"的内容）。

主要包括以下三种"重构"的方式①：

一是延伸性重构，即对文本内容的扩充、补白与顺势推理。再完美的文本也总有顾及不到的地方，且有一些地方可能还是作者故意留白的手段。但不管如何，细读与深究之下，可以看到文本还有可以扩充或补白地方，至少可以顺着作者的思路再进行延伸推理。这一过程，就是对文本进行延伸性重构的过程。如张爱玲"人生三恨"说："一恨海棠无香，二恨鲥鱼多刺，三恨《红楼》未完。"《红楼梦》已完，未完的应该是"情难断""意难平"而已。

再如《项羽之死》（高中语文选修课本《中国古代诗歌散文欣赏》第四单元课文）中有一段：

项王军壁垓下，兵少食尽，汉军及诸侯兵围之数重。夜闻汉军四面皆楚歌，项王乃大惊曰："汉皆已得楚乎？是何楚人之多也！"项王则夜起，饮帐中。有美人名虞，常幸从；骏马名骓，常骑之。于是项王乃悲歌慷慨，自为诗曰："力拔山兮气盖世，时不利兮骓不逝。骓不逝兮可奈何，虞兮虞兮奈若何！"歌数阕，美人和之。项王泣数行下，左右皆泣，莫能仰视。

这是非常有名的"霸王别姬"，但司马迁作为史学的叙述者，关注的是英雄项羽的征战史，美人虞姬只是作为一个与英雄唱和的陪衬出现，并无多少笔墨。正是这一留白，让许多文学大家发挥了巨大的想象力，演绎出了许多脍炙人口的"霸王别姬"的故事。

顺势推理也是常见的重构方式，最典型的莫过于语段仿写。如学完冰心的"墙角的花，你孤芳自赏时，天地便小了"几句，就可以让学生仿照词歌的句式与哲理，另找对象写几句话。这也是很不错的文本理解的方式，因为仿写得当需要学生理解文本的深层逻辑。其实，网上流传的众多段子手就是文本延伸式重构的高手。这边幼儿教师的小小的花园里"挖呀挖呀挖"刚出来，就有了网友自创的各种搞笑版本。

二是改造性重构，即对文本乖悖处、值得商榷处和可改进处提出修改

---

① 以下三种重构方式，参阅了黄伟、梅培军所著《阅读教学中的文本解读》（广西教育出版社2021年版）中"重建文本"一节的相关内容。

建议。黄厚江老师在《中学语文教学参考》杂志上连续刊文，阐述了文本改造和变形在阅读教学中的运用。黄老师认为："理想的阅读教学，绝不是和学生一起对文本进行简单的图解和再现，而应该是一个文本重建和文本创造的过程。成功的阅读教学往往能借助一个文本和学生建构、创造多个文本。"①

如《阿房宫》一文的结尾：

呜呼！灭六国者六国也，非秦也；族秦者秦也，非天下也。嗟乎！使六国各爱其人，则足以拒秦；使秦复爱六国之人，则递三世可至万世而为君，谁得而族灭也？秦人不暇自哀，而后人哀之；后人哀之而不鉴之，亦使后人而复哀后人也。

"使六国各爱其人，则足以拒秦"，"各爱其人"则一定可"拒秦"吗？这一判断的理由是什么？会不会很绝对？如何改才能使论断更为严谨？

再如李白《将进酒》，全诗是古乐府，虽然没有强烈的格律要求，但为什么"君不见，黄河之水天上来，奔流到海不复回。君不见，高堂明镜悲白发，朝如青丝暮成雪"几句中要加上"君不见"三字？去掉它是否可以？后续还有几句为"三言""五言"句，统一改为"七言"句可不可以？效果上有何差别？

当然，这里的可改之处只是我自己的个性化意见，在实际教学中，教师需要引导学生把改动后的文本与原文进行对比鉴赏，仔细体会，以更好地理解原文之优或确实存在的不足，杜绝一味地名家崇拜，也要小心"虚无思潮"中的否定一切和为否定而否定的倾向。

三是逆向性重构，即对文中的某个观点或某种态度进行批判性思考，甚至形成正反辩论的论题。基于某一目的，创作者在创作文本的时候，肯定会有所取舍与强化，这必然造成文本中某些地方的观点失之偏颇，特别是时代的变迁或有意地"断章取义"是容易生发争辩性的话题的，围绕这些话题展开阐述也是不错的文本重构过程。

如有名的论题"近朱者赤"和"近墨者黑"，站在不同的立场考虑具体的情境，话题就会有很大的争议性，让学生展开批判性思考，有利于锻炼学生的思维，提升学生的语文综合素养。

---

① 黄厚江.文本改造和变形在阅读教学中的运用（一）［J］.中学语文教学参考，2018（7）.

再如《逍遥游》中有一句"小知不及大知，小年不及大年"，我有一叫严洪钰的学生从此展开，说：

"小知不及大知"的意思是小智慧比不上大智慧。在庄子的《逍遥游》里，蜩与学鸠就是小智慧，而鹏乃是大智慧，蜩与学鸠目光短浅，哪里懂得鹏的远大志向。

但是，我不得不问一句，蜩与学鸠真的是小智慧吗？非也，非也。蜩与学鸠的寿命既没有鹏长，体形也没有鹏大，更没有鹏那"若垂天之云"的翅膀，请问它们凭什么飞上那九万里的高空呢？难道像鹏一样"去以六月息"吗？恐怕到时候不是它乘风而是风拍打它了吧！蜩与学鸠能够正确地认识自己，切合实际地追求适合它的目标，难道这不是一种智慧吗？

所以，志向高远的确值得赞美，但更重要的是正确认识自己，而不是去追求一个不可能实现的梦想。

若每次文本学习之后，都能让学生复述一下、反思一下以及适当批判一下，未必真知灼见，甚至允许"无理取闹"，然后让学生在堂上讲一讲、辩一辩，再在课后把自己想说的写下来并拿出来交流一下，那么语文教学，不也挺快乐嘛！

文论：一家之言，姑妄阅之

平时也爱写一些文章，多为教学随笔，在阅读之中或教学之后，或是兴之所至，有感而发、即兴所作，或是勉强为之，搔首踟蹰，为写新文无病呻吟。极少数的教学论文，实为完成课题或教研之任务而逼着自己端着身份挤一两篇界于学术与随笔之间的小文章，多次投稿，无奈版面费高企，考虑再三，决定择一两篇与文本解读相关之作，厚颜置于书中，不敢奢望对读者有所帮助，实是自己的一点私心，让命运多舛的稿子能重见天日。其实，学术并非自己所长，每一篇文稿，往往写得生不如死，寝食难安，时刻汗颜，惶惶不可终日……

接受美学视野下文本解读的两个维度

　　语文学科主要学习的是我们的母语，但是这不意味着学生在学习中就可以得心应手，必要的教学技巧也是极为重要的。语文是工具性与人文性相统一的学科，在教学过程中，应注重提升学生的语文核心素养。在学科的发展中，也需要相关理论的支撑。新时期的语文学科产生了大量的创新性观念，但是对"以人为本"这一教育理念的落实却有所缺失，也难以离开应试教育的影响，因此急需融入其他理论视野来完成课程改革特别是课堂教学模式改革的重任。

一、接受美学的哲学溯源与理论概要

（一）接受美学的哲学溯源

　　接受美学的哲学溯源为黑格尔与海德格尔关于"存在"的思考。[1]黑格尔的《逻辑学》中，对"存在"与"定在"做出了定义。"存在"是不曾被规定的，对它从哪里来，不需要去进行一个严格的规定。但是"定在"是一个确定的能被人识别的存在，是一个具体的事物。"存在"与"定在"是对德文"Existenz"和"Dasein"的翻译，而海德格尔基于黑格尔的理论，对二者之间的关系做出了进一步的解释，将"Dasein"解释为人类在某一限定时间内对个人存在即"亲在"，其对"sein（在）"的领悟为本身就是"亲在"。海德格尔在《存在与时间》中认为，主观事物的存在需要一定的先前条件，而客观的物质世界则是在人意识发生之前就存在的，它进入人的意识，成为自为的存

---

① 龚璇. 解读接受美学的"二个文本"［J］. 福州大学学报（哲学社会科学版），2002（1）.

在，只有人存在，才能对"存在"的意义进行解释。基于以上理论，接受美学就以"人"即学习者作为中心思想，确定了哲学根源，也就是作品这一存在，需要通过接受者（亲在）、读者的理解与阐释，才具有意义。

（二）接受美学的理论概要

1. 期待视野

"期待视野"是姚斯基于海德格尔与伽达默尔的理论，通过总结生发出来的一个新的概念，是接受美学的支柱性概念。接受美学理论认为，当读者对文本进行阅读，其就自觉进入"接受"环节而成为一个"接受者"。而每一个接受者自身并非空白状态，而是带着一定的经验模式步入接受过程之中的。

接受者在阅读过程中，将获取的信息纳入自己的视野之中，依靠自我认知对其进行选择，并按照自身已有经验自觉突出感兴趣的信息，排斥其他信息，再依据自己的理解对这些信息进行重组，挖掘新的含义，为作品赋予新的价值。[①]这意味着在文学接受活动之中，读者由自身原有经验所形成的对文学作品的欣赏水平，将在具体的阅读活动中成为潜在的审美期待。这一理念也融合了皮亚杰的"发生认识论"：读者在展开阅读之前，就对即将阅读的文本形成了一种想象的"图示"；当读者展开阅读后，这一经验也会自觉参与到文本解读之中。在实际阅读过程中，文本内容与读者期待可能相似，也可能超出读者期待，因此，整个过程中就会产生两种情况：第一，和作者预期差不多；第二，完全背离了作者所预期的结果。在接受美学之中，期待视野是读者开展阅读活动的重要前提与基础。

2. 召唤结构

接受美学中的另一重要理论就是"召唤结构"，这是伊瑟尔在对英伽登的"未定型思想"进行吸收与继承提出的。英伽登认为"每一部文学作品在原则上都是未完成的，总有待于进一步的补充。但从本文的图式化结构来看，这一补充是永远不能全部完成的"。这表明，作为文本内容的文学作品，其"图示化结构"具备多层次特点。

伊瑟尔则认为，召唤结构主要由"空白、空缺、否定"三部分构成。"空

---

① 范春晖. 接受美学与阅读教学的文本解读研究［D］. 苏州：苏州大学，2014.

白"指向文本中未呈现出的内容，"空缺"是空白所在图景片段中的空白点，是空白的另一个情绪。空白和空缺共同构成了文本的不确定性，这为读者与作者之间搭建起一条桥梁，可以使读者用自己的经验与情感进行补充。但是读者在文本接受过程中，通过自身经验对空白进行脑补，会发生两种情况，一是获得符合事物发展脉络与社会历史规范的认知，二是完善后发现其并不符合规律，因此会产生第三个构成部分，即"否定"。从文本内容上，"否定"打破了读者已有的一些认知，会促使其发现文本中的新空白，再次进行想象与理解，之后形成新视点。结合期待视野，"否定"是对其的打破，而这一"破旧出新"也意味着读者不断重构自身的认知，获取新审美标准，在一次次的解读和接受中，发现作品的新内涵。

二、接受美学视野下中学文本解读的意义

接受美学视野中，主体是读者，对象是文本，关注点是读者对于文本意义的再构，其理论中有关于文学、文本和读者之间关系的探究有助于语文课改的深入，对文本解读教学具有重要意义。

（一）打破阅读教学惯性思维

传统的阅读观念比较刻板，认为课堂阅读的教学需要固定的环节。因此在教学之中，师生共同遵循着一定的流程来完成教学活动。在整个阅读教学过程之中，教师、教材和课堂是中心。在该阅读理念之下，教材文本意义不发生变化，学生的阅读缺乏自身感知，对学生阅读活动的个性和创造性都会造成极大的影响。学者与教育者从未停止过对阅读教学的研究，但是其仅是对过往教学模式与教学方法的补充，对于深层内容并没有做出改变，导致阅读教学的实效性难以得到根本性提升。

高中语文新课标指出要"充分调动自己的生活经验和知识积累，在主动积极的思维和情感活动中，获得独特的感受和体验"。这要求阅读教学应以学生为主体，关注学生的阅读感受与体验，尊重学生对文本的独特理解。以接受美学的角度展开文本阅读，恰恰符合这一要求，其引导并肯定了学生与教师在阅读活动中的感受，从思想上展开理论创新，对于新时期阅读教学具有积极意义。

（二）开辟阅读教学新视野

对于中学阅读教学而言，其核心问题就是"文本阅读读什么"。根据教材编写思路及依据，部分经典作品已经被一代又一代的学者做出了解读，如何基于文本原有理解的基础上，对其展开创新而又恰如其分的理解，则是教学的重点。教小说，只考虑人物、情节与环境这"三要素"；教诗歌，只关注意象、意境与情感的融合；教散文，必谈"形散而神不散"；教戏剧，只关注人物及其矛盾冲突。这些教学范式深深地烙在每一个师生的心中。但是文本要点并不决定文本内涵，要开辟新的阅读视野，就需要借用接受美学。接受美学视野中的"期待视野"，关注学生主体的知识积累与生活体验，有利于学生主体"这一个"对文本"这一文"形成独特的理解与感悟。而其中的"召唤结构"，有效地拓展了阅读教学的重点，激发了学生的想象力、创造力与阅读兴趣，与新课标的要求完全符合。

（三）推动学生主体性发展

接受美学理论是对传统教育理念的一种宏观概括，因此其对于学生主体性发展的意义是从人本体出发的，强调了接受者的不可或缺的地位。基础教育改革的出发点与落脚点就是"以人为本"，即"以生为本"。接受美学强调阅读者是整个阅读活动的中心，关注"学生"这一主体，将阅读者也就是学生摆在阅读活动中最核心的地位，要求学生在阅读中作为一个独立的个体参与其中，借助自身知识、经验以及自身情感来完成对文本的个性化理解。在这一过程中，教师不再决定阅读活动走向，更多是承担引导者和启发者的角色，对学生主体性做出了充分发挥。因此，从很大程度上来说，将接受美学融入阅读教学中对于学生主体性发展具有重要意义。

三、接受美学视野下文本解读的两个维度

（一）利用"期待视野"探究解读结果

"期待视野"是指阅读者在开始阅读前对于文本产生的一种期待，在中学文本解读之中，指的是学生通过课前预习活动，做出有目的性的初步感知，为后续文本解读奠定良好基础。主要有如下几点：

1. 利用定向期待，提升文本理解的能力

文本解读，也就是阅读者在阅读过程中对文本展开的"同化"或"顺

应"，是一个统一到矛盾、矛盾至统一的螺旋式上升过程。而定向期待，就是借用阅读者的自身经验，不经意或无意识地使用期待视野完成对陌生文本的同化。在学生阅读文本的一瞬间，其期待就会自觉地加入阅读活动中，或会主动对文本叙述中的内容与自身经验进行同化，或通过自身经验对不同信息进行过滤、选取与重构，以产生新的意义。这样的活动偏向于"求同存异"，其源于自身经验与经历。

如在《老王》这篇文本的教学中，很多学生在第一次阅读中就能感觉到全文都是哀伤与不幸的气息，但是这种情绪从何而言又是在何种背景下产生的，对于中学生而言，很难理解。针对这一问题，教师就可在预习中安排一些确定的问题，如对作者生平介绍与特定写作背景的了解来设定预习问题，解开学生的困惑点，引导学生逐步展开对文本的理解，从而为后续深入理解奠定基础。

2. 利用创新期待，培育对文本的独特感受能力

学生在阅读之中，并不是每一次期待都能与文本内容相契合，如《孔雀东南飞》，焦仲卿与刘兰芝双双殉情的结局让很多学生不满意，这种固有定向期待被打破的失落更多的是学生体验不能满足文本解读能力的体现。因为这种被打破的情绪，是作者刻意创造的陌生化，需要学生突破定向期待才能更好地理解创作者的意图。这就要求学生的期待视野要朝新方向、新角度展开与拓展，我们称之为"创新期待"。创新期待是协助读者在文本解读中可以从作品之中发现新事物，这里的"新"是指前人未见甚至是作者都未意识到的信息，这也是学生阅读文本中的内在动力与倾向。教师对创新期待加以利用，可以帮助学生构建陌生化的审美距离，激发学生解读文本的兴趣，加深对文本的印象。

如朱自清先生的《背影》，这是一篇经典文本，对其展开解读很难获得新看法，因此想要设计出激发学生新思路的问题较为困难。若是有一个别致的问题将激活学生的创新期待，获得更好的体会。有一位教师则设计出了如下的问题："在人群之中，漂亮、有特点的人会吸引大家的注意力，但是文中的父亲可笑的动作和矮胖的身体在人群中毫无特点，为什么作者可以一眼看到，且能观察得如此仔细呢？"这一反常问题的设定是为了引导学生去关注文中的外貌、动作等细节描写，并通过这些细节描写去体会作者的情感，感受父亲对儿子的大爱。教师在阅读教学的设计中，需要关注学生的期待视野，用小问题、小角度激活学生的创新期待，以突破学生的固有思维，引导学生展开创新思考，从而增强学生的独特感受。

3. 调动学生积累的经验，深入理解作品意蕴

文本解读说到底是一种趋向审美的活动，学生参与时需要充分调用自身的人生阅历、已有经验和导向正确的情思等多种复杂的因素。这项活动自始至终都受期待视野影响，可以说，学生经验越丰富，其所产生的期待也会越复杂，对文本的掌控力也就越强。不管是理论客观要求还是新课标的要求，都需要学生不断丰富自身经验、生活常识与人生经历，以实现深层次的文本解读。所以，教师需要鼓励学生做生活的有心人，对生活进行观察与发现，并把观察与发现的过程与结果加以体验并获取感受。

在阅读中展开的积累也具有极强的可操作性。语文教材中大多是名篇，这些经典文本就可以作为可积累的阅读素材拿来反复揣摩并最终成为学生自己的个人体验，这需要教师的努力。若教师有意识地引导学生完成深入的文本解读，则可以让学生展开深度感悟，从而弥补生活经验缺失所导致的陌生感。如在《故乡》教学中，少年闰土雪地捕鸟，这是现在学生从未经历也无法经历的事情，这一经验当然也就无法从生活中直接获取。但这一场景的描写极为生动，动词选用异常精准，通过抓住动词来感受少年闰土的活泼灵动，并将这一年少的形象与多年后木讷的形象展开对比，学生就可以对作者表达出来的情感做出精准的把握。

（二）利用"召唤结构"探究文本意义

"召唤结构"是由文学本身特点所决定的，文学言语与日常的表达之间存在较大差异，其具有内指性、心理蕴含性和陌生化阻拒性等特色；文学形象也存在主客观、真假性和确定与不确定等层面的统一问题；文学意蕴也就是文本中的情感更是极为丰富，可以多角度多层次地挖掘。文学作品自身所拥有的意义是在多重意义构建的基础之上的，其不是将自身意义强加给阅读者，而是向不同时代的不同读者展示出了不同的意义。其在文本解读中，可通过以下几点呈现。

1. 品味文学语言的魅力

文学作品中的语言有时候并不符合现实生活，其指向文学本身的艺术世界，也承载了作者特定的情感。因此，对其展开解释，并不能仅通过文字释义来完成，而是需要结合前后文的语境甚至特定情境的隐喻与象征来展开，才能感知其魅力。

2. 感受文学形象的立体

文学形象是阅读者在阅读活动中受作品影响而在脑海中生成的画面，其是主客观和真假性等之间的统一，其塑造是对现实生活的呈现，源于生活也高于生活，是经过作者加工之后出现的艺术性的客体主观化产物。因此，对文学形象的接受也会随着历史发展而产生变化，这也意味着文学形象自身具有丰富的意蕴。

3. 体悟文学思想的丰盈

文学的深层结构就是思想情感层面，作者借用文本对自身情感进行的表达往往是隐藏式的，不会直白地呈现出来，这也是文学作品与非文学作品最大的区别。如在《记念刘和珍君》中，对凶杀现场进行还原，可以从文本中感知。"从背部入，斜穿心肺"意味着射击角度从上而下，是精准射击；"弹从左肩入，穿胸偏右出"意味着射击角度是背后，且距离非常近。这样细致的描绘，体现了执政府对请愿学生的虐杀，作者也在这冷静的叙述中传达了自己的悲愤之情。这类作品的艺术性，需要读者去细细地品读、深入地思考。

总之，阅读教学是语文教学中极为重要的部分，而文本解读则是阅读教学的重中之重。从接受美学视野下的"期待视野"与"召唤结构"两个维度展开文本解读，与新课程标准的要求高度契合，在教学实践上也具有极强的可行性和优越性。教师在指导学生展开文本解读的过程中，不妨充分融入接受美学理论，激发学生学习兴趣，引导学生展开多元化的文本解读，以培养学生的想象力和创造力，训练学生的思维和审美，最终提升学生的语文核心素养。

《故都的秋》中郁达夫的隐喻与担忧

《故都的秋》写于1934年8月17日，郁达夫的日记中有记载这是他到达北京后的第四天，是时隔多年后再次来到京城。长年的艰苦奔波和物异人非的地方给郁达夫带来太多深沉的感慨。在1921年至1933年期间，郁达夫致力于左翼文艺活动与创作。然而，由于国民党的白色恐怖威胁袭击等原因，郁达夫于1933年4月不得已从上海迁居至杭州。当时的中国连年作战，民生凋敝。在这个山河分裂的多事之秋，郁达夫作为一个正直的知识分子，虽蛰居远离北平，但同样能感受到国家危难，心怀对国事前途的担忧焦虑，对时代的感伤和悲凉。年届不惑的郁达夫从杭州经青岛，辗转千里再次来到北平，触景伤情而写下《故都的秋》。他满眼看到的是平常之景，勾画的是清静之秋，流露的是悲凉之情，表达的是对故都的深深眷恋。这些正是特定的时代背景和社会风云在郁达夫的心灵上留下的岁月的沧桑和生命的沉重。①

一、故都"五秋景"隐喻的情绪与时局

（一）北国秋院

郁达夫在写北国秋天的院子之时所用的描述是"在北平即使不出门去吧，就是在皇城人海之中，租人家一椽破屋来住着，早晨起来，泡一碗浓茶，向院子一坐，你也能看得到很高很高的碧绿的天色，听得到青天下驯鸽的飞声"。这段话中，涵盖着几个日常动作，选取了"人海""破屋""浓茶""院子""天色"和"驯鸽"几个意象，其核心就是"院子"，因为这是在北平的

---

① 尹丽. 知人论世话清秋——《故都的秋》情感分析［J］. 名作欣赏，2019（33）.

院子里才能体验到的从容。

郁达夫在表现自己对于北国秋天的怀念之时，首先刻画的场景就是院子，可见郁达夫对秋天北平的院子的感情之深厚。他不介意自己住的是租来的破屋，也不介意隐身于人海之中，但就是这一处僻静的小院子，能让他看到很高很高的碧绿的天色，听到青天下驯鸽的飞声，这就是北国秋天带给他最大的从容。"人海"说明是社会和平才会有皇城的人海，否则哪怕是北平，人们忙着躲避战乱，也不会有人海出现。而破屋，这里郁达夫用的是"租"这个动词，这也必须是在和平时期才有人去租破屋来住，遇上战争时，别说破屋，就是豪宅也将湮没在硝烟中而无法居住。此外，他选择观察的时间是早晨，因为早晨特别给人一种舒爽的感觉，尤其是北方秋天的早晨，真正算得上是秋高气爽，且这里郁达夫提到了驯鸽，在西方文化中鸽子象征着和平，郁达夫有丰富的出国留学经验，所以他在此描写驯鸽飞过的声音，其实就表达了自己对于和平时局的一种渴望。

（二）北国槐树

在描写槐树的时候，郁达夫用的是"像花而又不是花的那一种落蕊，早晨起来，会铺得满地。脚踏上去，声音也没有，气味也没有，只能感出一点点极微细极柔软的触觉"。其实，槐树在中国北方是一种非常普通的树木，在大部分城市都有种植。但郁达夫在文章中提及槐树之时，用了非常细腻的描写方法，实际上表达的是郁达夫对于这种普通的树木的最深刻的感情。只有对故都有着深沉的情感才会对那里的一草一木有如此细致的观察。在描写槐树的时候，郁达夫写了槐树的花，说是"脚踏上去，声音也没有，气味也没有，只能感出一点点极微细极柔软的触觉"，给人一种踩着雪地慢慢前行的画面感，但又不像雪地那样脚会深陷进去。因为那时候的北平街道上普遍种植着槐树，一到秋天槐花落满地的场景非常常见，老人小孩出门踩着槐花一步一步地走着，这就是和平时代最美好的场景。郁达夫写到最后用了"梧桐一叶而天下知秋"，这句话实际上要表达的是对于北方人而言，槐花落满地就意味着，秋天真的来到了。北平老百姓不用去看梧桐，因为槐花就是秋天，而此时槐花已经落满地了，故都美好的场景何时会重现呢。

（三）故都秋蝉

在描写秋蝉的时候，郁达夫形容"秋蝉的衰弱的残声，更是北国的特产，因为北平处处全长着树，屋子又低，所以无论在什么地方，都听得见它们的啼唱"。事实上，"秋蝉""残声""特产"和"啼唱"说的都是一回事，就是在说北平的知识分子。作为中国千古文明的承载地，北平自古以来就是知识分子的摇篮，在这个地方有大量的知识分子为了家国和自身的命运奔走发声。1931年九一八事变之后，日本不断发动对华战争，北平在风雨飘摇之中变得破碎不堪。但哪怕是在这样的环境下，秋蝉依然没有停止它们的"啼唱"，只要秋天到了，只要是北平大大小小的树不被砍光，北平的秋蝉就会一直艰难地啼唱下去。郁达夫说，这是北国的特产，无论在什么地方，都听得见，因为北平的屋子太矮了，但事实上，哪怕是高楼层的房子，也一样会听得到秋蝉的残声，只不过大多数北平的老百姓与战争和时局的联系太紧密了，他们被迫去接受这样的命运。所以郁达夫写故都秋蝉，实际上是在悲悯北国的老百姓和为国发声的知识分子们艰难而无法掌控的命运。

（四）北方秋雨

写到秋雨之时，郁达夫说"在灰沉沉的天底下，忽而来一阵凉风，便息列索落地下起雨来了。一层雨过，云渐渐地卷向了西去，天又晴了，太阳又露出脸来了"。这里写了"阴云""凉风""秋雨""天晴"和"太阳"这样的五个场景。从画面表达上来看，郁达夫写了一种北国秋雨过后云淡风轻的常见画面，但结合时局的变化，就能非常容易地联想到郁达夫语言背后所隐藏着的愿望与力量。他看着这灰沉沉的天，渴望忽然来一阵凉风。这阵风，就好像诸葛亮借来的东风，它可以带来一场雨，这场雨之后，云会慢慢地卷了向西去，天会放晴，太阳会出来！郁达夫渴望这场东风能带来胜利，把云向西吹走，吹到西方世界去。所以郁达夫不写风，而写雨，因为此时相较于风，他更渴望切实地来一场雨。他实在忍受不了这灰沉沉的天了，明知道要下雨，可就是迟迟不来。他太渴望有这么一场雨，可以把不好的现状全部冲刷干净，为太阳的到来准备好各种先决条件。所以，这一段看似在写北方秋雨，实际上是在表达对胜利强烈而炙热的渴望。

（五）北方果树

虽然是说果树，但郁达夫只给了一种果树一个特写镜头，那就是鲁迅先生笔下那经典的"枣树"。鲁迅在《秋夜》中写道，"在我的后园，可以看见墙外有两株树，一株是枣树，还有一株也是枣树"。与1924年的鲁迅先生写的光秃秃的枣树不同，1934年郁达夫写的枣树是"屋角，墙头，茅房边上，灶房门口，它都会一株株地长大起来。像橄榄又像鸽蛋似的这枣子颗儿，在小椭圆形的细叶中间，显出淡绿微黄的颜色的时候，正是秋的全盛时期"。郁达夫关于枣树的描写是丰满而富有活性的，无论是在任何地方，哪怕是茅房边上，它都会一株一株地长大。枣树根植于民间，而这种从民间长大的力量在秋天的全盛时期开始结果，这果子淡绿微黄隐藏在细叶中间，吸收着营养，待到叶子落光枣子才会大熟。枣树是北平老百姓种植得最多的一种果树，它的种植成本很低，而且不用怎么去管，就会自己生长，说明它的生命力非常顽强。文章写到最后这个阶段，郁达夫要表达的就是，假若上面的秋雨代表着胜利的到来，那胜利的原因就是这一股股种植在民间的力量达到了丰盛的时期，秋天的时候就该是要结果的时候。所以，回顾故都的秋，到最后结束在故都的枣树上，郁达夫大概要表达的就是对于人民战胜不义者的坚定信心吧。

二、关于故乡与秋的担忧

（一）关于故乡

事实上，虽然郁达夫是在写故都的秋，但行文之间表现出来的却是对于故乡的担忧。郁达夫本身是浙江人，但他说他要从杭州赶上青岛，从青岛赶上北平，原因是要饱尝一下这故都的秋。而且从开始到结束，郁达夫一直在说江南的秋不如这故都的秋。他要到北平来，要回味一下，好好回味一下这北国的清秋时光，但事实上，他心中真正怀念和担忧的还是江南故乡的境况。

郁达夫17岁之时就已经随兄长前往日本留学。那时的郁达夫在日本受尽了屈辱，日本在东亚地区的统治力让日本人对华人有一种天然歧视。所以郁达夫在个人性格方面也显得更加的寂寞和孤独，从郁达夫个人的行文风格来看，他一直主张一种"静态文学"。而1934年的杭州对于郁达夫而言简直就是一场噩梦。国民党在那里实施了白色恐怖的文治策略，让作为文人和知识分子的郁达夫心境不安，终日郁郁寡欢，加之没有固定的经济来源，生活非常的艰难。

所以，在经济压力和心理压力的双重逼迫之下，郁达夫才离开了熟悉的杭州，来到同样动荡不安的北平，寻找他所熟悉的故都之秋。在文章中，郁达夫描述北国的秋特别地来得清、来得静、来得悲凉，由此可以看出，郁达夫所要寻找的不仅是故都的秋，更是这一份清静和悲凉。清和静比较好理解，因为在杭州所遭受的不公平待遇，让他感觉到自己的心无法平静，耳边充斥着各种声音，所以他极度渴望清净。而悲凉，是郁达夫所希望达到的一种境界。在他看来，秋不是名花，也不是美酒，不能半开半醉，应该完全投入进去，所以对于秋，他认为应该是一种深沉、幽远、严厉、萧索的感触。他认为，每一个人哪怕是囚牢里的囚犯，到了秋天，也一定能感到一种不能自已的深情。对于他而言，远在千里之外的故乡，此时此刻就成了自己的牢笼，虽然人在故都，但心却在遥远的故乡。所以，虽然全文写着故都的秋景是多么的美好，多么的亲近，但最后写到南国的秋时，郁达夫评价，"色彩不浓，回味不永"。看起来就像在骂自己的小孩一样，恨铁不成钢，实际上却是在表达对于故乡的控诉和担忧。他担心故乡的知识分子们会遭受到不平等的政治迫害，也担心杭州的文艺圈子就此萧条。所以他在文章的最后立了个誓愿，"秋天，这北国的秋天，若留得住的话，我愿把寿命的三分之二折去，换得一个三分之一的零头"。但郁达夫并没有说要把这秋天留在哪里，他只说要留住这北国的秋天，但这北国的秋天，如果留在遥远的故乡，是否会更好呢？对于自己而言，就不必千里迢迢、千山万水地来到故都，缅怀这一份清静的秋意了。

（二）关于秋

从文章的结构上来看，整篇故都的秋可以分为三个部分，第一部分是在写郁达夫来故都欣赏这清净的秋的原因，第二部分就是写郁达夫对于故都的秋的印象和具体的一些场景，第三部分可以说是郁达夫对于秋的辨析。有些批评家说中国的文人学士对秋有很浓的颓废色彩，可是他认为这并不是中国文人学士独有的特色情感。任何一个人对于秋都应该有一份不能自已的深情，无论是古代的欧阳子、苏东坡，还是现在的当代文人、知识分子，对于秋都有统一的印象，那就是深沉、幽远、严厉和萧索。

所以，没有必要去对秋进行东西方的文化界定，所有赞美秋的文字并不一定都是要寄托厚重的悲凉情绪，也可以是单单的赞美，因为秋实在是类似郁达夫这样喜欢清静之人的最好的选择。也正是如此，郁达夫特别担忧这故都的秋会过去，他愿意用他的生命来留住这珍贵的秋，也表达出了他对于秋天，尤其北国的秋天无比炙热的情感。

郁达夫在对比南北之秋时，用了这样的排比句，"比起北国的秋来，正像是黄酒之与白干，稀饭之与馍馍，鲈鱼之与大蟹，黄犬之与骆驼"。黄酒浓郁醇厚，而白干纯香爽净。稀饭黏糊多水，而馍馍干爽厚实。鲈鱼细腻肥嫩，但大蟹豪爽香远。狗肉外烂内韧，而驼峰外脆里嫩。南北之秋景，犹如文化之差异，秋本身并没有地区优劣之分，虽然郁达夫在文章中充分表达了自己对于北国之秋的热爱，但他并没有说南国之秋就不好。只不过就像南方人喜欢喝黄酒、白粥，吃鲈鱼、狗肉一般，北方人因为气候和地理条件的影响更喜欢干爽的食材，这与"秋"类似。南国的秋也是好的，有廿四桥的明月、钱塘江的秋潮、普陀山的凉雾和荔枝湾的残荷等美景，这些也让郁达夫着迷。只是差在色彩和回味上，北方的秋天更加豪爽，更加明亮，更加让人心情舒畅。

梁实秋认为，"一个人的人格思想，在散文里绝无隐饰的可能，提起笔来便把作者的整个的性格纤毫毕现地表示出来"。20世纪30年代，传承了五千年文化的名城——北平处在衰败飘零之中。作者目之所及，应该是一种百废待兴的状态，但郁达夫反而转变了心态，写了《故都的秋》这篇文章。从文章来看，全文描写的是"悲凉"的景物，流露的是"悲凉"的情绪，表达的是对故都北平的热爱及情深，但我们在行文中却很难捕捉到郁达夫点滴的痛苦与不安，相反是一种从容与淡定。他可以非常自在地讨论京话中的歧韵，也可以在行文间穿插几个格格不入的英文单词，这就要求笔者对于文字和语言具备足够的表达能力。在对"故都的秋"进行刻画之时，我们看到的更多的是对闲适生活的描述和对生活的热爱，这正是郁达夫通过对社会现实的感受和内心的自我反省，使自己不再脆弱并坚强起来的表现。他已经摆脱了灰色情调，以战斗的姿态投入革命的洪流之中，痛苦和压抑已经不在，苦闷和彷徨已经过去。[①]郁达夫从自然的一山一川、草木花虫中感悟生命，也将一个澄澈的灵魂昭然于世，那便是心灵深处深切的向往与期盼，在现实世界里以生命的最大热情不舍地追寻。"一粒沙里看世界，半瓣花上说人情"，《故都的秋》便是一个浓缩了的世界，是作者的心性、社会性与自然的调和的世界。从这个世界里走出一位现代的"秋士"，他的生命里充满了各种苦痛的经历，但他却能像欧阳子和苏东坡一般，潇洒地看待人生的起起伏伏，为我们讲述了他人生中的一段悲凉与浓烈。

---

① 黄华兴，陈亚妮. 郁达夫《故都的秋》悲秋思想探析［J］. 齐齐哈尔师范高等专科学校学报，2020（1）.

现实的压抑与控诉

——品读《祝福》中的祥林嫂意义

　　鲁迅先生的《祝福》，看名字是热闹喜庆的俗礼，看故事却是令人窒息的命运悲剧。名字与故事相映衬，像美人灯照着残败屋子，讽刺又违和。但最讽刺、最违和的还是那个逢人诉苦、结局潦倒的祥林嫂。自从有了她，世间所有喋喋不休、可悲可笑的怨妇都有了模样。有人说，鲁迅先生的作品是一出时代大戏，戏中的主要人物其实只有两个，男主人公叫阿Q，女主人公叫祥林嫂，这是有道理的。可以说，祥林嫂这一形象的意义，已经不是一个简单的人物，她代表的其实是当时那个时代的人们——特别是女性对于压抑现实的控诉，祥林嫂可悲的人生其实是当时大多数妇女的写照，她们都是封建社会封建思想统治下的牺牲品。

一、现实中无处可躲的痛苦

　　在《祝福》所描绘的年代中，有诸多像小说中"祥林嫂"一样的人们。她们喜欢抱怨，却无力改变现实，不懂反抗，总是让自己的命运被别人推着走。她们无条件地相信别人的话，最终造成了自己的悲剧结局。就像《祝福》中的祥林嫂一样，别人说她不洁不祥，别人说有阴曹地府，别人说得赎罪，别人说……别人怎样说，祥林嫂就怎样相信了，最终在旁人的言语中心灰意冷，惊惧绝望，悄然死去。别人的话，祥林嫂从来没有过怀疑，正是这种对别人的无条件信任，使得祥林嫂这一人物更加可悲。她已经被那个封建社会驯化了，就像那个时代的所有"祥林嫂"们一样，她们是那个封建社会最直接的产物和牺牲品。

无法忘记她临死前的"人生三问"，"一个人死了之后，究竟有没有魂灵的""那么，也就有地狱了"和"那么，死掉的一家的人，都能见面的"，这三问，把见多识广的"我"问得毫无招架之力，仓皇丢下几句"也许有罢""我也说不清"，这些回答意味着可能性，她看到了人生的一点点光亮，竟也让祥林嫂决然赴死，这是怎样的一种痛苦？

二、现实中无处可逃的压抑

在《祝福》中，祥林嫂的生活背景是压抑的，那个时代是压抑的，压抑在鲁迅先生开场的那段环境描写，也压抑在周围的看客自始至终的麻木与冷漠，更压抑在无处不在的封建礼教对人的摧残与压迫。

祥林嫂生活的时代，是一个被封建礼教支配的年代，妇女普遍没有人权，被认为是男性的归属。在这样一种背景下，封建统治逐渐蚕食人们的思想，影响人们的心智。人们把封建礼教看成理所当然的事，没有人反抗，这是最可怕的。其实文中也有那么一处"反抗"——当祥林嫂被婆婆塞给贺老六的时候也曾"闹"过一"闹"，只是这一闹却成了别人心里的一段有趣的故事，徒增茶余饭后的笑料。

从另一个角度来说，封建礼教吓人的根源不在于它自身的统治思想，而在于它对人们思想的约束，当社会上所有的人都把这种封建思想看成理所当然时，那就是这个时代的悲哀。最可怕的不是这种思想的出现，而是人们麻木的惯性思维。因此在祥林嫂精神出现问题之后，那些曾经受到过封建礼教残害的女性便开始倒戈，她们把祥林嫂看成社会异类。从社会角度来说，这些妇女就是封建社会的被统治者，她们对封建思想习以为常，这是时代的悲哀，也是那个时代现实压抑的所在，这些受过封建礼教残害的人，和封建统治者一样，都是吃人者。

三、对压抑现实的无声控诉

《祝福》中的祥林嫂其实就是作者对于压抑现实的控诉。祥林嫂年轻时不幸成为寡妇，后来到鲁四老爷家做工，婆婆将其卖给贺老六为妻，但贺老六累病而死，她的儿子也被狼吃掉，从此精神萎靡，她到土地庙捐门槛以赎"罪孽"，但仍被鲁家赶出去，最终在饥寒交迫下，死在了漫天风雪中。这就是祥林嫂的结局，她没有做过伤天害理的事，却被封建礼教残害。鲁迅对于祥林嫂的评价是"哀其不幸，怒其不争"。祥林嫂已经不仅仅是一个简单的人物，她代表的是那个时代的女性，她们对于这种封建礼教没有反抗，而是听之任之，精神萎靡却还相信封建迷信。这是她们的悲哀，她们是封建礼教的牺牲品。她们这种悲惨的结局，正是鲁迅对压抑现实的控诉，这种控诉使得祥林嫂这一形象更加具有象征意义。

总之，《祝福》中祥林嫂的这一典型人物形象，反映出鲁迅对于封建礼教的控诉。祥林嫂的命运是不幸的，然而，更不幸的是祥林嫂从来没有想过反抗，在那种封建礼教的驯化下，祥林嫂已经麻木了，因此她的下场悲惨。在当时那种封建统治下，有诸多女性的命运都和祥林嫂一样，她们可悲、可叹。祥林嫂的悲哀，正是那个时代的悲哀，祥林嫂的悲惨命运，最终也会是那个时代的悲惨命运。所以，我们应该庆幸，庆幸在那个时代不仅仅有祥林嫂，还有敢于反抗的志士英雄，正是因为有他们，我们才能够拥有现在的幸福生活。

特殊的《再别康桥》，特殊的情结与意象

在现代诗中，我特别喜欢徐志摩的《再别康桥》，它语言轻盈柔和，形式精巧圆熟，画面流动纤细，构成了无法言说的美妙的意境。在高中语文的现代诗歌教学中，《再别康桥》具有极其重要的地位，在注重对文本整体性的教学，指导学生欣赏本诗的"三美"（建筑美，音乐美，绘画美）时，可能也离不开讲徐志摩的梦想，甚至离不开他动人的爱情故事。同时，这首诗还适合对文本进行细读，读作者苦心经营刻意为之的意境，品作者看似不经意实际精雕细琢的用词，特别是品贯串全诗的极具个性而又极其丰富的女性情结，悟作者通过本诗要表达的对已逝年华的追忆、对曾经梦想的告别以及对欲说还休的爱情的眷念。本文将对《再别康桥》中表现出的女性情结进行分析探讨。

一、女性情结的具象化

在《再别康桥》中，作者徐志摩运用了大量的女性情结用词，使得整篇文本更加流畅自然。这是该诗的重要特色，正是由于这种特色，《再别康桥》的整体基调趋于平缓，也给读者带来了较为愉悦的阅读体验，这或许也是《再别康桥》能够成为经典的重要原因之一。

（一）"轻轻"，女性的窈窕身姿

在《再别康桥》的首段中，"轻轻的我走了，正如我轻轻的来；我轻轻的招手，作别西天的云彩"。诗歌整体的意境在三个连用的"轻轻"一词的使用中能够达到使诗歌更加柔缓的目的。抒情主人公踮着脚尖，轻盈地与"云彩"告别。若此时我们发挥想象在头脑中形成一幅画面，那画面中跳出来的大多是一个身姿窈窕的女性：穿着长长的裙子，有着长长的秀发，赤着秀足轻轻盈盈地踩在草地上，轻轻柔柔地来又悄无声息地离去。这是一幅极美的画面，也是

一幅极女性化的画面，轻柔静谧，轻盈空灵。你能想象一个衣着正装的男子，穿着皮鞋轻轻地走来，站定，再向云彩挥手告别的样子吗？估计很难。

其实《再别康桥》整体创作的基调偏向于女性化，婉约而又大方。所以大多数人读这首诗，总会联想起徐志摩的那段爱情故事。

（二）"荡漾"，女性的细腻内心

《再别康桥》中除去"轻轻"的出现体现了其诗歌中的女性情结外，"荡漾"一词的引用也体现了女性细腻柔软的内心情感，"那河畔的金柳，是夕阳中的新娘；波光里的艳影，在我的心头荡漾"。作者通过描写河畔的金柳以及波光里的艳影来突出周围景物对其情绪的渲染，作者的情绪由于处在这样一种环境中而放松惬意，产生心头荡漾之感。而作者"荡漾"这一词语的使用也极为高明，他没有用"激动"或"澎湃"，而是选择了"荡漾"这一起伏波动小的词语，既表现出了作者心头的激动与兴奋，同时也与上文中的"新娘"等女性情结相呼应，使得整首诗歌整体基调更加柔和，也增加文本的可读性与观赏性。

二、女性情结的物象化

在《再别康桥》的创作中，作者多次使用物象化的女性情结，使得整首诗歌的基调更加明朗平缓，富有韧性。

（一）金柳

在诗歌中，"金柳"便是女性情结物象化的代表之一，"那河畔的金柳，是夕阳中的新娘；波光里的艳影，在我的心头荡漾"。作者通过拟人手法把金柳比作新娘，这首歌中的女性情结特征就显而易见了。

古诗中"柳"一般指离别，同时也常指女子，所以窈窕身姿谓之为"柳腰"，弯弯细眉则称之为"柳眉"。徐志摩笔下的"金柳"，是用得非常成功的一个极具个性色彩的意象，他把象征着女性形象的阳光之下的"柳"描绘得金光灿烂，柔美无比。那柔蔓有光的金柳，那美艳无比的新娘，那朦朦胧胧的康河，怎不令人如痴如醉，神魂颠倒，欲罢不能呢！

作者将康河周围的景物运用女性情结进行拟人化，突出了康桥周围景色的优美，而女性情结的引入也表现出了作者内心的宁静以及对康桥的喜爱之情。在这一时刻，康桥已经不只是一个单一的景物，而是一个经过周围景色衬托的羞涩的姑娘，她需要人爱，也需要人怜，充分表现了康桥在作者心中的地位。

（二）青荇

在《再别康桥》中，除去"金柳"这一物象化特征，"青荇"也是其一大女性情结物象化的特色，"软泥上的青荇，油油的在水底招摇；在康河的柔波里，我甘心做一条水草！"作者通过对康桥下青荇的描写，加之动词的引入，形象地写出了青荇在水里左右摇摆的样子。下文中写道，"在康河的柔波里，我甘心做一条水草"。作者通过对自身情感的描写，表现了其对康桥的喜爱之情，尤其是青荇这一女性情结的暗喻使得康桥这一形象变成了一个许久不见的女子，衣着飘飘，轻柔隽逸。"油油"突出青荇的色彩翠绿欲滴，"招摇"拟人化写情态。"青荇"不断向诗人招手示意，有万般柔情，也有无尽依恋，这不正是恋人间的告别吗？

（三）天上虹

在《再别康桥》中，作者通过众多景物的拟人化描写突出了自身对康桥景物的喜爱，而其中的"那榆荫下的一潭，不是清泉，是天上虹；揉碎在浮藻间，沉淀着彩虹似的梦。寻梦？撑一支长篙，向青草更青处漫溯；满载一船星辉，在星辉斑斓里放歌"一句，通过天上虹引出下文中的"梦"，然后以"梦"为线索幻想自己在康桥下撑船，进而描写出康桥中青草的茂盛以及星辉的闪耀，突出了康桥景色的优美以及周围环境的静谧。

而"天上虹"的比喻既写出了康桥景色的优美，也写出了康桥在作者心目中的地位，"天上虹"优美又虚幻，像是在梦中的景色及过往揉碎在浮藻间，既绚丽多彩又破碎斑斓。有意思的是，"虹"这一意象在中国古诗中并不多见，而在国外神话中多有出现，且大多与女性相关。徐志摩此时用"虹"来写康河写梦想，仅仅只是为了写她们的美吗？

三、金柳、彩虹、云彩：三个特殊意象

《再别康桥》是现代诗人徐志摩的脍炙人口的诗篇，是新月派诗歌的代表作品。全诗以离开康桥时的感情起伏为线索，抒发了对康桥依依惜别的深情，语言轻盈柔和，形式精巧圆熟。诗人用虚实相间的手法细致入微地将诗人对康桥的爱恋、对往昔生活的憧憬和对眼前的无可奈何的离愁，表现得真挚、浓

郁、隽永，是徐志摩诗作中的绝唱。总体来说，《再别康桥》中有三个比较典型的意象，即金柳、彩虹和云彩，这三个意象不是简单的物象，而是都有一定寓意。

（一）金柳——浪漫的情怀

《再别康桥》中的金柳代表了诗人的浪漫情怀。在诗中诗人提道："那河畔的金柳，是夕阳中的新娘。"将金柳比作新娘，由此可见诗人的浪漫情怀，最重要的是诗人并没有对柳直接描写，而用"金"一字来修饰，恰是有阳光洒照，又有微风的轻拂。而下一句"波光里的艳影，在我的心头荡漾"，这影子是金柳的影子，已然激起了诗人心中的柔情。金柳是一个具有生命力的意象，它代表着生机与活力，更重要的是，它姿态柔美，可以随风荡漾，正如同诗人心仪的姑娘一般，牵动着诗人的心弦。这是诗人的浪漫情怀，是诗人对于恋人的爱慕，同时也表达出诗人对于新娘的渴望。

（二）彩虹——美好的理想

《再别康桥》中的彩虹代表了诗人的美好理想。"彩虹"这一意象，其色彩是鲜艳丰富的，代表了希望，代表了诗人对于生活的美好理想。"梦"原是"天上虹"，是"天上虹"的"沉淀"。"虹"是美丽却短暂的，虽然短暂，却也能幻化为永久，因为它会在"潭"（融入清泉）中"沉淀"。由此可见，彩虹代表了诗人未来的美好理想，这种理想决定了诗人未来的生活态度和生活方向。

（三）云彩——美好的回忆

《再别康桥》中的云彩代表了诗人的美好回忆。诗中写道："悄悄的我走了，正如我悄悄的来；我挥一挥衣袖，不带走一片云彩。"在此处，"悄悄"是题眼，诗人静悄悄地来，又静悄悄地走，不带走"云彩"，这里的云彩，可能是关于康桥的那些美好的回忆。因为回忆是珍贵的，所以诗人并不忍心去打破它，而只是静悄悄地来，又静悄悄地走，只有这样，那些珍贵的回忆才能够永存，而不会被各种各样的琐事干扰，这体现出诗人对于美好回忆的珍惜。由此可见，云彩代表了诗人对于过去的美好回忆。

《再别康桥》是一首值得细细品味的诗歌作品，无论从哪个角度来说都具有很高的文学价值。向物告别已显出其特别之处，而大多极具个性色彩女性色彩的意象的选择，更是值得好好品味。景是柔和轻盈的景，境是静谧柔美的境，一举一动，一词一语，无不显示女性特有的情思，表达出的是对康桥如慈母般的挚爱以及如情人般的痴恋。同时诗人又用三种不同的特殊意象，反映出了三种不同的感情，而这三种不同的感情又相互联系。特别是这三种感情分别代表了三种不同的时间节点，即现在、将来和过去这三种时间节点通过金柳、彩虹以及云彩这三种意象相连接，能够体现出不同的特性，同时也能够反映出诗人对于现在、过去和将来的不同态度。浪漫情怀决定了当下诗人的感情态度，美好理想决定了诗人对于未来生活的态度，美好回忆决定了诗人对于过去回忆的态度。

《沁园春·长沙》的审美视角

　　《沁园春·长沙》是毛泽东的一首词，作于1925年，最早发表在《诗刊》1957年第1期。全词上阕写景，下阕抒情，通过对长沙秋景的描绘和对青年时代革命斗争生活的回忆，抒写出革命青年对国家命运的感慨和以天下为己任、蔑视反动统治者、改造旧中国的豪情壮志。上下阕结合，为读者呈现出一幅独特的审美视角。审美视角是文学的本质表达视角，它能挖掘文学作品独特的审美价值，为读者呈现出一种特别的审美表达方式，《沁园春·长沙》的审美视角很多，这里简要说说其表现出的意境美、伟人美以及情怀美三个方面。

一、意境美

　　《沁园春·长沙》的意境很美。在这首词中，上阕涉及意境描写："独立寒秋，湘江北去，橘子洲头。看万山红遍，层林尽染；漫江碧透，百舸争流。鹰击长空，鱼翔浅底，万类霜天竞自由。"作者描绘了一幅典型的秋，他不仅看到了眼前岳麓山的枫林，也可能联想到了北京香山的黄栌，和祖国无数山岳中由绿变红的乌桕、水杉、槭树、槲树和黄连木等。那一重重山，一层层树，让自然的彩笔一抹，晕染成一片嫣红，比二月笑放的春花还要艳丽，比六月飘舞的彩霞更加瑰奇。随后切入近景，江上的船争相行驶，鹰直击长空，鱼儿在水里飞速前进，各种各样的生物都在焕发生机，这是一种生命力在蓬勃爆发的气势，是一种雄起壮丽的意境。作者利用鱼、鹰和山等意象，营造出一种生命向上生长的壮观景象，这是《沁园春·长沙》意境美的审美视角。

二、伟人美

　　《沁园春·长沙》中还有描绘伟人美的审美视角。这种审美视角的描写主要集中在词的下阕。先用"怅寥廓，问苍茫大地，谁主沉浮？携来百侣曾游，忆往昔峥嵘岁月稠"提出疑问，这世上谁能够担当起拯救世人的大任？进而回忆往昔峥嵘岁月，想起"恰同学少年，风华正茂；书生意气，挥斥方遒。指点江山，激扬文字，粪土当年万户侯。曾记否，到中流击水，浪遏飞舟？"这些都是年少时候的壮志，同时也是作者对青年一代的希望，其中最后一句"浪遏飞舟"突出了当时青年一代的成就，这恰好与上文中提到的作者提出的疑问相呼应。中国青年一代是有理想有志向的一代，他们可以成为国家责任的担当者，可以成为国家的希望，这就是《沁园春·长沙》伟人美的体现。通过描绘青年一代的壮志以及青年一代的作为，突出作者对于青年一代担起重任的希冀。

三、情怀美

《沁园春·长沙》涉及的情怀也极美。《沁园春·长沙》整首词都有关于情怀美的体现，其中上阕主要渲染出一种激昂的意境，为下阕的歌颂奠定基础。下阕主要歌颂青年一代的才能，认为他们有改造旧中国的能力，这本身就是一种情怀，这种情怀关乎诗人对国家危亡的思考，关乎诗人对青年一代改造中国的希望，关乎诗人对青年革命者的赞扬。往小了说，这种情怀是诗人对于青年革命者的英雄主义情怀，而往大了说，这种情怀是诗人对于国家新时代的期冀，是一种家国情怀，这种家国情怀促使大量的革命者，包括诗人本身在内，愿意付诸自己的一切去交换。因此，《沁园春·长沙》的情怀美是对青少年的情怀，也是家国情怀。

《沁园春·长沙》作为毛泽东的代表作之一，体现了其对青少年革命者的希冀，同时也体现了毛泽东对改造旧中国的希望。《沁园春·长沙》的审美视角多样，总体来说表现在意境美、伟人美以及情怀美三个方面，其中意境美是基础，而伟人美是升华，情怀美是总结，这三个审美视角相互配合，缺一不可。正是由于这三方面的审美视角，《沁园春·长沙》才具有了丰富的审美意义与现实意义，使得其能够在文坛流行至今。

附

读《沁园春·长沙》，读伟人的凌云之志

阳春市第一中学2019级高一（40）班学生　王首云

自吾等习"橘子洲头"后，太息不可自己，吾思其诉"含志于心"，其中之意深，吾思定不及也，其拥正志，三皇五帝犹不如也，其志定天。

其之志，如入天之峰，直入云。从其"怅寥廓，问苍茫大地，谁主沉浮？"吾观其意，终不由悟曰"吾终不可及也"。此言如司马相如《喻巴蜀檄》言："触白刃，冒流矢，义不反顾，计不旋踵。"见其凌云壮志，气冲斗牛。复观吾等，省己身而后得：为无志胸失，思无实，不可拔郁而视瞳空。

其之志，如容物之界，廓如宙。再观其"指点江山，激扬文字，粪土当年万户侯"。其恢宏之意，激情之年，复见上阕"看万山红遍，层林尽染，漫江碧透，百舸争流。鹰击长空，鱼翔浅底，万类霜天竞自由"。为赋之法，描秋之景，风华正茂，意气风发，指点江山，胸怀天下，视万户侯若粪土之状，拥高远之志，身行之力，其言表心系国事，为挽狂澜之意之魄。若吾等愿认道，因如诗者般焚膏继晷。

其之志，如滔滔之水，长似江。续见尾言："曾记否，到中流击水，浪遏飞舟？"此为下阕之终，其描已于水中奋勇进击，劈波斩浪之宏景，引三数革命同志，勃勃朝气，激浪而勇进，搏击风浪，思已为中流砥柱，正乃如云："有志之士长立志"，思吾等因不望为"无志之士常立志"，唏，吾感吾等应如蠋燨燨，故吾原爝，以燨阆胧道。

现吾复思现世，吾等甚应习其之大志，壮吾祖国。佑吾之国，与天不老，习其壮志，与国无疆。

《荆轲刺秦王》反映的价值观

《荆轲刺秦王》写的是战国时期，秦统一六国大势已定的情况下，燕国太子丹为了确保自己国家不被吞并想出了一个奇招——刺杀秦王嬴政，用现代的话叫"斩首行动"，以此让秦国大乱，不能再进行统一大业，甚至还有可能导致秦国自灭，燕国趁机扩大地盘。只可惜，人算不如天算，行刺时，嬴政的衣袖被拽断了（嬴政该如何感激这个技能低劣的御用裁缝啊），于是他从荆轲手中挣脱，进而拔剑反杀了荆轲，成为历史上"反杀第一案"。文章写得非常精彩，有铺垫，有悬念，有煽情，有高潮，跌宕起伏，扣人心弦，结局更是令人唏嘘不已。同时，《荆轲刺秦王》所表达出来的价值观也值得人们回味。

一、正义观

荆轲甘愿冒死入虎狼之强秦，刺杀秦王，其为报答太子丹知遇之恩的因素是无可否认的，直到临死他还念念不忘："必得约契以报太子。"然而，能否把荆轲刺秦王的行动的意义都局限于此呢？当然不能。太子丹初见荆轲时，是希望荆轲为挽救燕国之将亡，反抗暴秦之兼并而出力的。荆轲当时的回答是："此国之大事，臣驽下，恐不足任使。"这说明荆轲主要是想报效燕国的，因为燕国是对荆轲有知遇之恩的国家，而这种志愿报效国家的观念体现出了荆轲的正义观。

二、责任观

《荆轲刺秦王》还能表达出一种责任观，荆轲刺杀秦王，本身就背负了一种责任和使命，这种责任关乎燕国安危，所以荆轲身上的责任尤其重大。而且荆轲在接到刺杀秦王的命令的时候，他就已经知道自己也命不长矣了，因为他一旦刺杀了秦王，不管成不成功，自己都是死路一条，所以荆轲刺杀秦王其实是抱着一种不成功便成仁的心态的。但是因为荆轲自身的责任感，所以不论是成功还是失败，荆轲都必须去履行这次行动，因为他知道，刺杀秦王是国家授予他的使命，是他的责任，所以荆轲才会这么义无反顾地来到秦国。综上所述，《荆轲刺秦王》能够表达出一种责任观。

三、勇敢观

《荆轲刺秦王》能够表达出一种勇敢观，这一观点体现在荆轲刺杀秦王这一过程中，因为匕首是藏在地图中的，所以荆轲必须要先把地图呈递给秦王，等到秦王展开地图的时候，匕首出现，这样荆轲才能够获得刺杀的工具，而这一过程是极为凶险的，同行的勇士在见到秦王之后都开始颤抖，由此可见当时局势的紧张。就在这样危急的关头，荆轲成功地诱导秦王展开地图，然后拿到匕首，并且向秦王刺了一刀，虽然那一刀没有成功，但是荆轲的任务可以说是完成了一半，任务进展到现在这种情况已经实属不易，如果荆轲不是那么勇敢，他可能在一开始就已经让秦王发现了，所以在这个刺杀的过程中，我们还是可以发现荆轲勇敢这一价值观的。

《荆轲刺秦王》能够体现出三种价值观，即正义观、责任观以及勇敢观，其中正义观主要体现在荆轲接受刺杀任务这一行为中，责任观主要体现出荆轲渴望刺杀成功，并且背负燕国希望这一心理中，而勇敢观主要体现在荆轲刺杀秦王的过程中。这三个价值观各不相同，然而它们共同构成了荆轲刺秦王这一事件，也正是因为有这三种价值观的加持，荆轲刺秦王的故事才更加灵动丰富。虽然最后荆轲的刺杀行动没有成功，但是他还是受到了世人的敬仰，他是一个勇士，背负着国家和社会的期望，他的失败不是传统意义上的失败，而是一种尝试了之后却无能为力的无奈。

附

荆轲之悲壮

阳春市第一中学2019级高一（40）班学生　黎思婷

　　"荆轲自知事不就，倚柱而笑，箕踞以骂曰：'事所以不成者，乃欲以生劫之，必得约契以报太子也。'"此乃荆轲之悲矣。荆轲之悲，是以弱对强的悲，是时代的悲。荆轲认识到六国失败是大势所趋，听到太子的要求，认为"生劫"是不容易的事，也不可能力挽狂澜于既倒，因此他曾拒绝过太子丹的委托。然，禁不住太子丹的"固请"，终应了下来。"士为知己者死"这种侠义精神让荆轲明知难以成功也要以死报知遇之恩，这是一个让人扼腕的悲剧。

　　"风萧萧兮易水寒，壮士一去兮不复还。"此为荆轲之壮也。荆轲的壮，是视死如归的壮，是"士为知己者死"的壮。明知此去不复返，仍无畏前往秦国，"易水诀别"，壮的氛围更甚。荆轲是真的壮啊，面对强权的秦国，荆轲代表弱小者反抗强暴，是一种正义，这更是一种悲壮。

　　荆轲刺秦王，是悲壮的。荆轲刺秦王，激励着一代代仁人志士，为了国家利益不惜抛头颅，洒热血。荆轲刺秦王，最终上演了"图穷匕首见，绕柱逐秦王"，让人看到荆轲悲壮形象的形成。

荆卿已去，易水长歌

阳春市第一中学2019级高一（40）班学生　邱炫钰

　　我想，两千年前的易水，一定寒冷刺骨；我想，两千多年前的易水河畔，一定荒无人烟。

　　我想，某天，在易水河畔站立着一群"白衣冠"的人。他们或高大，或威武，但他们一定没有唱"风萧萧兮易水寒，壮士一去兮不复还"的那一位的大度和豪气。

　　在"白衣冠"者们的簇拥之下，他"就车而去，终已不顾"。此时。坐在车里的他，心里会想些什么呢？是在想自己喜爱的某本书的内容，在心中默默吟诵，还是在为自己的"剑术疏"略带忧伤，略带自责呢？这些已经不得而知了，但，我敢肯定此时的他，一定视死如归！

然，"提一匕首入不测之强秦"，其难度可想而知；然，"孤身抗敌誓刺秦"，其悲凉可感而知；然，被人"八创倚柱而笑，箕踞以骂"，其豪气可观而知！

"仰天一长笑，功名就终生"，他感受到自己的血汩汩流着的时候，那是怎样漆黑的时刻，一声巨响，石破天惊的巨响，然后他重重地摔倒在地上！他离开了，又留下了，草木皆黄，仿佛枯血染了霜，剩下的孤单清影未央，好像江湖那么长，剩你仓皇，沉默难躲，宿命却在漂泊……

悲矣，荆卿！壮矣，荆卿！雄矣，荆卿！

荆轲之悲，古今动容

阳春市第一中学2019级高一（40）班学生　潘闰猷

战国时代注定是一个悲剧的时代，但它也给我们塑造了一个悲壮的英雄——荆轲。

他很悲哀地生在了一个这样的时代，悲哀地碰上了一个外强中干的副手——秦武阳，更悲哀的是他碰上了一个这样的人，一个优柔寡断、生性多疑的人——太子丹。有人说，荆轲刺秦王是为了报答太子丹的知遇之恩，然而，事实并非如此。我们不妨想象一下，荆轲是一个怎样的人？深明大义，不畏强暴，视死如归，沉着勇敢的人。那么太子丹，一个生性多疑、优柔寡断的人怎么成为荆轲的知己？且这样一个人，荆轲又会愿意为他卖命吗？但他还是选择了义无反顾地走上了这条不归路。在"风萧萧兮易水寒，壮士一去兮不复还"的悲壮之歌中，他去了，头也没有回。面对强秦的掠夺、太子丹的怀疑、秦武阳的外强中干，荆轲只能以一人之力，负一国之望，明知不可为而为之。最终，他永远地离去了，只留下了"风萧萧兮易水寒，壮士一去兮不复还"永驻人间。

荆轲之悲情，生前已定，唯有此壮行，古今皆动容。

荆轲之悲壮

阳春市第一中学2019级高一（40）班学生　罗靖

荆轲何悲？悲于"秦将王翦破赵，虏赵王，尽收其地，进兵北略地，至燕南界"时，已国无壮士。荆轲背负着樊将军死前的托付，背负着国家的存亡，背负着"太子迟之，疑其有改悔"而"雄发指危冠，猛气冲长缨"，出发去行

179

刺秦王，只惜太子丹错荐的秦武阳胆小与运气不够，造成行刺失败的悲剧。

荆轲何壮？易水上，借渐离击筑，荆轲和悲歌，再看"士皆瞋目，发尽上指冠"，这些注定了荆轲此行，必然有去无回，可荆轲却乃遂"就车而去"，仍入狼邦。知难而发壮为，壮志匹夫生死外，国悲之气渐浓，也渐显荆轲刺秦，悲壮之为气也。

风萧萧兮易水寒，壮士一去不复还！

案例：触摸语文柔软的文字

24年的中学语文教学，实在没有多少拿得出手的案例。早些年因为懵懂而在教学参考书与现成的教案中迷失了好些年。后来为了追求高考分数，又把语文课上得支离破碎。真正对语文及语文教学有所感悟时，已是职业的暮年。

所选的案例中，一篇教学设计早在2005年就已入选了粤教版高中语文教师的教学用书，其余5篇实录，都为2018年之后担任名师工作室主持人后的示范课案例。或许并不精彩，但实实在在，是自己一直努力与追求的语文课堂的真实呈现。

《变形记（节选）》教学设计

一、教学目标

（1）从心理描写及细节描写等角度解读人物形象。

（2）通过了解背景、分析情节去把握小说的主题。

（3）认识小说所揭示的西方现代社会中的"现代人的困惑"，引导学生思考人的生存问题。

二、教学重点

认识小说所揭示的现代社会"现代人的困惑"问题，引导学生思考人的生存问题。

三、教学课时

2课时。

四、教学过程

（一）导语

1998年，英国BBC广播电台制作了一个系列节目，内容是回顾20世纪的艺术经典，介绍了100部20世纪最有影响的艺术作品，第一集介绍的作品是卡夫卡的《变形记》。《变形记》究竟是一个怎样的故事，使得它有如此的魅力与影响呢？让我们走进这部作品，并从中找到答案。

（二）字词积累

穹（qióng）顶	窗槛（jiàn）	搔一搔（sāo）	寒颤（zhàn）
攒（zǎn）够	叩（kòu）门	差（chā）池	磨蹭（cèng）

忿懑（fèn mèn）

（三）整体感知

（1）读完文章后，请说说自己对这篇文章感触最深的一点。（2—4人）

（2）文章讲了一件什么事？

（一夜之间）变成甲虫——决定起床——艰难离床

（四）具体理解

（1）格里高尔一夜之间变成了甲虫，你认为是偶然还是必然？（理解格里高尔变形的原因）

读文章第4—5段相关内容：

①"我挑上了一个多么累人的差事！长年累月到处奔波。在外面跑买卖比坐办公室做生意辛苦多了。再加上还有经常出门的那种烦恼，担心各次火车的倒换，不定时的、劣质的饮食，而萍水相逢的人也总是些泛泛之交，不可能有深厚的交情，永远不会变成知己朋友。让这一切都见鬼去吧！"

——工作的辛苦、饮食的低劣、友情淡薄、心里烦恼。

②"我若不是为了我父母亲的缘故而克制自己的话，我早就辞职不干了。我就会走到老板面前，把我的意见一股脑儿全告诉他。只要等我积攒好了钱，还清父母欠他的债——也许还要五六年吧，我就一定把这件事办了。"

——还债的心理压力、受老板的气，使格里高尔生活在重压之下。

可见，格里高尔变成大甲虫有社会的原因、家庭的原因以及个人心理的原因，是偶然中的必然。

（2）格里高尔变成甲虫后，"想"了哪些事情？做了哪些事情？

①所想：

第2段："我出了什么事啦？"——并不惊异。

第3段："一切晦气事"——指哪些事情？

第4段："累人的差事"——奔波劳累，饮食低劣，没有知己朋友，孤独。

第5段："起床这么早""会使人变傻"——但为了家人，为了债务，谨小慎微，不敢反抗；"我一定能做到，到那时我就会时来运转了"——乐观，对生活充满希望。

第6段：连用五个疑问句——一会儿问，一会儿又否定这种问——心急如焚、六神无主。

②所做：

第3段：想转身却不能。

第7段：想说话却不明。

第9—15段：想下床却不易。

提示：通过动作细节来写甲虫的活动，主要突出其行动的艰难，借此突出主人公的痛苦与命运的悲惨，也引起读者的同情。

③从人物的所想所做看，格里高尔是一个怎样的人？

主人公格里高尔是推销员。对工作认真负责，谨小慎微；对家庭孝顺父母，勇于承担债务。他是一个善良、忠厚而又富有责任感的人。

④人物形象小结：

请用"可怜""可叹""可敬""可悲""可笑""可恨"……此类你认为最适合的词语来形容格里高尔，并说出理由。

示例：格里高尔，是一个可怜的人。他被迫成为一个勤奋得显得悲凉的旅行推销员，日复一日地处于旅途之中，奔波劳累，极力想通过自己的努力让父母和妹妹过上幸福的生活，可是如此一个善良、忠厚而又富有责任感的人，却变形了，变成了一只让人触目惊心的虫子。

（五）重点鉴赏

（1）与传统小说（如《祝福》）相比，该文的情节处理有什么不同的地方？

①情节荒诞：人一夜之间变成虫。

②情节淡化：几乎找不到具体的情节，有的只是大段的心理描写及一些琐碎的生活片段。

（2）理解作者这样安排情节的意图。

补充介绍：第一次世界大战前后，许多资本主义国家经济萧条，社会动荡，人民生活在水深火热之中。黑暗的现实与痛苦的生活，使得人们对资本主义社会失去信心，一方面寻求出路、锐意改革，另一方面又陷于孤独、颓废和绝望之中。此时，一些思想敏锐的艺术家认为世界是混乱的、荒诞的，他们著书立说，批判资本主义的人际关系，批判摧残人性的社会制度，于是现代主义文学应运而生。

现代主义文学作品结构松散，叙述繁杂，呈现出淡化情节、打破内容的完整性而强化生活碎片的特点。采用这种松散结构的目的就是要完成对作品的全面解构，以文本的散乱对应世界的混乱、无秩序以及生活的破碎、无意义，从而有力地颠覆传统小说和社会价值观念中稳定统一的秩序。

（3）在如此荒诞的人变虫突变中，卡夫卡要揭示的是怎样的现实问题？

（补充小说情节）课文节选的只是原文的第一部分的小部分。小说各部分的内容大致是：

第一部分：写格里高尔发现自己变成了"巨大的甲虫"，惊慌而又忧郁。家人既惊慌又同情，父亲大怒，把他赶回自己的卧室。

第二部分：写格里高尔的甲虫习性，以及逐渐成为全家的累赘。而父亲、母亲和妹妹也对他逐渐憎恨。

第三部分：写家人为了生存只得打工挣钱，并把格里高尔赶出家门。格里高尔又饿又病，最终绝望地死去。

小说深刻地揭示了现代人的生存困境，即人在现代社会激烈的生存竞争压力下，渐渐丧失了自我，以至于无法把握自己命运的问题（由选文可见），人与人之间日趋冷漠（由补充情节可见）。

（4）本文题为《变形记》，此处"变形"你认为包含哪些内容？

① 小说主人公格里高尔生理上的变形——虫形而人心。

② 当时社会人们心理上的变形——人形而"虫"心。

③ 卡夫卡反传统（变形）的艺术手法。

（六）文本探究与交流

（1）作者为何把主人公异化为如此难看的"甲虫"？是作者对甲虫情有独钟还是有其他的含义？

① 甲虫的特点：

爬行慢——而现实生活节奏快繁忙（"起床这么早""会使人变傻的""人是需要睡觉的""闹钟明明是拨到四点钟的"）。

有厚重的壳——背负着沉重的生存压力、虚伪的外套和面具，如人与人之间重重的隔膜外形丑陋——作者眼中，生活就是丑陋的。

② 变成其他：如梁祝化蝶、焦刘化成鸳鸯等，寄寓的是人们对美好生活的向往，是浪漫主义的写法。

（2）认真想一想在你读过的文学作品和现实生活中有哪些变形人？

其实"变形"无所不在。人性的丧失，或者说人失去了本应有的东西，就异化为非人，其实就是变形。所以阿Q是，孔乙己是，范进也是；变成了分数的奴隶，唯分是求的学生是；不择手段追求利润，抛弃亲情、爱情、友情甚至所有感情的商人是；大难临头各自飞的夫妻是；"久病床前无孝子"是。不过，格里高尔是被变形，而许多的人是自己主动变形，虽然外形不是甲虫，但实实在在是披着人皮的"非人"！

（七）全文小结

阅读经典不同于阅读一般消遣和娱乐的文字，走进卡夫卡冷峻得不带任何感情的语调下的《变形记》，在现实世界中的几乎每一个人，都能从中找到自己的影子——压抑、孤独、无助以及在命运之前无能为力，这种种情况，就是所谓的"现代人困惑"，只不过，有人走进困惑不能自拔然后就异化为"非人"，有人则走出了绝望，看到了明朗的天空。

（八）拓展延伸

（1）奇思妙想。

① 父亲、母亲、妹妹、格里高尔他们同是小人物，为什么变形的人是格里高尔？

② 原著中主人公格里高尔最后的结局是悲惨地死去，可否设计几条不一样的结局？

③ 当你的亲人变成了一只甲虫，你将如何对待他？还能一如既往地关心他照顾他吗？

（2）课后练习。

赵传有一首歌叫《我很丑，可是我很温柔》，在歌里他唱道："在钢筋水泥的森林里，在呼来唤去的生涯里，计算着梦想和现实之间的差距。"现代人常常在飞速发展的生活中迷失自己，可惜的是卡夫卡并没有告诉我们路在何方，请以"找到自己的方向"为话题，写一段对现代生活的感悟。

（九）教学后记

学生文学素养不是太高，虽然接触了两个单元的小说，了解了小说的定义，但他们阅读小说时主要还是注重小说的情节好不好看，所以遇到这样一篇不讲故事的现代派小说时，开始的时候有所排斥，读完本文后的大部分感受是：看不下去，看不懂。

所以，本课我比较强调文本，从文本出发，引导学生用现代的思维观照主人公的悲惨而又匪夷所思的命运，并引导学生思考"现代人的困惑"，思考如何才能不被生活或者环境奴役从而丧失人的本性演变成"非人"，注重语文的"人文性"。学生也对卡夫卡、格里高尔、甲虫以及生活有了全新的认识，大多学生对本文表现出的主题表示震撼，所以都表示课后要好好读读《变形记》全文。

《王何必曰利》课堂实录

一、渐进式导入

借班上课，且是下午第一节，上比较枯燥的先秦文言文，所以采用了音乐激趣的方式，选取了流行歌曲演绎的《琵琶行》，目的是通过这首歌引起同学们对《琵琶行》这篇文章的记忆，然后顺带引出"商人重利轻离别"一句，以此引出本文要谈的"利"的话题。

师：上课！

生（齐）：老师好！

师：同学们好！刚才一段背景音乐，唱词听出来了吗？是哪篇课文？

生（齐）：《琵琶行》。

师：对，《琵琶行》里面有一句非常经典的句子，两个人的遭遇相同，我们一般用——

生（齐）：相逢何必曾相识，同是天涯沦落人。

师：嗯，同是天涯沦落人。我们知道，白居易的沦落是因为被贬，琵琶女的沦落，则是因为嫁给了一个商人。商人重利，以致冷落了年老色衰的琵琶女。于是，琵琶女有了一句感叹——

生（齐）：商人重利轻离别。

师：是的，从古至今我们经常会谈到一个词：利。但是，古代士大夫之间，这个"利"就不能多讲，因为多讲之后，就容易给人一种感觉：庸俗。今天，我们来看看孟子是如何说"利"的。

二、浅教，读通读顺

1. 先从析题开始，快速理解文本基本内容

师：按照惯例，我们读一篇文章，先要把题目的意思弄清楚。"王何必曰利"是什么意思？

生：王，为什么一定要说利呢？

师：很好。"王"是谁？[生（齐）：梁惠王]，"何必"[生（齐）：为什么一定]，题目完整的意思就是，梁惠王，您为什么一定要说利呢？这句话的潜台词是什么？

生（齐）：梁惠王，你不要说利。

师：那该说什么呢？

生（齐）：仁义！

师：嗯。我们发现，读完题目，几乎就读懂了文章的核心。这篇文章的核心内容是什么？

生（齐）：仁义！

2. 读准读顺文章

按照浅教的要求，第一步是要读准文章的字音，读顺节奏。特别是文言文，应该注重学生的语感能力，多读，才能读顺节奏，多读，语感才能得到很好的培养。

师：我们进入文本的学习。先把文章齐读一遍，要求，把字音读准，把句读通顺了。好，全班一起来，预备起——

（生齐读课文）

师：嗯，一遍好像不太过瘾。我们找一个同学来读读，大家推荐谁？

生（齐）：敏月。

师：这么整齐？为什么？

生（齐）：学校广播站的——

师：原来如此，那有请敏月同学用广播站的状态来给大家示范一下。

[敏月朗读课文，字正腔圆，读得非常流利（学生热烈鼓掌）]

师：高手果然非同一般。

3. 读懂文意，翻译语句

这一环节，主要是梳理文章的大致意思。一篇文言文，词义过关是必需的步骤，但作为公开课，无法字字落实进行串讲。所以挑选两句关键句让学生翻译。一是检查并锻炼学生的翻译能力，二是关键语句也是后续破解文本意义的关键之句。同时，为了营造紧张气氛，回答不出的同学罚唱歌一首，又为了不至于过于紧张，给出两分钟思考，允许同班同学互相助力，促进同学之间互相帮助。

师：同学们，能读准字音，读顺节奏，这只是文言文学习的第一步。更关键的还是要理解文章语句的句义，俗称翻译。文章不长，我挑选了两句，请同学们翻译一下。有一要求，大家把书合起来，不要看注释，只看幻灯片，你先自己试译一下，没有把握的地方，允许你与你周围的同学商量一下。但是，如果回答不出来，那么会有惩罚，罚唱一首歌。我给两分钟时间大家准备一下。

（生合上书本，快速与周围同学核实所选语句的字词，以求准确释义。一时间，课堂气氛热闹非凡）

师：好，时间到，请同学来翻译第一句，"叟！不远千里而来，亦将有以利吾国乎？"

生：老先生，不远千里来到这里，将有使我国得到利益的手段吗？

师："远"是什么意思？

生：以……为远。

师："有以"应该如何理解？"利"又是什么意思？

生：有用来……的办法或手段。利，是使动用法，使……有利。

师：非常好。准备得很充分。再看看第二句："万乘之国，弑其君者，必千乘之家；千乘之国，弑其君者，必百乘之家。万取千焉，千取百焉，不为不多矣。苟为后义而先利，不夺不餍。未有仁而遗其亲者也，未有义而后其君者也。"

生：拥有万辆兵车的国家，杀掉君王的，一定是拥有千辆兵车的人；拥有千辆兵车的国家，杀掉君王的，一定是拥有百辆兵车的人。拥有万辆兵车的国家里，这些人拥有千辆兵车；拥有千辆兵车的国家里，这些人拥有百辆兵车，不算是不多了。如果是轻义而重利，他们不夺取国君的地位和利益就不会满足。没有讲"仁"的人会遗弃自己父母的，没有行义的人会不顾自己君王的。

师：非常好，句子很长，关键词语也多，但翻译得很准确。

4. 文化知识积累

文言文，除了词义，还有文化。这篇小文章中，还有一些古代文化需要学生积累，也作为"浅教"的内容，让学生了解。

师：除了翻译句子，文章还有一些很关键的词语，大家注意一下。

老师在幻灯片上列出以下几个关键词：

①叟；②国与家；③大夫；④弑君；⑤万乘；⑥士。

师：发现没有。这些词，都跟文化相关。我们学文言文，除了字词，还要积累一点古代的文化常识。这些词，大家知道什么意思吗？

（学生窃窃私语）

师：看第①个，"叟"是什么意思？

生（齐）：老人家。

师：对，是对年老的人的尊称。初中学过：智叟，就是指有智慧的老人。

师：国与家，如何理解？

生：诸侯的封地称为"国"，卿大夫的采邑食邑称为"家"。

师：大夫？

生：一种等级。

师：具体点说说，春秋战国时期，分哪几种等级？

生：天子，诸侯，卿大夫，士。

师：很好，顺便我们也解决了第⑥个。士，也是当时各级宗族贵族的一种。"弑君"如何理解？

生：以下犯上。

师：古代，臣杀死君主或子女杀死父母，称之为"弑"。"弑君"，则专指臣子或下属杀死君主。还有最后一个，"万乘"？

生：很多辆兵车。

师：不太具体。我们先从本义开始理解，古代四匹马拉的兵车一辆为"一乘"，"万乘"形容兵车很多。老师补充一点课外的知识，《左传》里记载了这样一个故事，叫《弦高犒师》，我们看一下（出示幻灯片）：

及滑（地名），郑商人弦高将市于周，遇之（秦军），以乘韦先，牛十二犒师，曰："寡君闻吾子将步师出于敝邑，敢犒从者。不腆敝邑，为从者之淹，居则具一日之积，行则备一夕之卫。"

师：哪位同学试着翻译一下里面的一个句子"以乘韦先，牛十二犒师"？

（生小声议论，没人举手）

师："犒师"是什么意思？

生：犒劳军队。

师：后半句就没有难度了，用十二头牛犒劳军队。前半句应该也是犒劳军队的一种举动。"以……先"就是"先用……"，先用什么去犒劳军队呢？

（学生继续摇头）

师：哪个词理解起来有难度？

生："乘韦"都有难度。

师："韦"，不知道。很有意思啊。我们学校各处放有一些石凳，石凳上往往刻有一些励志的标语。其中有一条石凳上有一个成语，叫"韦编三绝"，听过这个词语的同学举一下手。

（多人举手）

师：看来不错，那知道这个成语的意思吗？你说说——

生：形容读书很勤奋。

师：意思是对的。"韦"这个字的意思知道吗？

（该学生摇头）

师："绝"是什么意思？

生（齐）：断。

师："三绝"呢？

生（齐）：断了很多次。

师：这个成语的意思形容读书很勤奋，以至于把什么东西都翻断了很多次。这个"韦"，其实就是指用来串起竹简的用熟牛皮做成的绳子。"韦"，意为熟牛皮。弦高"以乘韦先"，送的是什么？

生：四张熟牛皮。

师：很好。是不是很有意思？看起来特别难以理解的字词，其实若我们做个会学习的有心人，总能找到打开它的钥匙的蛛丝马迹。

三、浅教，读通读懂

师：疏通了文本的大致意思，我们就完成了理解课文的基础。接下来，请同学们再读读课文，一边读一边思考以下几个问题：

（1）本则文章的主要内容是什么？

（2）孟子是如何展开他的观点的？

（3）对你的写作有何帮助或启发？

（学生认真默读课文，一边小声讨论）

师：要理解文本的主要内容，我们应该怎么办？

生：给文章分层，然后逐层解说。

师：很好，涉及归纳内容的问题，我们要逐句或逐层分析，同类合并，语义相加，力争准确。那这则小文章，可以分为几个层次？这个同学，你说一下。

生：三层。第一层，到"亦有仁义而已矣"，先提出观点，让梁惠王不要说"利"，而是要说"仁义"，第二层接着分析说"仁义"不说"利"的原因，最后一句是第三层，总结，再次强调观点，"王亦曰仁义而已矣，何必曰利"。

师：很清晰，阐述的过程也非常完整，看来理解文本理解得比较到位。文章采用了总分总的常规结构，先提出观点，再阐释自己的观点，最后总结，得出结论。这样看的话，文章的主体部分，也是我们要学习的重点内容，孟子如何展开他的观点？

生：排比。"王曰""大夫曰""士庶人曰"……

生：举例。

生：没有举例，若非要说，也应该是"假设性举例"。

师：这位同学分析得很到位。对，假设性举例，并形成了排比，且句意一层层递进。举完这三个例子之后呢？

生：分析后果。

师：你详细说说。

生：原文说"上下交征利，而国危矣"，意思是说，大王您总是说"利"，士大夫及士庶人也说"利"，全国上下交相说"利"，国家就危险了，就会出现"弑君"的严重后果。

师：除了举例、假设、分析危害，还能看出其他的手法吗？

生：还有对比，文章中说"苟为后义而先利，不夺不餍"，又说"未有仁而遗其亲者也，未有义而后其君者也"，这两句意思是说，如果是利在先义在后，国家就会到不"弑君"就不能满足的地步，而有仁有义，则没有听说过"遗其亲""后其君"的事情发生。

师：我们小结一下，文章先亮出观点：王不必说利，要说仁义；然后通过假设举例，形成排比且层层递进，分析只说"利"而不说"仁义"的危害，直接导致国家被夺权；再谈"仁义"的重要意义，"不遗其亲""不慢其君"，形成正反对比，逻辑严密；最后强调观点，首尾呼应。这么严谨的说理方式，是不是对我们写作上也有很大的帮助？

（出示幻灯片：写作上的启发）

1. 首尾呼应，观点鲜明，入题简练。

2. 正反对比；假设举例；层层递进（形成排比）。

3. 会怎样：析危害，析意义……

四、深悟：思接千载

这一环节，主要设计了三个步骤。一是从文本到人物精神的理解。学习了文本的基本内容之后，需要感受文本的主旨要义，即对待"义利"孟子的态度并通过这一态度能体会孟子的伟大人格。二是从文本到文外，义利问题由来已久，作为现在的我们，面对义与利该如何正确选择？三是课堂的小结，对文本价值观教育进行适度的阐发，并作为课堂的结束。

1. 从文本之悟，悟孟子在那个时代的"难"

师：分析完了文章内容，我们发现，这则小文章其实很简单。"王"说了一句，孟子说了一大段，课文就结束了。结果是什么？不知道。接下来，我们再来读读课文。推断一下，孟子在文章所提出的观点，梁惠王会不会同意？为什么？给大家一点时间，小组交流一下。

出示幻灯片：

结合文本及所学知识，你认为梁惠王会不会接受孟子的主张？为什么？

（学生读课文，小组讨论交流。老师适时加入学生的小组讨论之中）

师：哪个小组有结果了？

生：不接受。因为孟子是梁惠王的客卿，梁惠王虽然很敬佩他，但是不接受他的学说，孟子待了一段时间就回去著书了。

师：确实有这回事，不过，你这是用结果去解释结果。其他同学的意见呢？

生：不接受。因为当时诸侯争霸，孟子的"仁义"的做法太慢，不能让梁惠王很快就富国强兵。

师：这是从历史的角度来分析的问题。有没有同学从文本的角度分析一下。

（所有学生均陷入沉默）

师：梁惠王在文中只说了一句话，这一句话你能看出什么？

生：急功近利。

师：为什么这么说？

生："叟！不远千里而来，亦将有以利吾国乎？"梁惠王对不远千里来而的孟子，没有客套，也没有寒暄，直接就向孟子问"利"国之策。

师：有没有寒暄我们还真不知道，文章没写，但确实能看出梁惠王的急功近利。大家注意到没有。此句中有一个虚词，"亦"，"亦"在句中是什么意思？

生（齐）：也。

师：老人家，您不远千里而来，"也"有用来使我国有利的手段吗？去掉这个"也"有什么不同？

生：也，表明已有不少的人来过，且来的人都是在谈"利"，去掉了，就变成了一般的询问。

师：大家再看孟子的回答，"王！何必曰利？亦有仁义而已矣"，这一句中，也有一个"亦"，这个"亦"怎么讲？

生：也是"也"。

生：不是翻译成"也"，课文注释译为"只"。

师：想想，为什么编书的人特意在此给这个"也"译为"只是"？

生："只"有强调的意味，孟子认为，国君只要说"仁义"就行了，强调"仁义"的重要地位。

师："只要说仁义就行了"，这是孟子的回答。可以看出，孟子也看出了梁惠王的急功近利。我们再联系前面所学的内容。《寡人之于国也》一文中有

"五十步笑百步"的故事，孟子说，"王好战，请以战喻"，梁惠王希望通过战争来获取土地与百姓使国家强大。他的治国理念显然与孟子有很大的差别。所以，我们从两句中同一个"亦"中的不同解释，就能看到这件事情的最终结果。

师：当然，战乱的时代决定了孟子这一"天下大同"思想的不受欢迎。多国为争夺土地与人口连年征战，惠王年纪稍大，而孟子提出的"仁义"之策需要缓缓图之，对惠王来说已等不及了。其实，孟子自己也知道自己的主张不会被接纳，为什么还要不断在各国游说呢？这恰恰是儒家思想中特别难能可贵的品质，"明知不可为而为之"，这就是一种伟大。

出示幻灯片：

战国中期，诸侯纷纷以征伐经营天下，往往追名逐利、唯利是图。世风蜕变，江河日下；兄弟反目成仇、儿子遗弃父母、臣子不顾国君，社会尔虞我诈、弱肉强食、混乱动荡。为了改变社会现实，孟子"明知不可为而为之"，在世人面前高高地扬起了仁义的大旗。

2. 联系生活之悟，我们这个时代对"义与利"的正确抉择

师：同学们再思考一下，孟子"义利观"的现实意义何在？只讲义，不讲利行不行？只讲利，不讲义行不行？

生：都不行。只讲义不讲利，社会很难往前发展，但只讲利不讲义，社会又缺乏温情，所以，"义""利"需要兼顾。

师：确实，当今社会，我们总会遇到"义"或"利"的问题，当"利"与"义"可以兼顾时，我们是容易选择的，"见利而思义""先义后利"就可以，而当"义"与"利"无法并存时，则需要有果断"舍利取义"的大胸怀大气度与大境界。眼中只有"利"，往往利欲熏心，而眼中只有"义"而没有利，又显得虚伪和矫情。正如打着"友谊第一，比赛第二"的旗号，其实是对对手的极大的不尊重，而只谈恋爱不结婚，则明显就有"耍流氓"的嫌疑了。通过学习这篇课文，我想，我们对义与利，会有更深刻的认识，并做出最明智的选择！

师：今天的课就到这里，感谢各位同学，下课！

生：谢谢老师，老师再见！

附1

文本细读，浅教深悟：触摸语文的温度

——示范课《王何必曰利》教学后记

确实没有想过，还有这样的一天：自己还像个小青年那样，站在讲台前，眉飞色舞地上一节公开课。"老夫聊发少年狂"，40分钟下来，依然还有意犹未尽之感。

学校第一次把开放日变成了公开周，向全校征集上课的课题的时候，我报了名。是任务，挂"名师"之"名"必须要完成的一项任务；是责任，总觉得确实是该给学校的青年教师提醒提醒，一节自然的不表演的语文课，本来应该的样子是什么。

我选择了文言文，《先秦诸子散文选读》第二单元的第二篇课文《王何必曰利》，没有其他的意思，就是教学进度刚好到了这个位置，也有感于平时老师们对文言文的无所适从。同时，也想挑战一下，自己提出的"细读慢品，浅教深悟"教学主张，在文言文教学中尝试会有一种怎样的感觉。

备课时发现，要讲好这篇小文章并非易事。文言文，有字词的理解，有句式的把握，有太多必须要讲清楚的所谓"言"的东西；讲孟子，有思想，有争议，有太多可以感悟延伸的所谓"理"的东西。文章不长，一共三则，粗想着，干脆三则一起讲完吧，但深入备课发现，三则讲完的结果就是蜻蜓点水浮光掠影。所以自己采用了详讲第一则，粗略讲第二则，并把第二则作为第一则内容的佐证，而基本放弃第三则（让学生课后自读完成）的形式。这样，时间就充裕些，就能实现自己"文本细读"的教学设想。

浅教，首先是对字词的理解。文言文字词的讲解一直以来都是语文老师比较头痛的问题，枯燥，讲解起来没有技术含量，但又不能不讲，毕竟这是理解文章的前提，也是各类考试的拿分重点。我没有串讲，先是让学生自己完成对全文的疏通，同时，把不懂的字词借助小组的力量完成，小组内也完成不了或者把握不好的地方，则在课堂上提出来，让其他小组或老师解答，然后在课堂上只挑选了几个较难理解的词语让学生回答，看学生的掌握情况。同时，我把字词的理解重点放在文学常识的理解与积累上，并由课内延伸到课外。如"乘"，补充了《左传》中一句"以乘韦先，牛十二犒师"，既有一定的难

度，也有一定的趣味性。特别有意思的是，赶来上课前，发现校园的石凳上的励志名言中竟然有"韦编三绝"这一成语，补充的"以乘韦先"句就不显得突兀，课堂上随手拈来，增色不少。

浅教，也少不了对文章内容的基本理解。此文的内容比较清晰，只设计了几个大问题：文章主要内容是什么？孟子如何展开他的观点？对你的写作有何帮助或启发？因为文章结构简单而清晰，意料中自己的学生应该容易把握。不承想，请出的一个平时语文成绩不错的学生依然不得要领。对段落层次的推进就花了不少的时间。而仔细品读文章假设举例，层层递进的严密思路，就成了自己的一言堂几句带过。而对于写作上的启发，竟然成了幻灯片的直接展示。这其实也是自己备课前对学生学情理解不到位，意料中所谓"浅"的东西，对学生来说则较深，主要原因是，自己高估了学生对文章宏观掌握的能力。

重点应该是深悟。应该让学生通过这篇小文章悟点什么呢？预设中是给学生准备了写法的"悟"，层层推进，分类分层，多缜密的说理！特别是假设举例时的分层："王曰，'何以利吾国？'大夫曰，'何以利吾家？'士庶人曰，'何以利吾身？'"这是极佳的仿写句段。学生写时评文章，最怕的就是联系实际，这其实就给了一个最好的推进范例。但这次果断放弃了，一节课，无法面面俱到，只能究其一点来突破。

所以，先让学生悟孟子在那个时代的"难"。较为系统的为政理论，一心为"国"的真心真情，满腹的才华，更主要是，极具生命力的思想，为什么求贤若渴的梁惠王当时接受不了呢？问题抛出后，极容易变成泛谈，所以自己加了一个限制：结合文本及所学知识。其实也即自己一直要追求的东西：文本细读。分析时，引导学生去抓一个虚词：亦。文中言："孟子见梁惠王。王曰：'叟！不远千里而来，亦将有以利吾国乎？'"这里的"亦"作"也"讲，为什么是"也"呢？一字足以说明惠王对人才的渴望，只是他渴望的是能给他尽快带来富国强兵的捷径。就用"也"这一字，就把梁惠王急功近利的心态描绘得活灵活现。再结合前面所学的知识，希望"民能加多"的热切期盼，希望一统天下的豪情壮志。只是，已六十几岁的惠王又有多少时间来推行孟子的"仁政"思想呢？那个战乱的时代决定了孟子这一"天下大同"思想的不受欢迎。所以，孟子的"明知不可为而为之"显得多么的难能可贵。

再悟我们这个时代对"义与利"的正确抉择。是的，我们总会遇到"义"

或"利"，当"利"与"义"可以兼顾时，我们是容易选择的，"见利而思义""先义后利"就可以，而当"义"与"利"无法并存时，则需要有果断"舍利取义"的大胸怀大气度大境界。确实，眼中只有"利"，往往利欲熏心，而眼中只有"义"而没有利，又显得虚伪矫情。正如打着"友谊第一，比赛第二"的旗号，其实是对对手的极大的不尊重，而只谈恋爱不结婚，则明显就有"耍流氓"的嫌疑了。

一直强调，语文是阳光的，透过冰冷的语言与文字，我们能触摸到它的温度，从而生出深深的感动，并以此感动来驱动自己，感受到生活的温情。此篇文章的温度，是严密的行文逻辑之美，是古文字词延伸之趣，更是一代圣人逆风而行之伟大！

在中学语文阅读教学过程中，我提倡要文本细读，具体讲，则是"文本细读，浅教深悟"这"八字真言"。其中的"浅教"有一些老师误解，认为"浅"而肤浅，浅则失真，浅则失味。其实，自己所说的"浅教"，其目的是教学生该学和想学的，"浅教"可不是拿着课本读课文。

附2

《王何必曰利》课文原文

孟子见梁惠王。王曰："叟！不远千里而来，亦将有以利吾国乎？"

孟子对曰："王！何必曰利？亦有仁义而已矣。王曰，'何以利吾国？'大夫曰，'何以利吾家？'士庶人曰，'何以利吾身？'上下交征利，而国危矣。万乘之国，弑其君者，必千乘之家；千乘之国，弑其君者，必百乘之家。万取千焉，千取百焉，不为不多矣。苟为后义而先利，不夺不餍。未有仁而遗其亲者也，未有义而后其君者也。王亦曰仁义而已矣，何必曰利？"

《将进酒》课堂实录

一、激趣导入

还是借班上课，又是下午的第一节，学生昏昏欲睡，兴致不高。为营造学习气氛，依然采用音乐导入，播放的是京剧版的《将进酒》，一边候课，一边欣赏动听的旋律，还能偶尔熟悉一下课文。

师：上课!

生：老师好!

师：同学们好，请坐下。很荣幸，今天能和大家一起学习一篇文章。刚才听了一段音乐，能听出音乐所唱的内容吗?

生（齐）：《将进酒》。

师：对，它就是我们今天要学习的李白的名篇——《将进酒》（板书课题、作者）。喜欢听这首歌吗?

生（齐，笑）：不喜欢。

师：怪老师，我找的是一个京剧版。不过我相信，等我们学完了这篇文章，大家一定会喜欢这个版本的。

二、浅教：读懂文本所写的主要内容

理解文本所写的主要内容，是阅读教学的基础，也是学生的必备能力。本环节设计的主要意图是让学生从题目中的"将"（劝酒）这个关键词出发，从"谁劝谁"这个问题切入，引导学生理解诗人不断"劝酒"的理由，借此理解文本要表现的思想感情。

（一）理解题目

师：学习一篇课文，我喜欢从文章的题目开始。哪个同学说说，题目"将进酒"是什么意思。

生：将，是"请"的意思，题目是说，请喝酒吧。

师：将，课文注释为"请"，其实这个用法我们高一的时候就学过，记得是哪一句吗？

生：将子无怒。

师：对，《诗经》中的《氓》中有一句，"将子无怒，秋以为期"。我们学习语文，要学会经常积累，积累得多了，懂的东西就多了，语文素养也就上去了。

（二）快速梳理文本所写的主要内容

师：刚才同学说了，题目是"请多喝一杯酒"吧，也就是劝酒的意思。大家快速读读诗歌，然后告诉我，谁劝谁的酒？把相关的诗句找出来。

生：李白劝岑夫子、丹丘生。

师：相关的诗句是哪几句？

生："岑夫子，丹丘生，将进酒，杯莫停。与君歌一曲，请君为我倾耳听。"

师：你能不能用自己的话再现一下当时的场景？

生：老岑，老丹，来来来，喝酒……（众生笑）

师：别笑，还真有点"劝酒"的意思。不过，老岑，是李白的好友岑夫子岑勋，老丹是哪个？

生：元丹丘，当时的隐士。

师：那不是应该称他为老元吗？（学生笑）

生：昵称昵称……（众生哄堂大笑）

师：看来你没少参加酒局，昵称都出来了。（众生再笑）

师：刚才同学说了，这篇文章其实是李白劝他的两个老朋友岑勋、元丹丘喝酒的劝酒歌。一般来说，劝人喝酒，总是需要点理由的，对吧？我们回到诗中，你找找，李白劝酒的理由有哪些？可以前后左右小声交流一下。

（学生交流讨论，教师参与其中。慢慢地，声音小了下来）

师：哪位同学先来说说。

生："与尔同销万古愁"，所以是借酒消愁。

师：赞成吗？

生（齐）：赞成。

师：我也赞成。不过，我有个建议，理解文本内容的时候，我们要养成一个习惯，逐句或逐层分析，意思相同或相近的，同类合并；意思不相同的甚至相反的，我们语意相句。所以，我们先想想，开头四句，有没有诗人劝酒的内容？

生：开头写时间流逝，所以要喝酒。

师：慢点坐下，我看班上不少同学跟我一样有点愕然。写时间流逝，为什么这么说？

生：黄河之水奔流到海不复回，是说时间一去不返；高堂明镜悲白发，朝如青丝暮成雪，用夸张手法写时间流逝得很快。

师：很好。时间流逝，人生易老，所以我们要及时行乐，喝酒！这个表达，好像跟先前学过的一篇散文《春夜宴从弟桃花园序》有相似之处，里面有句子说，"夫天地者，万物之逆旅也……"

生（齐）："光阴者，百代之过客也。而浮生若梦，为欢几何？"

师：嗯。浮生若梦，人生易逝，不如及时行乐。这是第一个劝酒的理由。还有其他理由吗？

生："人生得意须尽欢，莫使金樽空对月。"说的是人生得意，值得喝一杯。

师：很好。但老师追问一下，从诗歌中看，你觉得李白"人生得意"的东西是什么？

生：没有官职。

师：你从哪看出这个时候的诗人没有官职？

生：注释说，距诗人被唐玄宗"赐金放还"已达八年之久。

师："赐金放还"是不是抱着金子回家，所以很得意？（众生笑）这应该不能算是"得意"的东西。李白，骨子里也有文人"治国齐家平天下"一展抱负的宏愿，所以也吟出"仰天大笑出门去，我辈岂是蓬蒿人"这样的诗句。

生：才华。满腹的才华，"天生我材必有用"。

师：天赋英才，所以是得意之事。

生：有钱，有很多钱。

师：你也认为"抱了金子回家"吗？（学生大笑）

生：不是不是，"千金散尽还复来"。既然说"散尽"嘛，肯定也"阔"过。

生：有钱不对，应该是没钱，诗中后面说，"五花马、千金裘，呼儿将出换美酒"，不惜拿坐骑与衣服拿去换酒。

师：大家认为呢，有钱还是没钱？

生（齐）：没钱。

师：对，没钱，但确实也曾"阔"过。之所以说"千金散尽还复来"，是说诗人豪迈洒脱而又乐观的人生态度。但才华是真的有的，"天生我材必有用"这又体现诗人高度的自信。这是劝酒的又一理由。还有没有？

生：有志同道合的知己。诗中的"岑夫子"与"丹丘生"。

师：知己难觅，所以有"高山流水"之雅称，确实值得"浮一大白"。老师欣赏的是这位同学用的一个词：志同道合。李白满腹才华，不屑"摧眉折腰事权贵"被"赐金放还"，从此仗剑天涯，游历山川。两位好友"岑夫子"与"丹丘生"，也是隐士，多次邀请李白，所以说他们志同道合。这位同学文本读得很细。值得大家学习。

师：好了，从以上多位同学的发言中，我看可以小结一下，李白劝酒的原因，主要有三个：一是人生短暂，要及时行乐；二是人生得意，要尽情欢饮；三是人生失意，须借酒消愁。这样，我们就可以把这首诗进行一下改版。

屏显，简化版《将进酒》：

将进酒（简版）

天生我材必有用，人生得意须尽欢。

古来圣贤皆寂寞，与尔同销万古愁。

三、深悟：读深读透

这一环节，主要是深度理解诗文要表达的复杂感情：悲伤、欢乐以及愤激。理解的途径依然是从文本的关键词"万古愁"出发。

师：接下来，我们来读读诗歌的后半部分，大家齐读一下，"钟鼓馔玉"预备起——

（生齐读课文）

师：这些诗句，集中要说的就是劝酒的第三个理由：借酒消愁。诗人说，"与尔同销万古愁"，你们如何理解这个句子，特别是，"万古愁"是一种怎样的愁？大家讨论一下。

师：哪位同学说说？

生：是一种时光流逝，一去不回之愁，如诗歌的前四句。

生：我觉得还是壮志难酬的愁。诗人满腹才华，但得不到重用，所以借酒浇愁。

生：我觉得"与尔同销万古愁"有两个层次。一是我和你们一样，怀才不遇，借酒消愁，句中的"尔"指的就是他的两个老朋友，他们志同道合，有才难伸，所以共同饮酒浇愁；二是万古同愁，这里的"尔"还应该包括了"自古圣贤"，说的是自古以来，有才华的人被埋没的人大有人在，如诗中说的陈王曹植，那么有才华，留下来的名声只是一个"饮者"，只能"斗酒十千恣欢谑"，天天饮酒作乐。（众生鼓掌）

师：几位同学都说得非常好。为什么是"万古愁"而不是千古愁呢？虽然说是一种夸张，但这一字之差，确实体现的是诗人极度愤激的心情。"古来圣贤皆寂寞"，一个"皆"字，全部囊括在内，都有志难伸有才难酬。如果一个人的遭遇，我们或许说这是偶然，但自古以来皆是如此呢，你能抗争什么呢？唯有喝酒啊，把自己喝醉，一醉解万愁。这是多么的无奈与痛苦！

师：这样，我们就理解了"万古愁"，它应该也包含了三层意思：一是时光易逝，而人生短暂；二是天赋英才，却壮志难酬；三是圣贤寂寞，唯千古同愁。我们再酝酿一下感情，试着把这种无奈、痛苦而又带点愤激的语气读出来——

（生齐声朗读诗歌全文）

师：很好，有点感觉，感情上来了，但节奏还差点意思。我们来看看名家的一个示范版本。

（播放朗诵视频，郭达陕西话演绎）

师：这首名篇，有众多名家进行了朗诵，我选取了郭达老师的这个版本。我觉得，音乐、陕西话，还有郭老师的表情与节奏的把握，特别是长短句的气韵，很值得我们学习。在此，又产生了新的疑问，大家发现没有，这首乐府诗，大部分是七言句，但也有三言、五言，甚至开头两句竟然是十言。

屏显：

君不见黄河之水天上来，奔流到海不复回。

君不见高堂明镜悲白发，朝如青丝暮成雪。

岑夫子，丹丘生，将进酒，杯莫停。

与君歌一曲，请君为我倾耳听。

五花马、千金裘，呼儿将出换美酒，与尔同销万古愁。

师：我们把这些非七言的诗句统一改为七言句，大家看看有何不一样？

再次屏显：

黄河之水天上来，奔流到海不复回。

高堂明镜悲白发，朝如青丝暮成雪。

岑夫子与丹丘生，将进酒你杯莫停。

听我与君歌一曲，请君为我倾耳听。

五花马儿千金裘，呼儿将出换美酒，与尔同销万古愁。

生：改动的诗句，虽然整齐，但没有原诗的节奏。"君不见"，直接用呼告，便于拉近与读者的距离，且便于直接抒发感情。用在开头，有一种单刀直入的感觉。还给人一种画面感。

生："岑夫子，丹丘生，将进酒，杯莫停。"也是呼告，是劝酒的过程，很有现场感。用短句，也能表达一种酣畅淋漓的感觉：喝酒喝得痛快。而喝酒越痛快，也就折射出诗人情感越愤激。

师：很好。任何文本的语言，无不服务于感情的表达。这首诗歌，长短句变化的妙处，文末所附的赏析文章中，说得非常详细，课后我们认真读一读看一看，好好体会一下。今天我们的课文学习就到这结束，布置一下课后作业。

（屏显课后作业的相关内容略）

四、课后作业

以"我读李白之愁"为题，写一篇300字左右的小短文，要求分三个层次，每个层次以李白的任一诗句开头。

浅教的过程，主要是理解文本的主要内容，深悟的过程，涉及文本的语文与感情的表达，更多的还是由课文的学习上升至读写结合。李白之愁，可写的范围不限于壮志难酬，还有乡愁和离别之愁等。诗与愁结合，可以让学生更立体地理解李白，理解李白之诗歌特点。

附：课文原文

将进酒

李 白

君不见黄河之水天上来，奔流到海不复回。

君不见高堂明镜悲白发，朝如青丝暮成雪。

人生得意须尽欢，莫使金樽空对月。

天生我材必有用，千金散尽还复来。

烹羊宰牛且为乐，会须一饮三百杯。

岑夫子，丹丘生，将进酒，杯莫停。

与君歌一曲，请君为我倾耳听。

钟鼓馔玉不足贵，但愿长醉不复醒。

古来圣贤皆寂寞，惟有饮者留其名。

陈王昔时宴平乐，斗酒十千恣欢谑。

主人何为言少钱，径须沽取对君酌。

五花马、千金裘，呼儿将出换美酒，与尔同销万古愁。

《怀疑与学问》课堂实录

一、复习导入

借班上课，且所教的是一篇议论文，没有有趣的故事，只有略显枯燥的说理，这对于初中生来说，是学起来比较困难的篇目。为了拉近与学生的距离，课前先在班级各走道走走，闲聊几句，也摸摸这个班的学生的底子。导入课文，采用的是最常用的复习导入法。

师：上课！

生（齐）：老师好！

师：同学们好！上课前跟部分同学交流了一下，说你们以前学过了一些议论文的篇目，如《敬业与乐业》，谁能说说，议论文的三要素是什么？

生：论点、论据、论证。

师：很好，基础记得很清楚。今天我们要学的也是一篇议论文，叫《怀疑与学问》，看看这篇议论文，说了些什么道理。（板书课题与作者）

二、浅教：知识积累与文章内容的初步理解

（一）字词积累与运用

师：我们学习文章，一般先从生词的积累开始。文本有读读写写，给我们列出了一些大家比较生疏的字词。请个同学来读读，看大家的预习情况如何。

屏显，出示生字词：

虚妄（　　　）　　　墨守（　　　）　　　折扣（　　　）

停滞（　　　）　　　譬如（　　　）　　　盲从（　　　）

（一生读生字，很准确地读出了所有生字的拼音）

师：读得很准确，一是这些生字对我们来说不难，二是我们同学预习得很

充分。老师还要提醒一下，读准，只是字词积累的第一步，我们一定要更加注意的是词语的书写与运用。很容易写错的字词你们觉得是哪些？

生："譬如"的"譬"。

师：嗯，笔画较多的字，我们要小心。还有"停滞"的"滞"，我们容易写成"停止"，因为同义词，且同音或近音。怎么区分这两个词？

生："停止"，停下来的意思，"停滞"，指的是长时间地停下来。

师：我们还有一个容易产生误解的词——"墨守"。哪位同学知道，这个词是什么意思？

生：这个词中的"墨"，其实是诸子百家中的墨子，据说他"守城"特别厉害，所以后来用"墨守"来表示善于守城的人。

师：这位同学的知识面很广，说得很对。那你知道，这个词现在是什么意思？

生：现在是贬义词，一般用来形容很固执，不会变通，如墨守成规。

师：墨守成规，贬义词，用来形容思想保守，守着老规矩不肯改变。说得很准确。接下来，大家挑战一下，请你尽可能多地用上这些生字词口头说一段话，看看有哪位同学先来说说。

生：我们作为新时代的少年，不应该墨守成规，譬如，我们不应该盲从一些虚妄的理论，若这样的话，就会使我们的新学问的发展停滞不前。

师：很厉害啊！随口就来，用上了五个，且观点还与课文有点关联。还有能挑战全部用上的吗？

生：我们作为新时代的少年，对新理论新学问的学习不能打折扣，更不应该墨守成规，譬如，我们不应该盲从一些虚妄的理论，若这样的话，就会使我们的新学问的发展停滞不前。

（师生皆笑）

师：听出来了，直接在前面同学的基础上加上了半句。很取巧，但又不会投机。很不错！

师：因为时间的关系，我们无法让更多的同学来玩这个游戏。但是，我给同学们一个小建议，大家每学完一篇课文，都要把这篇课文的生字词全部用上去写上一段话。大家有没有发现，平时写作文，经常头痛的是词不达意，词汇量匮乏，初三的同学写的作文，给三年级的小朋友看，小弟弟小妹妹们读起来畅通无阻。组词成段的练习，既让你掌握了所学的生字词，也锻炼了自己的思维，当然练得多了，也能提升你的写作水平。

（二）文章内容的初步理解

师：我们读文章，一般先从题目开始读。这篇文章的题目，你读出了哪些信息？不着急，老师给大家两个提示。

（屏显幻灯片内容）

画重点：（1）读文章，先从读题目开始；（2）议论文的题目，或直接亮明中心论点，或提示论题，或提出一个问题引人思考。

师：咱们一起来读一读老师出示的幻灯片的内容，预备起——

（生读"画重点的相关内容"）

师：议论文的题目，有的直接亮明了文章的中心论点，如以前的教材有一篇文章，叫"事物的正确答案不止一个"，这个既是题目也是中心论点，还有一种，且是比较常见的情况，题目只是提示了文章的论题。这里，老师还要停下来跟大家强调一下，什么叫作论题？

师：论题是什么意思？

生：讨论的问题。

师：对，所谓论题，就是议论文要讨论的话题、对象或者是范围。如前面学过的一篇《敬业与乐业》。当然，议论文的题目还有一种情况，它只是提出了一个问题。我们学过的一篇《中国人失掉自信力了吗》，这就是一个问题。清楚了吗？

生（齐）：清楚了。

师：好，大家想想，今天要学的这篇课文《怀疑与学问》这个题目，告诉了我们哪些信息？

生（齐）：论题。

师：论题，也就是告诉了我们要讨论的对象与范围：怀疑与学问。这是一个并列的短语，包括哪几个层次？

生：两个层次，一是怀疑，二是学问。

师：大家赞成这个同学的意见吗？

生（齐）：赞成。

师：意见非常统一。这里老师提醒一下。并列短语，它其实还有一个层次，即"怀疑与学问"。"怀疑"与"学问"之间存在着怎样的关系呢？这应该是我们阅读时要重点注意的内容，也是这个短语最为重点的所在。我小结一下，从题目看，我们知道这篇文章要讨论的对象及范围。一是怀疑，二是学问，三是怀疑与学问之间的关系。清楚了吗？

生（齐）：清楚了。

师：好，这位同学，你来复述一下，从题目看，"怀疑与学问"这个短语，包括几层意思？

生：三层。一是怀疑，二是学问，三是怀疑与学问之间的关系。

师：接下来，我们来认真读一读这篇文章，按照我们刚才从题目中获取的信息，一边读一边想，这篇文章中，哪些句子阐释了"怀疑"？哪些句子阐释了"学问"？哪些句子阐释了"怀疑与学问"？特别提醒，一个自然段中，最多找两个句子。找的过程中，小组中也可以互相交流。

（学生自读课文，并小组交流自己所找的句子，老师在各个学习小组间走动，并适时加入学生的学习小组）

师：时间差不多了。咱们先看第一段，哪个句子？

生（齐）：学者先要会疑。

师：第1段就这一个句子。那这句阐释的是哪一层的意思？

生（齐）：怀疑与学问。

师：第2段呢？

生（齐）：学则须疑。

师：都没有问题，因为这两段说起来其实都是一句话。第3段开始，我需要个别同学来回答。

生：我找的这一段的最后一句，"做学问也是一样，最要紧最可靠的材料是自己亲见的事实根据，但这种证据有时候不能亲自看到，便只能靠别人的传说了"。

师：这一句阐述的是"学问"还是"怀疑"？

生：应该是"学问"吧，句子中说"做学问也是一样"。

师：这位同学找的这个句子其实是一个转折复句，有两层意思。第一层是说，做学问最要紧最可靠的材料是自己亲见的事实根据；第二层则说，这种证据有时候只能靠别人的传说。注意，这一句的前面作者又说，"别人的传说，不一定可靠"，把这几句整合起来，句意应该是：做学问的材料有时候不一定可靠。所以我们——

生（齐）：需要怀疑。

师：当我们对一个长长的语句的句意理解有困难的时候，切记，不要慌乱，静下心来分析，把句子的几个分句按层次切分，再把它们之间的逻辑关系弄明白，句意就会呼之欲出。

生：学问的基础是事实和根据。我找的是这一句。

师：大家赞成吗？

生（齐）：赞成。

师：这句是紧扣哪一层次来说的？

生（齐）：学问。

师：这一段的大致逻辑是这样的。学问的基础是事实和根据，事实与根据从哪来？两个途径，一是眼见为实，二是道听途说。听别人说的不一定可靠，亲见的事实根据有时候又不能亲自看到，那怎么办？便只能靠别人的传说了。总结一下，这段的中心意思是什么？

生：做学问，需要怀疑。

师：第4段，哪位同学找出来了？

生：这一番事前的思索，不随便轻信的态度，便是怀疑的精神。这是做一切学问的基本条件。

师：这里有两句，若让你把这两句整合成一句，该如何说？

生：怀疑的精神是做一切学问的基本条件。

师：非常好。老师追问一下，从这段看，什么叫"怀疑精神"？

生：事前思索、不随便轻信的态度叫怀疑精神。

师：第5段，找的是哪个句子？

生：第一句。

师：你读一下这个句子。

生：我们不论对于哪一本书，哪一种学问，都要经过自己的怀疑。

师：有不同意见吗？

生：没有。

师：还剩下最后一段？你来说说。

生：怀疑不仅是消极方面辨伪去妄的必需步骤，也是积极方面建设新学说、启迪新发明的基本条件。

师：也是找了这一段的第一句。大家同意吗？

生（齐）：同意。

师：好，我现在把大家找出来的句子再整理一下，看屏幕。

屏显以下内容：

第1段：学者先要会疑。

第2段：学则须疑。

第3段：学问的基础是事实和证据。

第4段：怀疑精神是做一切学问的基本条件。

第5段：不论哪一本书，哪一种学问，都要经过自己的怀疑。

第6段：怀疑不仅是消极方面辨伪去妄的必需步骤，也是积极方面建设新学说、启迪新发明的基本条件。

师：大家看看这些句子，有没有发现有什么规律？

生：大部分是段落里的第一句。

生：还有段落里的最后一句。

师：还有吗？

生：我觉得，这些句子大多是判断句。

师：你能具体说说吗？

生：第3段、第4段、第6段都是判断句。

师（板书"判断"）：第3、4、6三句，都有一个判断词"是"，我们再观察一下，第1、2、5句，虽然这三句没有明显的判断词"是"，但它们也蕴含了"我们要"或"必须要"的判断。从这个意义上讲，六个句子，其实都是判断句。

师：我们再观察一下，判断句需要判断的对象。我们把这些句子的判断对象找出来，读一读，你发现了什么问题？

屏显内容（标粗内容幻灯片标红色字）：

第1段：**学者先要**会疑。

第2段：**学则须**疑。

第3段：学问的基础是事实和证据。

212

第4段：**怀疑精神是做一切学问的基本条件。**

第5段：**不论哪一本书，哪一种学问，都要经过自己的怀疑。**

第6段：**怀疑不仅是消极方面辨伪去妄的必须步骤，也是**积极方面建设新学说、启迪新发明的基本条件。

生：这些判断句判断的对象都是题目。

师：前面我讲了，这个题目给我们提示了文章的论题。也就是说，议论文中的所谓论点，其实就是对论题进行的——

生（齐）：判断。

师：很好。这是我们今天所学内容的非常重要的一个点，大家在笔记本上写下来。

屏显内容（画重点）：

（1）论点，就是作者对论题所下的判断或所持的主张或态度；

（2）论点具有主观性，需要证明。

（三）理解文章的中心论点及论证思路

议论文学习，需要提取文章的主要观点，更需要理解文章的论证思路，并通过思路的厘清，理解文章论证的严密性。

师：通过刚才的学习我们知道，论点，是作者的主张或态度，是个人的判断，换句话说，论点具有主观性，需要大量的事实来证明。如果作者提出了一个非常完美甚至无懈可击的观点，那么，这个观点就不能称为观点，而只是阐述了一个事实。老师举例来说明一下。如，今天是星期五，是不是判断？

生：是。

师：它是不是观点？

生：不是。

师：它阐述的是一个事实，无须证明。再来一个例子，今天天气真冷，是事实还是观点？

生：是事实。

师：是主观的还是客观的？

生：主观的。

师：对，主观感受的"冷"，因为每个人对"冷"的感受不一样，所以，它具有个人的主观性，需要证明。如，对于一个长期生活在南极的人来说，气温竟然有12℃，他会觉得冷吗？估计不会。所以，这句话是——

生（齐）：观点。

师：我们小结一下，中心论点，就是作者对论题中的概念所下的判断或者是主张或态度。我们找文章的中心论点，第一步，先找什么？

生：找观点。

师：不对，应该先找论题及论题中的概念。然后找作者对论题中的某个或某些概念所下的判断或主张。大家回顾一下，《敬业与乐业》那篇文章的中心论点是什么？

生：敬业与乐业是人类生活的不二法门。

师：《谈骨气》，你们学过的，这篇文章的论题是什么？

生：骨气。

师：中心论点呢？

生：我们中国人是有骨气的。

师：这是对论题所提的主张，也是一个判断。好，我们按照这个方法，再仔细读读课文，特别关注刚才我们画出的每段的中心句，然后告诉我，《怀疑与学问》这篇文章的中心论点是什么？作者是如何围绕论点展开论证的？

生：我认为是"学者先要会疑"。

生："学则须疑。"

师：主要集中前两段中的句子。确实，这两句中，既有论题，又有判断。形式上是没有问题的。那哪一句更准确，或者是两句都行？大家注意一下这两句的侧重点。"学者先要会疑"，侧重的是哪个字？

生（齐）：先。

师："学则须疑"呢？

生：须。

师：第一句，突出的是先后的问题，第二句，则突出的必要性问题。哪一句更准确？

生：学则须疑。

师：用自己的话来表述，应该怎么说？

生：我们要有怀疑精神。

师：准确吗？

生：不准确，应该是做学问必须要有怀疑精神。

师：对，我们要牢记住，观点需要对论题中的概念进行判断。怀疑与学问有两个概念，一是怀疑，二是判断。我们要有怀疑精神，只涉及了"怀疑"而没有"学问"，所以不太准确。确定了中心论点之后，我们再来看看，作者是如何围绕中心论点展开论证的。我们把这称之为"论证思路"，这也是议论文学习要重点把握的内容。为了帮助大家的理解，老师给你一个示意图，大家把两个分论点填上：

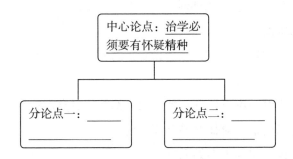

生：分论点一是"消极方面辨伪去妄的必须步骤"，分论点二我填的是"积极方面建设新学说、启迪新发明的基本条件"。

师：很准确。我们发现，填写的分论点的句子其实是第6段的中心句，这一句作者用了一个关联词——

生（齐）：不仅……也……

师：两个分句形成了递进关系。同学们继续认真研读课文，找一找，看看"消极方面辨伪去妄"包括哪些内容？"积极方面建设新学说、启迪新发明"又包括哪些内容？

生：辨伪去妄，主要是在文章的第3段到第5段。

师：这几段是怎么说的？

生：第3段说，学问的基础是事实和根据，事实与根据的来源主要有两个，一个是亲眼所见，一个是听别人说，亲眼所见不容易做到，便只能靠别人的传说了。

师：转述得不错。我们能不能再整合一下。学问的基础来源主要靠——

生：别人的传说。

师：对。这些就简洁且又概述准确了。第4段说什么？

生：对于传说的话，不能随随便便就信了。

师：不能随便相信，就是说需要怀疑。发现第3、4两段都在说一个话题，是什么？

生：别人传说的话。

师：需要——

生：怀疑。

师：对传说要有怀疑精神，为了证明这个观点，作者采用什么论证方法？

生：举例论证，国难危急的时候许多口头消息并不一定可信，还有三皇五帝、腐草为萤的传说。

师：这是第3、4段的内容，辨伪去妄，需要对传说持有怀疑精神。第5段说什么？

生：不论对于哪一本书，哪一种学问，都要经过自己的怀疑。

师：换成自己的话，对什么要有怀疑精神？

生：书。他说，尽信书不如无书。

师：这是什么论证方法？

生：道理论证。

师：对，引用了孟子的话，尽信书则不如无书，来论证，对书本上的知识，需要怀疑精神。引用名人名言来证明观点，这种方法叫——

生（齐）：道理论证。

师：我们再看第6段，这一段说"怀疑是建设新学说、启迪新发明的基本条件"，作者是如何阐述的？哪个同学来说说？

生：举例论证，举了清代的一位大学问家戴震幼时读书的例子。

师：表述不太完整。举戴震幼时读书的例子来干什么？证明怀疑的必要性吗？

生：不是，作者是举这个例子，来说明，常常抱怀疑的态度，常常和书中的学说辩论，常常评判书中的学说，常常修正书中的学说，这样才能有更新更善的学说产生。

师：嗯。戴震，大学问家是从怀疑中锻炼出来的。还举了谁的例子？

生：笛卡儿。

师：原文说，笛卡儿的哲学，建立在怀疑和明辨上。戴震、笛卡儿两个事例，一中一西，阐述了怀疑是建设新学说的基本条件。这其实是论述了怀疑的积极作用。这一段说完了没有？

生（齐）：没有。

师：还说什么？

生：启迪新发明。

师：我们来看看，是不是讲启迪新发明。我们一起来，把后面几句读一遍。"古今科学上的新发明……"预备起——

（生齐读课文）

师：这里两句话，一句总说，科学上新的发明，哲学上新的理论，美术上新的作风，都是这样起来的，这样指什么？

生：就是前面的句子，怀疑、辩论、评判与修正。

师：后一句还说什么？

生：墨守前人的旧说，就没有新问题、新发明，人类文化就不会进步了。

师：大家注意一下，这里用了一个词，"若使"，这是什么意思？

生：假如。

师：对，假设论证。这也是议论说理的常用的手法。正面说清楚了之后，再从反面假设说一下，假如不这样的话，会如何如何，正好形成了对比论证。一正一反，使得论证更加严密。（板书：对比论证）

三、深悟

（一）细读文本，理解论证的严密性

九年级的学生学习议论文，读起来会比较困难，至少很不习惯。大致理解了文本的主要观点、主要脉络，能区分常用的论证方法，这是浅教的内容，也是必须要学会的内容。完成以上内容之后，适当引导学生理解文章思路及文章语言的严密性，也很有必要。这一环节，通过段落或语言删除或更换这类问题的设计，让学生体会论证说理在语言表达与文学性表达上显著的差别，从而理解论证说理的严谨。

师：刚才我们大体上理解了文章的思路，并逐段进行了一些分析。发现，文章的第1、第2自然段好像游离在文章之外，大家想想，能不能把第1、2段删除？为什么？

生：不能。因为开头开门见山，提出了中心论点。

生：不能，第1第2段，引用名言，很有说服力。

师：我们同学很厉害，也很熟练这类思考题的答题方向。确实不能。因为，这两段既点明"怀疑"和"学问"的关系，又提出了文章的中心论点，同时，这两段本身也是道理论据，而引用名人名言更有说服力。

师：议论文特别注重说理的严密性。段落的推进，逻辑的展开都特别讲究。同时，议论文的语言也讲究用词准确严密。我们看以下例子，体会一下老师标红的词语，好好体会一下它们的用法。

屏显内容：

一切学问家，不但对于流俗传说，就是对于过去学者的学说也常常要抱怀疑的态度，常常和书中的学说辩论，常常评判书中的学说，常常修正书中的学说：要这样才能有更新更善的学说产生。古今科学上新的发明，哲学上新的理论，美术上新的作风，都是这样起来的。

（1）开头的"一切"是不是太绝对？

（2）"常常"开头的短句，它们的顺序是否可以调整？为什么？

（3）"美术上新的作风"，为什么不是"新的作品"？

师：我们看第一问，"一切"是不是太绝对？谁来分享一下看法。

生：我认为不绝对。说"一切"，表明肯定的态度，同时主要是用来强调，强调所有，毫无例外。更加突出"怀疑精神"的必要性。

师：很好，回答此类题确实很有经验。第二问哪个同学来说说？

生：我认为不能调整。因为这几个词语有很强的逻辑性。

师：有逻辑性是对的。能不能具体说说它们之间的逻辑性表现在哪？

生：对过去的学说，先有怀疑，再去辩论，然后形成批判与修正，这些词语，有先后顺序。如果调换，顺序就不准确，不符合认知规律。

师：非常好，这体现了论证语言的严密性。最后一问，为什么不是"新的作品"而用"作风"？

生：肯定不行。作品，指的是画作，任何一个画家都可能画出作品，无所谓新或旧，用"作风"，指的是创作风格的创新，所以更加准确。

师：也分析得非常精准。老师补充点内容，大家注意。

屏显内容：

论证语言的严密与准确：

（1）运用关联词语可使语言表达更连贯、更严密，使语义更具层次感，突出内容的重点。

（2）词语在文中前后照应，词、句语序的前后安排，符合事理和认知规律。

（3）恰当地使用表程度、范围的副词和数量词等限定词、限定成分，可使语言表达得更具体、更全面，增强语言的准确性、科学性。

师：我们注意，读议论语段或议论性文章，特别要注意语言的准确性及严密性，有时一字之差，意义完全不同。那究竟从哪些方向来体会论证语言的严密与准确呢，就是老师列出的三个方向。不妨多琢磨体会，肯定会有很多新的发现。

（二）读写结合，走向思维深处

师：学到这里，我们已学完了本节课的所有内容。顾颉刚在这篇文章中告诉我们，治学，必须要有怀疑精神，"怀疑的精神，是做一切学问的基本条件"。那我们学完了这篇课文，有没有多了点怀疑精神呢？给大家一个任务，我们现在用怀疑的精神来读《怀疑与学问》，这篇文章，你看看，这篇文章有没有值得你去怀疑的地方？找出来说说看。

生：我找到了文章的开头，程颐、张载的两句话，是什么情形下说的，作者会不会断章取义呢？

师：有没有可能？

生（齐）：可能。

师：对，顾颉刚肯定是从某些书籍中看到了这两句话，然后借用过来。用老先生的话说，尽信书则不如无书，也是需要进一步考证的。还有吗？

生：我发现一个问题。文章第3段说，"做学问也是一样，最要紧最可靠的材料是自己亲见的事实根据"，眼见的就一定可靠吗？我觉得不一定，不是有词吗，眼见未必为实。这里值得怀疑。

师：大家赞成吗？

生（齐）：赞成。

师：看问题的角度不同，立场不同。对所看见的同一件事，得出的结论甚至相去甚远，更何况，还需要小心有人故意对某一事实曲解，或让某一事实进行了摆拍或粉饰，我们生活中是不是见惯了好多反转、反转又反转的新闻？

生（齐）：对！

师：我看还有许多同学跃跃欲试，由于时间的关系，无法一一来展示，大家不如就其一点，把自己的怀疑写出来，然后与同组的同学交流交流，如果有可能，可以对自己的怀疑的地方做进一步的论证，以杜绝为了怀疑而怀疑。因为，我们需要怀疑精神，但又不能走向另外的极端，为了怀疑而否定一切，最终变成历史虚无主义。这也是令人恐惧的地方。

师：孟子说，"尽信书而不如无书"，顾颉刚说，"怀疑的精神，是做一切学问的基本条件"，刚才我们许多同学也从课文中找到了不少值得怀疑的地方。我也想说，尽信师则不如无师，对于传说，对于书本，对于老师的传授，我们确实需要有一种怀疑的精神，多想一想，议一议，也许我们更能接近真理，至少可能会变得更具有自己的思想。今天的课上到这里，下课！

生：老师再见！

师：同学们再见！

附1

《怀疑与学问》教学设计

授课教师：肖梦华

一、教学内容分析

（一）关于教学内容

《怀疑与学问》是我国现代著名史学家顾颉刚写的一篇经典论说文。观点鲜明、论证充分、说理透彻，同时，论证结构清晰，论证语言严密。课文对怀疑精神的实质进行了鞭辟入里的论述，论证了这种可贵的思维品质对于学问的重要意义。所以，本文的学习，有助于理解议论文的展开说理的一般方式，也有助于初中学生学习写作较为简单的议论文，特别是有助于青年学生学习文中所提的怀疑精神，培养创新意识与创新能力。

（二）关于教材

文章被编入人教版九年级上册第五单元。这一单元所选的议论性文章都闪烁着思想的光芒。学习时，要把握作者的观点：治学必须要有怀疑精神。同时，还要联系文章所用的材料，即文章中的事实论据与引用的名言，更要注意分析议论性文章所用的材料，理解观点和材料之间的联系，同时，还要分析文章的论证思路，感受文章严谨的论说语言，并能联系实际进行探究，养成独立思考的习惯，培养敢于怀疑与创造的精神。

（三）学情分析

这是九年级学生接触的第二个议论文单元。学生虽然已经积累了议论文的论点、论据、论证等相关的文体知识。但是，准确把握作者的观点、概括段落大意、厘清段与段之间的内在逻辑关系，梳理文章的论证思路等仍是学生面临的难点。特别是，对论证语言的严密性，感受不会太深刻，即使知道，也缺乏分析能力。同时，借班上课，对学情不甚了解，所以应充分考虑学生的语文素养及课堂气氛调动。

（四）教学目标的设定

基于上述分析，决定把这节课的目标设定为以下三个方面：

1. 理解怀疑精神的内涵及重要意义。

2. 学习本文的论证方法，把握文章的论证思路。

3. 结合具体句段体会本文逻辑严密、语言准确的特点。

其中，本文的论证思路是本节课的重点，而本文论证语言的准确与严密，是本节课的教学难点。

二、环节设计

（一）字词积累

积累以下字词，适当提醒"墨守""停滞""譬如"三个词的写法及大致意义，要求学生尽可能多地选择词语说一段话。

（设计意图：中考语文试题中，依然有看拼音写词语，且有感于诸多教师初中逐渐忽略现代文阅读时的字词教学，所以尝试让学生用词语即兴说一段话）

虚妄（　　）　　墨守（　　）　　折扣（　　）

停滞（　　）　　譬如（　　）　　盲从（　　）

（二）读读说说

1. 题目告诉我们哪些信息？

（设计意图：提高学生读文章时的整体意识，并通过本文的题目，让学生理解议论文中论题与论点的区别）

（1）读文章，先从读题目开始。

（2）议论文的题目，或直接亮明中心论点，或提示论题，或提出一个问题引人思考。

2. 文中哪些句子阐释了"怀疑"？哪些句子阐释了"学问"？哪些句子阐释了"怀疑与学问"？

（设计意图：锻炼学生的思辨能力，让学生理解读写议论文，当从概念分析出发，多角度多层次分析概念，并能找出文章每一段的观点句）

第一段：学者先要会疑。

第二段：学则须疑。

第三段：学问的基础是事实和证据。

第四段：怀疑精神是做一切学问的基本条件。

第五段：不论哪一本书，哪一种学问，都要经过自己的怀疑。

第六段：怀疑不仅是消极方面辨伪去妄的必需步骤，也是积极方面建设新学说、启迪新发明的基本条件。

（补充知识：概念，是议论说理的前提和基础。理解或写作议论文，关键要抓住论题中的主要概念或概念之间的主要关系进行阐释）

（三）读读想想

1. 整体把握文章内容。

（1）文章的中心论点是什么？

（2）整理一下文章的论证思路。

（设计意图：从整体上把握文章的主要内容）

2. 细读文章第1—2段，思考：

（1）能不能把第1—2段删除？为什么？

（2）现在非要删一段，你会删哪一段？理由是什么？

（设计意图：理解议论文语言的严密性）

（四）议议说说

细读文章第6段，思考：

1."怀疑不仅是消极方面辨伪去妄的必须步骤，也是积极方面建设新学说、启迪新发明的基本条件。"

有人建议删除"消极方面"与"积极方面"这两个短语，说删除后句意不变且更加流畅，你赞成吗？说说你的理由。

2.一切学问家，不但对于流俗传说，就是对于过去学者的学说也常常要抱怀疑的态度，常常和书中的学说辩论，常常评判书中的学说，常常修正书中的学说：要这样才能有更新更善的学说产生。古今科学上新的发明，哲学上新的理论，美术上新的作风，都是这样起来的。

（1）开头的"一切"是不是太绝对？

（2）"常常"开头的短句，它们的顺序是否可以调整？为什么？

（3）"美术上新的作风"，为什么不是"新的作品"？

（设计意图：理解议论文思路的严谨及语言的准确与严密）

（五）读读悟悟

顾颉刚在文中说："怀疑的精神，是做一切学问的基本条件。"用怀疑的精神来读《怀疑与学问》，这篇文章，有没有值得你去怀疑的地方？找出来说说看。

（设计意图：学以致用，锻炼学生学习怀疑精神）

📖 附2

《怀疑与学问》教学反思

一、教学亮点

议论性文章的教学的重难点有一致性，即理解议论文的论点、论证的思路以及材料与观点的关系（论证方法），并理解论证思路及论证语言的严谨性。我的教学设计也无法免俗。但总体来说，本节课的设计，自觉有以下几个亮点。

其一，各环节的步步推进。在处理本文的教学内容的过程中，注重各环节的步步推进。解释论题，提醒学生注意概念的分析；从本文的概念层次出发，把"怀疑与学问"这个课题分为三个层次；从这三个层次出发，画找各段的中心句；各段的中心句，围绕的中心是什么呢？抛出问题，引导学生去理解，议论文的中心论点究竟是什么意思，如何快速准确地找出一篇文章甚至一个段落的观点；从各段的中心句开始，引导学生说说文章的论证思路；在分析思路的过程中，找到承上启下的句子，品读重点语句中的个别关键词，以此理解论证语言的严密性；抛出一个有意思的话题，用怀疑的精神去怀疑《怀疑与学问》这篇文章。

其二，注重字词积累。小学老师特别注重字词积累，所以常有抄写作业与默写或听写作业。但初中之后，老师为抢进度，慢慢轻视甚至忽略字词教学，特别是忽视了字词的积累与运用。在本节课中，我用了近五分钟时间，把并不是生字的几个词语挑出来细讲，并要求学生用尽可能少的语言选择尽可能多的词语说一段话，利于学生积累字词，更有利于学生提高语言组织能力。

其三，教学语言比较幽默。能适时应和并引导学生的回答，有意使用浙江名师郑可菜老师"只要功夫深，铁杵磨成针"的教学案例，阐说论点的主观性问题，能加深学生的印象。

二、教学改进

回顾本节课，特别是自己回头再看这个案例，遗憾多于满足。主要的问题是"讲风太盛"。讲得多，赶得急，一个个问题抛出，急着去找寻答案。主要考虑借班上课，怕学生沉闷不敢放手，所以各环节的"读"，都只停留在表面，没有让学生真正好好读课文。

三、教学机智

教学过程中，比较重视学生对各个问题的回答。倾听，引导，点拨。如学生无法理解"消极方面"与"积极方面"这两个词语的含义，所以回答的时候陷入困境，适时引导学生用"消极爱国"来理解，所谓消极，其实就是最基本、最基础的层次。

另外，教学设计上的机智，在于最后一个环节，用怀疑的精神来读《怀疑与学问》这篇文章。我想，这在学生的心里埋下了一颗做学问的种子，"尽信书则不如无书""尽信师则不如无师"，肯定能让学生印象深刻。

四、学生创新

总体上说，学生的语文素养不错，能跟得上自己的教学节奏，对所提出的问题，有自己的见解，也比较敢于发表自己的意见。

比较意外的回答是一男生对"墨守"这一词语的解释，竟然能知道与"墨子"相关，足见阅读面挺广（诸子百家中，小学初中极少涉及墨家思想）。

五、再教设计

若再教此文，大体设计不变。依然会分成三块：一是积累字词；二是理解文本论证思路；三是理解语言的准确与严密。

但在设计上，会在语言的严密性这一环节，减少一个例题，保留一个，让学生充分讨论（去掉行不行，换一个可不可等）后得出结论，而不是只停留在读读说说的层次上。同时，会留足时间，让学生找找这篇课文值得怀疑的地方。

《老山界》课堂实录

师：同学们好，听你们班老师说11班的同学都是很厉害的，所以我就过来了。我上课习惯不翻开语文书，不是因为我对课文很熟悉，而是我希望各位同学比我更熟悉。同学说到什么问题，或者我问到什么问题，你们能够很准确地告诉我，"老师，这是在哪一段……"（学生点头）没有问题是吧？我们现在就检查一下大家预习的情况：整篇文章有多少个自然段？

生：33个自然段。

师：嗯，很好！看来都有不错的预习习惯。好了，我们准备开始，上课！

生：老师好！

一、浅教

（一）字词的积累运用

师：同学们好！请坐下。今天我们要学的这篇课文叫作《老山界》。我们学一篇课文，先要明确第一个任务：生字词过关。注意到没有，我们的每一篇课文的后面都有"读读写写"。这是编课文的老师觉得这些字词是比较重要的，你要把它们把握好。当然其中列出来的一些字对于你来说不是生字，是这样吧？课文当中又有一些字没有列出来，可对你来说又是生字。所以列出来的生字仅供参考，对你来说哪些是生字，你应该自己心中有数。来，老师也列了几个生字，大家注意看，快速浏览一下，待会就请同学来读一读。

屏显内容：

惊惶（　　　）　　攀谈（　　　）　　澎湃（　　　）　　苛捐杂税（　　　）

呜咽（　　　）　　咀嚼（　　　）　　骨碌（　　　）　　酣然入梦（　　　）

生：（读生字拼音）惊惶、攀谈、澎湃、呜咽、咀嚼、骨碌、苛捐杂税、酣然入梦。

师：好，请坐下，声音很洪亮。大家听出来有没有读错的吗？

生：咀嚼。

师：咀嚼中的"嚼"，第二声，来，全班一起来读读，每个词读两遍。开始——

（全班齐读生字）

师：我提醒一下，这些生字词中，你觉得哪些字是最容易写错？

生："咀嚼"中的"嚼"容易写错。

师：笔画较多的字我们要留意一下。还有没有？

生：攀。

师："攀"字很容易写错吗？这跟"攀"登的攀有区别吗？

生：没有。

师：那它是什么意思？

生：交谈。

师：随便聊聊叫作攀谈。老师要提醒你们，"惊惶"的"惶"也容易写错，为什么？因为它还有一个读音很相近的一个词语，叫"惊慌"，两个词意思是相同，就是拼音的声调上有那么一点点不一样，这个要特别小心。

师：读得准，这是生字的第一个要求，不写错字，这是第二个要求，达到了这两个要求了，生字是不是掌握好了呢？

生：不是。

师：对，还有第三个要求，生字词的运用。我们来玩一个很有意思的游戏，造句。这是小学的本领，初中很少干这事是吧？我们要把它拿回来，同时，作为初中生，要提高一点点难度，现在请你用尽可能多的词语，口头上说一段话。不得少于3个，当然，你也可以8个词语一起上。谁搞定了？好，真快！大家注意听，一起数一下他用上了多少个词语。

生：他们两个攀谈起来，对方讲得激情澎湃，但是他的脸上却出现了惊惶的神情。

师：3个词语，非常好。请坐。两人攀谈，一人激情澎湃，一人神色惊惶，为什么呢，不知道，这还有点悬念……（学生笑）

师：有能挑战3个以上的吗？那位男同学跃跃欲试，没关系，你站起来讲。

我看你举了一下手又放回去了。

生：他们两个正在澎湃地攀谈着苛捐杂税的事，脸上还时不时露出惶惶的表情。

师：很不错，请坐下。但是"澎湃"这个词有点夸张，澎湃地谈着苛捐杂税的事，有没有觉得有点奇怪？"澎湃"是什么意思？本来指的海水很浩大的样子，后来用来形容情绪激情很盛大，如激情澎湃，热血澎湃。"苛捐杂税"聊得很澎湃，聊得很兴奋，这个表达是不是有点不妥当？（同学点头）

师：好。这种遣词造句的方式你们课后要认真去练一练。为什么这样说？我们现在写文章感觉到最困难的地方是"词不达意"，我想得很好，但找不到词，为什么这样？积累得太少。如果我们平时拿着"读读写写"课本上的生字，张嘴来几句，八九个词语一起用上，坚持一年你就会发现很多的词语手到擒来，用起来很舒服。

（二）文意的基本理解

师：好了，刚才我们说了，学习一篇课文的第一个任务是读生字词。第二个任务是什么呢？读课文题目。我们读文章一般先从哪里开始读？题目，是吧？本文的题目是"老山界"，问题就来了，"老山界"指的是什么？不妨结合注释与文章的第1段，说一说你读到了哪些信息？

生：是江苏无锡的无产阶级革命家陆定一写的，老山界是一座三十里高的瑶山，地图上叫越城岭。

师：好，他读到两个信息，第一，这是一篇叫"老山界"的课文，是陆定一写的。第二，"老山界"其实指的是一座山，它在地图上叫作越城岭。其他同学还有补充吗？既然讲到了地图上叫越城岭，"老山界"是它的什么？

生：土名。

师：这个是不是信息？也是对吧？好，这是结合了文章的注释跟第1段。还有其他的信息可以补充吗？

生：他们要决定爬这座瑶山。

师：他们是谁？

生：红军。

师：红军决定要爬这一座瑶山，你从题目里面就看出来他要爬这个山了吗？

生：第1段。

师：第1自然段告诉了我们红军长征要爬的这一座山的名字。也就是交代了他们爬的对象。好，请坐下。大家再看看注释三，"越城岭是属于五岭之一"，然后呢？

生：位于广西东北部和湖南边境。

师：这个是不是信息？什么信息？

生（齐）：地理位置。

师：对，地理位置。那现在我们再整理一下。老山界它是一座山的名字，地图上它叫——

生（齐）：越城岭。

师：是五岭之一，地处？

生（齐）：广西北部和湖南的边境。

师：第1段又告诉我们它是一座高三十里的山，什么叫高三十里？是不是海拔三十里？

生：上山的路程。

师：对，上山的路程。"五岭"有印象吧？我们小学学过一首诗歌叫《长征》，句子是什么来着？

生（齐背）：五岭逶迤腾细浪，乌蒙磅礴走泥丸。

师：也就是写长征的这些事情，是吧？好，这个信息读得很准确。好了，我们再来看看，这篇文章是要写一座山吗？

生：不是。

师：那要写什么？我们男同学回答了，而是写我们要爬这样一座山，我们是谁呢？

生：红军。

师：这就是我们要学到的文章里面很重要的内容。请大家快速浏览课文，提取有效信息，然后请你用一句话来说一说全文所写的主要内容。

师：提示一下，一般叙事类的文段概括文章或者文段的主要内容的方法，遵循的原则是怎么来的呢？"时间、地点、人物、事件"，如果可以，尽量还要找到这件事的意义？好，快速浏览课文，看谁能尽快概括。（有学生马上举手）

师：这么快，听听。

生：在长征的时候，广西东北部和湖南边境红军翻过了老山界，这是红军翻过的第一座山。

师：大家判断一下，这个概括准不准确？

生（齐）：准确。

师："长征的时候"时间有点大，能不能再具体一点？

生：1934年冬。

师：你从哪看到1934年冬的？

生：预习提示。

师：对，预习提示的第一条信息。来我们一起把第一条信息读一遍。

生（齐读）：1934年冬，中央红军在突破敌人的湘江封锁线后，翻越了长征中所过的第一座难走的山——老山界。

师：好，1934年冬，是具体的时间。其实这个同学概括时还犯了一个毛病，大家听出来没有？他说"翻过了第一座山"，这样表达对了没有？

生：第一座难走的山。

师：对了，为什么不能删掉"难走的"？

生：因为山不一定是难走的。

师：对呀！红军一长征走两步估计就要翻一座山，但问题是这是第一座很难走的山——老山界。所以"难走的"这个词不能少，这个词一少的话，我们就缺少了最具特点的东西。

师：接下来我们再来认真看看课文，翻山写的是一个经过，一个过程，请大家勾画出文章里面表示时间和地点转换的词语。我这样一列出来的话，其实我们的同学就知道这篇文章是按什么顺序来写的？

生：时间和地点的转换。

师：我们现在来勾画一下文中时间和地点转换的词语，去感受一下红军战士翻越老山界的具体经过。勾画，一看到时间、地点就圈出来。快速地去找一找。

（学生阅读文章，圈画时间与地点变换的词语，三分钟后）

师：登山的第一个时间是在哪？

生：第2段。

师：它怎么说的？

生：下午才动身沿着山沟向上走。

师：时间是下午，地点是哪里？

生：山沟。

师：好了，我们顺着这样的思路，从下午开始，首先是队伍向山沟出发，结果山沟里面走几步，停下来走不动，又走几步又停下来走不动。第二个时间点谁找到了？这个问题谁来回答？

生：第二个时间是天色晚了之后，到一家瑶民家去看看。

师：天色已经很晚了，到一家瑶民的家里去跟他们去攀谈，地点有没有改变？

生：改变了。

师：改到哪里去了？

生：瑶民家。

师：瑶民家的地点在哪？

生：在转弯的地方。

师：这个地点是不是有点怪？

生：在山沟。

师：还是在山沟。所以整个登山的地点没有改变。好，请坐下。

师：第三个时间？（一学生快速举手）这么快！

生：第11段。

师：天黑了才到山脚，好了，这个地点就改变了，是吧？往山沟一直进发，走到山的脚。好，在第11段这里勾画好，来，请坐下。

师：第四个时间。来，你说。

生：在山上露宿。

师：在山上露宿这个是地点，"山上"能不能准确一点？因为"山上"这个含义有点宽。你能不能再具体一点，在哪里？（学生有点紧张，半天没有说话，旁边已有多位同学举手想补充）没关系，大家等等他。不着急，我们来看看，他这个时候是先进入了山脚，然后一路开始登山，有没有到达山顶？所以这一段路我们把它称之为山腰。在半山腰露宿时间是什么时候？有没有具体的时间的词语？等了半天时间？怎么表达是比较准确的？

生：半夜。

师：半夜是吧？请坐下。半夜这个时间出现在哪？

生：第22段。

师：我看到很多同学都没把它画出来。半夜里醒了，怎么醒的？

生：被冻醒的。

师：在那里一直睡到半夜，被冻醒了。可见半夜里的时候在半山腰上露宿。第五个时间？

生：黎明的时候被人推醒。

师：地点呢？

生：还是在山腰。

师：推醒了之后干吗呢？

生：准备出发登山。

师：黎明时分就接着开始登山。好，请坐下来。下一个时间是哪里？找到没有？这位女同学。

生：下午2点钟。

师：下午2点钟到哪了？

生：到了山顶的宿营地。

师：下午2点多钟到了山顶。这是哪一段？（学生齐答：第30段）到宿营地就是在第31段一直到最后，时间是不是下午2点到的？不是，下午2点多钟到达山顶，然后开始下山，一路小跑，跑了多久没说，所以我们只知道一个时间点，就是下午2点多钟到达了哪里？

生：山顶。

师：好。请坐下。最后就是跑到了宿营地，但文章并没有说这个具体时间。老师列了一个示意图，就这个示意图咱们能不能回顾一下。

（老师带领学生回顾课文的主要事件）

师：首先，当天的下午队伍从山沟开始出发，在山沟里面走了好久，一直走到天黑，天黑就开始走不动，我和几个搞宣传的战友就一起夜访了一瑶民的家；到了天黑的时候部队就开始登山。登到半路，突然又走不动了，这时上面来了命令，要求就地休息，半夜，"我"被冻醒了，有了一段非常生动的描写。到了黎明时分，我们接着登山，一直登到雷公岩。大家看看，到了课文的哪一段？

生：第25段。

师：对，第25段。登到雷公岩这个地方，我们以为最陡的山就已经走完了，结果碰到一个瑶民，他告诉我们说——

生：还有20里。

师：才走了多远？

生：10里。

师：我们记得，上山的路程是30里，结果登了这么久，才走了10里还有20里。然后接着往前走，到4日下午的2点钟才到达了山顶。接下来一路向下，缓缓地小跑下山，最后到达宿营地——塘坊边。

师：这就是整个的登山的详细过程。这个过程我们要特别小心两个信息，第一个信息是30里上山的路，我们走了将近一天，为什么？可能我们同学对路程没有什么概念。我补充点信息。30里的路，换成公里是15公里，一般的人步行的速度是每小时5—6公里。所以，30里的路，按正常速度走，一般多久要走完？

生：三小时。

师：三小时左右是吧？他们走了多久？

生：一天多。

师：当天的下午到次日的下午，大约一天，20多个小时。为什么要走这么久？它真正意义上突出来的是哪个词？

生："难走的"老山界。

师：对，难走。这是第一个信息。第二个信息是，难走的老山界，我们终于走过去了，除了突出过程的艰难，肯定也包含了走过老山界的心情。我们前面说，1934年冬天，中国工农红军走过了第一座难走的山老山界。如果我现在要求你用课文当中的原文当中的一句话来表述文章的主要内容，你觉得最合适的是哪个句子？

生：我找的是第30段，"难翻的老山界被我们这样笨重的队伍战胜了"。

师：难翻的老山界被我们这样笨重的队伍战胜了，用"战胜"这个词，战士们的豪情就出来了。我们来读一下，看能不能把豪情读出来，"难翻的老山界"，开始——

生（齐读）：难翻的老山界被我们这样笨重的队伍战胜了。

二、细品

（一）抓住文章关键词句，理解文意，体会"难翻的老山界"的"难"体现在哪些方面

师："难翻的老山界被我们这样笨重的队伍战胜了。"我们再来读文本，去仔细找一找，"难翻"这两个字主要体现在哪里？

生：老山界"难翻"主要体现在山很高，也很险、很陡。

师：一口气说了几个点。第一是山很高，第二是路很险，第三是路还很陡，你能不能举出例证？

生：首先他说上山30里的路程，15公里已经是很高的一座山了。然后"陡"，您刚才展示的图片与文章里提供的插图，显示山很陡，很危险。

师：这个问题我们还真要注意。30里上山的路，能不能体现山的高？

生（齐）：不能。

师：为什么不能？

生：这里的30里的路是指上山的路，不是指山的海拔，所以不能确定山高，最多能体现上山的路有点远。

师：很好。其次，山的陡与险，我们能不能用文章提供的插图来佐证？

生（齐）：不能。

师：对。读文章，我们要以文本为载体，所有的理解，应该从文本本身去找，课文中哪些地方能看出山的陡与险？大家再找一找。

生：第25段。"走了不多远，看见昨晚所说的峭壁上的路，也就是所谓雷公岩，果然陡极了，几乎是九十度的垂直的石梯，只有一尺多宽；旁边就是悬崖，虽然不很深，但也够怕人的。"

师：你再详细说说，这里面哪几个词突出了山势非常的陡与险？

生："九十度的垂直的石梯""只有一尺多宽"还有"旁边就是悬崖"。

师：好，这两处其实是对山势陡峭与山路危险的直接的描写。还有没有？

生："难翻"还表现在队伍不是轻装前行的，还要背一些武器什么之类的，还有伤员，这样就更难行走。

师：带着武器和伤员。来，举出例证。

生：比如说第29段。"医务人员真是辛苦，因为山陡，伤员病员都下了担架走，旁边需要有人搀扶着。医务人员中的女同志们英勇得很，她们还是处处在慰问和帮助伤员病员，一点也不知道疲倦。"

师：好，他刚才的回答已经包含了两个很关键的点，第一个点是山很难走，本身在于山高又陡且险，所以走得比较慢、难走。第二个点就是说我们队伍本身，有伤病员影响我们行军的速度。还找到其他的内容吗？

生：还是第29段。"机关枪声很密，大概是在我们昨天出发的地方，五、八军团正跟敌人开火。远远地还听见敌人飞机的叹息，大概是在叹息自己的命运：为什么不到抗日的战线上去显显身手呢？"他们要背着那么多的东西，一边行军走那么难走的路，后边还要阻击敌人。

师：能不能用最简洁的语言告诉我，"难翻"之难还体现在什么地方？来想想办法，把你读的这段话压缩一下，怎么说？

生：后有追兵。

师：后有追兵，当然影响我们行军速度。这就准确了。还有没有找到其他的？老师再小结一下。"难翻"之难，第一是山很高，第二是山很陡，且很危险，第三是我们还带有伤病员，第四是后面还有追兵。

生：第28段。昨天的晚饭，今天的早饭，都没吃饱。肚子很饿，气力不够，但是必须鼓着勇气前进。一路上，看见以前送上去的标语用完了，就一路写着标语贴。累得走不动的时候，索性在地上躺一会儿。肚子很饿，早饭晚饭几乎都没怎么吃。

师：很饿，影响了我们行军的速度？我追问一下，为什么会饿？

生：缺乏粮食。

师：除了这一处的描写，大家再找找，还有哪些地方可以证明当时的队伍缺乏粮食？

生：第24段。"山下有人送饭上来，不管三七二十一，抢了一碗就吃。"作者用一个"抢"字，写出了当时粮食缺乏。

师："抢"是一个很形象的动作描写，抢，是不是因为粮食缺乏？

生：不是，这里的"抢"，指的是抢时间，他们急着赶路。

师：对。同学们要注意，分析文章，我们一要依据上下文，二要依据常理常态。上文说，队伍夜宿半山腰，黎明时说准备再次出发登山，可见，时间紧迫，要赶时间，这是语境中读到的信息。同时，我们是红军队伍，我们的队伍是纪律部队，不管多缺衣少食，也不会发生"抢"的事情，这就是常理。

生：第8段。"好不容易来了一个认识的同志，带来一袋米，够吃三天的粮食，虽然明知道前面粮食缺乏，我们还是把这整袋子米送给她。"粮食只够吃三天，还把这仅有的粮食都送给了瑶民，所以粮食缺乏。

师：对。不仅写粮食困难，这里还有更深层的东西。我们夜访瑶民家，瑶族同胞知道有队伍通过，照着习惯，男人躲出去了，因为怕"抓壮丁"，足见当时的军阀部队对百姓的伤害之深。后来，瑶族大嫂"拿出仅有的一点米"给我们煮粥吃，这一细节，足见当时我们与瑶民的攀谈已取得了她的信任。我们再想想，作为纪律部队，为什么我们接受了大嫂煮的粥？

生：因为我们饿。

生：我觉得更主要的是，当时我们准备给她钱。

师：对，作为纪律部队，不拿群众一针一线，尽管饿，也不能白吃百姓的食物。给她钱她不要，然后就把仅有的一点米全部给了她。既写出了部队确实面临着粮食不足的问题，更写出了我们部队军纪严明，军队与百姓亲如一家的鱼水之情。

师：刚才我们分析的是部队粮食缺乏，吃饭困难。"难翻"之难，还找到其他的因素吗？

生：睡觉难，在文章的第22段。半夜里一个翻身不就骨碌下去了吗？而且路上的石头又非常不平，睡一晚准会疼死人。

师：你再具体给我们分析一下，睡觉难在哪里？

生：寒气逼人，还有就是一翻身就骨碌下去，地势很险峻，路面很窄。

师：两个信息。第一是时间，半夜里寒气逼人。天气寒冷再加上夜里行军，会不会拖累我们行军的速度？

生：会。

师：第二是这位同学说的地势险峻。可以再找得细致一点点，文章里说，路只有一尺来宽，有一尺来宽，会不会影响我们疾行军？

生：会。

师：因为那么窄的路意味着登山只能一个一个过，并且还只能小心翼翼地过，当然会走得很慢。可能有一些同学没有弄明白"一尺来宽"是什么概念，一尺来宽，多宽？不知道是吧？跟着老师来伸出手来（老师比画动作：大拇指与食指尽力张开），这叫什么？一拃是不是？小学就学过，这叫一拃。成年人的一拃大约是5寸。特别是老师这个是比较标准的5寸，一尺是10寸，也就是一尺，相当于老师的两拃。来注意看，我们来比一下。一，二，这就是一尺，一尺来宽，这个叫什么写法？

生：夸张。

师：这是夸张里的夸小。实际可能比这真的会宽一点点，但事实上，路真的非常的狭窄，一尺来宽，你自己可以感受一下在这里要去睡觉多么的困难？当然走路也很困难。其他同学还有补充吗？

生：同时补给比较困难，在第8段。

师：你读一下。

生："好不容易来了一个认识的同志，带来一袋米，够吃三天的粮食，虽然明知道前面粮食缺乏，我们还是把这整袋子米送给她。"

师：这其实是我们前面所说到的哪个问题？

生：粮食缺乏。

师：好，请坐下。看来我们找得差不多了。现在再来整理一下。难翻的老山界有这些地方是很难的，第一个是路。路很远，有30多里，路很窄，有些地方只有一尺来宽，路还很陡，几乎是九十度的垂直的石梯，这些是从山的本身来说的。第二个是当时我们队伍的本身情况不乐观。队伍庞大，人多，且负重前行，如有战马，还带了一些脸盆啊、罐子之类的生活必需品，主要队伍还有不少的伤员，用文章中的原话就是，我们的队伍，是"笨重"的队伍。第三个困难是当时的周边环境或条件。粮食缺乏，吃饭难、吃不饱，自然条件恶劣，天黑且寒冷，同时，还有一个外在条件很恶劣，就是后有追兵，我们还有部队一边爬山，一边还要组织战斗。

（二）继续细品文章关键词句，体会红军战士翻越老山界过程中体现出来的红军精神

师：但是，所有的困难都被我们战胜了。我们再来带着豪情，读读这个句子："难翻的老山界被我们这样笨重的队伍战胜了。"

生（齐读）：难翻的老山界被我们这样笨重的队伍战胜了。

师：咱们再来细细地读文章，然后小组中交流一下，你觉得，我们队伍是靠什么战胜了难翻的老山界的。

PPT屏显内容：

语句重构，填写并结合文中具体词句阐释：

"难翻的老山界被我们这样_____的队伍战胜了"

师：我们来把刚才所读的这个句中的"笨重"这个词替换掉，你觉得还有哪个词可以填进去，难翻的老山界被我们怎样的队伍战胜了？（话音未落已有不少学生举手）这么快，你来说。

生：坚强。

师：你接着说说理由。

生：因为他们尽管自然条件又恶劣，山又高又陡，然后队伍又庞大，但是他们还是把它给战胜了。

师：没错，是不是坚强？请坐，你来接着来说。

生：团结。因为他们会帮助其他的伤员。

师：帮助伤员。团结，好，请坐下，可以，还有没有？这位女同学，你找到了什么？

生：乐观。

师：你也找找依据。

生：这么长的队伍，后面他们还是坚持下来，不气馁。

师：这不是坚强么？怎么体现出乐观？

生：他们不放弃。

师：不放弃是坚持那不是乐观。你找个原文来回答，你觉得哪个地方最能体现出他们的乐观（同学一时语塞，其他同学纷纷举手，跃跃欲试）。其他同学不要着急，我们也要等等我们同学啊。哪里可以体现出他们的乐观？乐观是什么意思？虽然说很困难，但是心情上、态度上、行为上表现出来的是一种对困难的蔑视，这才叫作乐观。你试试，能不能找到这样的语句？

生：第14—16段。"不要掉队呀！不要落后做乌龟呀！我们顶着天啦！大家听了，哈哈地笑起来。"

师：三句话，单独成段，连着三个感叹号，三个感叹词。老师刻意地挑出来了，和这同学找的地方高度吻合，我们同学太会回答问题了。

PPT屏显以下内容（画线句标成了红色字）：

满天都是星光，火把也亮起来了。从山脚向上望，只见火把排成许多"之"字形，一直连到天上，跟星光接起来，分不出是火把还是星星。<u>这真是我生平没见过的奇观。</u>

大家都知道这座山是怎样的陡了，不由浑身紧张，前后呼喊起来，都想努一把力，好快些翻过山去。

<u>"不要掉队呀！"</u>

<u>"不要落后做乌龟呀！"</u>

<u>"我们顶着天啦！"</u>

大家听了，哈哈地笑起来。

师：我们把以上内容齐读一下，注意体会老师标红色的句子体现出来的思想感情。

（生齐读上述内容）

师："这真是我生平没见过的奇观"，你读出了什么内容？

生：面对困难的乐观精神。爬这座山的时候，满天都是星光，火把也亮起来，从山脚向上望，只见火把排成许多"之"字形，一直连到天上跟星光接起来，分不出火把还是星星。这意味着什么？山路弯曲且非常陡，天黑路陡，天气还很寒冷，面对如此的困难，我们没有抱怨，反而说这是生平所没有看到的奇观，"奇观"这个词来表示对这一景观的赞美，所以说，这其实体现的是一种乐观精神。

师：分析很细致，而且很到位。"奇观"一词，确实写这一景观前所未见，但更多的是体现了革命战士面对困难体现出来的乐观主义精神。

师：我们再分析一下三段独立成段的感叹句。你能读出什么内容？

生："不要掉队呀！"这体现的是战士在互相鼓励，表现的是团结精神。

生："不要落后做乌龟呀！"我认为，表现的也是互相鼓励，同时也体现出战士们积极追求向上，不甘人后的精神。

生："我们顶着天啦！"这应该是夸张的手法。我们都到天上去了，然后后面还加了一句"大家听了，哈哈地笑起来"。表现出我们面对这些困难不当一回事，非常从容乐观的一种心态，也表现出我们豪迈的感情。

师：除了坚强、团结与乐观，还能填什么词？

生：我填"英勇无畏"，山陡路窄，但我们还保持乐观向上的精神，后有追兵，我们也最终取得胜利，没有被困难吓倒。所以，我们的队伍是英勇无畏的队伍。

生：我填纪律严明。刚才老师说了，夜访瑶民的时候，他家的男人照着习惯躲起来了，因为以前有军阀部队一来就欺压他们，但瑶民给我们煮了粥。说明部队与群众的感情很好，我们吃完了之后，又把仅有的一点点米送给了她，特别是，文章还写了一个细节，她家房子和篱笆都是枯竹编成的，我们生怕有人拆下来当火把点，然后就写标语提醒后面的同志。这些描写中，可以看出我们的部队军纪严明，真心为了百姓着想，关心爱护百姓。

师：很好。长征路上，部队用自己的行动验证着我们的部队是一支纪律严明的军队，是人民自己的军队。所以，长征结束后，毛主席说："长征是历史纪录上的第一次，长征是宣言书，长征是宣传队，长征是播种机。"

师：好，刚才填进横线的内容，其实说到底就是我们红军战士的精神。我们不妨就叫长征精神。有这样的精神，我们翻过了难走的老山界。当然，也是靠着这样的精神，我们最终还取得了长征胜利。我们再来重构一个句子，看，你能填进哪个词语。

PPT屏显内容：

"难翻的老山界被我们这样笨重的队伍战胜了。"

仿照以上句子，再把下面句子补充完整，你觉得能填上哪些词语呢？

＿＿＿＿＿＿＿被我们这样笨重的队伍战胜了。

师：把"难翻的老山界"换掉，想想看我们还战胜了哪些东西？

生：金沙江、大渡河、雪山、草地。

师：哪里来的？

生：第33段。

师：文章的最后一段。我们还战胜了金沙江、大渡河、雪山、草地。除了文本上列出来的这些，你觉得还能填什么进去？

生：乌蒙山。

师：长征之后的困难，我们的队伍有没有战胜？

生：战胜了残忍的日本帝国主义。我们取得了抗战的胜利。

生：还有国民党反动派。

生：还有打进朝鲜的美帝国主义。

生：我觉得除了战争年代，和平年代，我们的队伍也战胜了许多的困难。

师：你能具体说说吗？

生：如洪灾、雪灾、地震灾害，还有这几年的疫情。

师：我们有这样的部队，任何东西都可以去战胜，这其实也就是我们学习这篇文章里面很关键的一个要素。我们除了学习文章，还要懂得文章里面体现出的精神品格，更需要的是用这种精神品格来武装我们自己。这就是我们老山界这篇文章的一个学习，当然我们这样去说，时间已经过去了将近90年，斗转星移，"老山界"虽然以"老"字命名，但是青山不老，斯人已去。当年参加长征的这些人，依然在世的不多，但是说实在话，他们的精神一定长存。

三、深悟

以作业的形式，让学生再次复述文章的故事，掌握革命队伍的高尚的精神。既锻炼学生的口头表达能力，也锻炼学生概述文章的概括能力。当然更需要的就是通过这样一种形式，牢记住我们作为新时代青年的传承的责任，讲好我们的中国故事，传递好我们的中国精神。

师：因为一段故事，因为这一次壮举，更因为陆定一老先生的这篇文章，今天的老山界成了一个旅游景点，陆老先生亲笔题写"老山界"三个字。现在任务就来了，这个作为回去的第一个作业。回家之后给你的弟弟妹妹或者是邻居家的小朋友讲讲老山界的故事。第二个作业，假如你是一个小小的导游，你能给老山界写一个解说词吗？请你尽量用优美的文笔加以描述，好吧？字数不限。好，今天我们的课就上到这，非常感谢各位，下课。

生：谢谢老师，老师再见！

（文字整理：工作室助手 覃敏悦）

《一棵小桃树》课堂实录

师：上课!

生：老师好!

生：我们的班呼是——

生：十二给力，博才多艺，追光少年，样样如意!

师：同学们好，请坐下!

师：追光少年，样样如意! 非常好的口号。今天我们要学习的课文是《一棵小桃树》，是一篇非常优美的散文。作者是——

生：贾平凹（āo）

师：老师更正一下，这个字咱们应该念wā，虽然字典中没有这个音，但贾平凹先生特意对自己这个名字的注音做过说明，是陕西方言中的一个音，为尊重其本人，咱们把它读为：贾平凹（wā）。

师：我们学习一篇课文的时候，我有一个习惯，先要检查大家的预习情况。第一个任务，就是检查一下生字词的积累情况。

（屏显一组生字词，学生立马翻书）

师：这个时候，我们就不翻书了。大家看屏幕，看看哪个生字词自己不熟，可以向周边的同学请教一下。

师：这位同学，你来读读。

（一女生读生字）

师：大家听清楚了吗? 都对了吗?

生：有一个词读错了，纤纤，应该读xiān xiān。

师：这个词是多音字，你还知道它的其他音吗?

生：qiàn，如纤夫。

师：对。读xiān，一般与"细"相关，如纤细，还有一个音念qiàn，主要指拉船用的绳子。

师：读得出来，能写，还能运用。这是对生字词积累的三个要求。接下来，我想请同学们口头说上一段话。有要求，一是这段话只能有一个中心，二是这段话至少用上三个词语，当然可以尽可能多地用，如九个生字词全部用上。看哪个同学先来挑战一下。

生：矜持的我颤抖着忏悔。

师：好简洁，老师觉得少了点东西，忏悔什么呢？为什么要颤抖着忏悔？

生：一向矜持的我伸出颤抖着的纤纤双手，哆嗦着身子，显得是那样的猥琐，迎着老师灼灼的目光忏悔：虽然祸不单行，但我也不应该躲起来做一个孱头。

（学生鼓掌）

师：同学们的掌声证明了一切。非常难得，这么短的时间，竟然用上了所有的生字词，更难能可贵的是，这一段话，中心突出，信息量极大。所以，课后同学们要经常练习，既熟练地掌握了本课的生字，更主要的是又能极大地提升大家的语言运用能力。

师：这是老师交给大家的第一个任务，完成得很完美，果然是"追光少年，样样如意"！第二个任务，当然是读懂文章。接下来，我们就进入文章的阅读。我想先问大家一个问题，文章的题目是"一棵小桃树"，这个题目能告诉我们什么信息？或者说，你从这个题目中读到了哪些信息？

生：这篇文章写的是一棵小桃树。围绕小桃树发生的一些事情。

师：题目是一棵小桃树，当然要写的是围绕这棵小桃树发生的一些事情。换句话说，题目，其实告诉了我们这篇文章的写作对象。对象是——

生：一棵小桃树。

师：还读出其他信息吗？

生：题目写的是小桃树。但其实作者想借这棵桃树来托物言志。

师：从题目看，交代了这篇文章的写作对象：桃树。写物的文章，除了对物本身进行必要的描写外，作者还往往借物来抒情，或者托物来言志，如我们前面所学的《紫藤萝瀑布》。

师：我们再整理一下。一棵小桃树这个题目，第一，它告诉了我们这篇文章的写作对象：桃树；第二，题目还告诉了我们写作对象的特点是什么？

生："小"。

师：除了"小"，还有数量，只有一棵。老师为什么从题目中一个字一个字地去分析它呢？其实这是解码文本意蕴最快捷的方法：读懂语义及语义的层次。如"今天星期五"，这一平常的句子中的语义信息是："星期五"这一天对作者有特殊的含义；语义层次则是：昨天是星期四，而明天则到了星期六。所以，题目"一棵小桃树"，我们应该思考以下几个问题：这棵小桃树对作者来说有何重要意义？为什么说桃树很"小"？只有"一棵"是不是另有所指？

师：接下来我们认真读读课文，然后想想，这棵桃树的"小"体现在哪些方面？

生：年纪很小，种下没有多久，还是第一次开花。

生：它长得很慢，一个春天，才长上二尺来高。

师：年纪小，长得慢。当然体现了桃树之"小"，注意，老师问的是，"小"体现在哪些方面？我们从原文找支撑是对的，但一定要通过原文再进行必要的归纳。如，长得慢，二尺来高，这是体现了桃树哪个方面很小？

生：外形矮小。

师：对。这样表述是准确的。桃树很小，首先就表现在它的外形矮小。还有吗？

生：它开的花很小。

师：能读一下原文吗？

生：第9段。"它开了花，虽然长得弱小，骨朵儿也不见繁。"

师：开的花弱小，除了这位同学所读的这一句，文中还有没有其他句子？

生："可我的小桃树，一颗'仙桃'的种子，却弄得太白了，太淡了，那瓣片儿单薄得似纸做的，没有肉的感觉，没有粉的感觉，像是患了重病的少女，苍白白的脸，又偏苦涩涩地笑着。"这几句也写桃花，写花不仅弱小，还开得颜色很淡，平凡不起眼，所以它的存在感很小。

师：这个观点很新颖。花很弱小，花色淡，不起眼，所以除了"我"，也没有引起多少人的注意。所以，小桃树的存在感是不是很小？人不在意，甚至蜜蜂与蝴蝶——

生：也不在意。

师：文中怎么说的？

生："我每每看着它，却发现从未有一路蜜蜂去恋过它，一只蝴蝶去飞过它。"

师：蜜蜂与蝴蝶是特别喜欢花的，所以有个词叫"招蜂引蝶"。但这棵小桃树开的花，蜜蜂没有恋过它，蝴蝶没有飞过它。所以作者说，可怜的小桃树！

师：我们整理一下。小桃树的树很小，它开的花很小，它长得特别慢，这些指的是小桃树的什么很小？

生；外形。

师：外形特别矮小（板书）。同时，我们发现，它的地位与价值也不高，平凡，不起眼，甚至连蜜蜂与蝴蝶都不喜欢它（板书：地位渺小）。我们再读读课文，说它的花没有存在感，文中还说了谁不喜欢桃树？

生：爷爷不喜欢小桃树。第5段说，爷爷是喜欢服侍花的，却从来不想到"我"的小桃树。

师：爷爷是喜欢服侍花，在屋里、院里、门道里，摆满了各种各样的花草。春天花事一盛，远近的人都来赞赏，爷爷便每天一早喊我们从屋里一盆一盆端出来，一晚又一盆一盆端进去。如此爱花之人，也不喜欢小桃树。这种写法叫什么？

生：反衬。

师：对，反衬，从另一个侧面表面小桃树的不讨人喜欢。除了写爷爷，还写了谁？

生：第4段，奶奶说，这种桃树儿是没出息的，是野的。

生：第8段，"他们嫌它长得不是地方，又不好看，想砍掉它"。

师："他们"是谁？

生："我"的弟弟。

师：这棵小桃树，地位很低，没有什么存在感。作者先写的是谁？

生：奶奶。

师：接着说爷爷、弟弟。其实，中间也写了自己，自己当时也认为，这棵小桃树没有什么价值。在哪些段？

生：第7—8段。第7段说，"那土院里的小桃树儿便再没有去想了"，第8段说，"啊，小桃树儿，我怎么将你遗在这里，而身漂异乡，又漠漠忘却了呢？"

师：最后，作者由"人"递进到"物"，平时最喜欢花的蜜蜂与蝴蝶，也忽略了它的存在，真正体现出这样一棵小桃树，是渺小的，平凡的，被人遗忘的。

师：小桃树是小的，外形矮小，样子猥琐，地位渺小，不受人理会。其实还体现在成长过程中的弱小，备受摧残。能找到依据吗？

生：暴风雨的摧残。还有猪把它拱折了。

师：好。通过大家的努力，我们几乎梳理完了小桃树"小"的形象特点。为了让大家有一个更加清晰的认识。老师给大家一个表格，按照提示，我们再整理一下相关的内容。

（屏显以下表格，让学生再次梳理文章的主要内容，填完整理表格内容）

过程	境遇	表现
出生		它竟从土里长出来了！
成长	谁也不理会	
	被我漠漠忘却（被猪拱折）	
	暴雨摧残	

师：我们再用表格的方式，来整理一下小桃树的生长过程，看它的生长过程遭遇到哪些挫折，又有怎样的表现。给大家一点时间，快速浏览课文，填好以上表格。

生：出生在院子角落的土里，写它的生长环境不好。

生：谁也不理会，"它却默默地长上来了"。

生：被"我"漠漠忘却，被猪拱折，"它竟然还在长着"，"一夜之间，花竟全开了呢"。

生：暴雨摧残，但"高高的一枝儿上，竟还保留着一个欲绽的花苞"。

师：还差一个空，大家认为填哪个词合适？

生：我填"开花"，小桃树从出生开始，到慢慢生长，最终开出了花。

生：我也填"开花"。文章写小桃树，最后写的就是它开花了。

生：我填"辉煌"，从小桃树不起眼的出生，到历经磨难的成长，最后迎来了它的辉煌的成功：开出了美丽的花朵。

师：几位同学填的词语都没有问题，也能自圆其说。我们再看看右边栏我们填进去的内容。大家观察一下，发现了什么共性的东西没有？

生：都有一个转折词，"却"或者是"竟"。

师：这两个转折词用在这里表示什么意思？

生：出乎意料。出生在院子角落的土里，它竟从土里长出来了！既有出乎意料，也有作者的喜出望外的意思。

师：我们把这几个句子带有感情地齐读一下，尽量把作者的惊喜之情读出来。

（生齐读句子）

师：小桃树出身不好，成长过程也没有人理会，少有人关注，生长过程还遭受磨难与挫折。但就是这样的情况下，小桃树依然倔强地生长着，甚至开出了花。可以说，它的生命，终于迎来了灿烂的一天，所以老师填了一个词：蜕变。这是桃树生长的蜕变，自小不起眼终于长大成树，开出了花，以后一定还要结果；这也是生命的蜕变，历经磨难，在别人均看不起的情况下，默默生长，终于迎来了自己的精彩。所以，我们关注桃树，不能只是关注了它的"小"，还要关注它更多的让我们感动的东西。

师：接下来，请同学们参照表格里的内容，用"桃树虽小，但它……"的句子，把小桃树的形象再用一段话整理一下。

生：小桃树虽弱小，矮小且长得不美，甚至还被猪拱折，但它依然生长，在暴风雨的摧残下，在别人看不起的情况下，努力而又灿烂地开花，迎来了它自己的美丽的春天。

生：一棵"小桃树"，虽然孱弱而又平凡，它"出生"的地方贫瘠，天生底子薄，无依无靠，无人关注；它"成长"缓慢，外形不美，还遭受磨难打击，但它默默地生长，倔强地开花，终于赢得了生命的"蜕变"。

师：小桃树出身平凡，长得又不好看，所以总是被人忽视，看不起，但它默默地生长，倔强地开花。说到这的时候，老师头脑里忽然跳出了这样一句话，不知道大家看过没有？

幻灯片屏显句子：

"你以为，因为我贫穷，低微，不美，矮小，我就没有灵魂，没有心吗？你想错了——"

生：看过——

师：哪里来的？

生：《简·爱》。

师：很多年前老师读《简·爱》这本书的时候，当读到这句话的时候，号啕大哭。一个男生，实在忍不住号啕大哭，因为，这里面的每一个词语，都直击我的内心。"你以为，因为我贫穷，低微，不美，矮小，我就没有灵魂，没有心吗"，这一句话，放在小桃树身上，其实也是合适的。小桃树站在风雨之中，也可以跟我们每一个人说，虽然我出身低微，外表也不美，特别的矮小，但是，我就没有灵魂，没有心吗？可以吗？

生：可以。

师：其实，换成作者贾平凹先生，应该也可以如此。我们发现，作者写这棵树，是不是只是为了写树？

生：不是。

师：还写什么？

生：写人。

师：具体点说说，写了哪些人？

生：写了他自己，写了奶奶。

生：也写了弟弟与爷爷。

师：我们先来看"小桃树与奶奶"。我们再回头读课文，看小桃树与奶奶，有着怎样的故事？

生：奶奶给了"我"一个桃子，说这是仙桃，含着桃核做一个梦，会幸福一生。

生：弟弟想砍掉它，奶奶不同意，常常护着给它浇水。

生：小桃树刚长出来的时候，奶奶说它没出息，是野的。

师：小结一下，主要三件事。一是给了我一个桃子，说是仙桃，含着桃核梦见桃花开，就会幸福一生；二是小桃树刚长出来的时候，认为小桃树没出息，野的，只能结些毛果子；三是弟弟想砍了它，奶奶不让，护着给它浇水。

我想追问一下，是什么原因让奶奶对小桃树的态度发生了转变？

生：我觉得是小桃树从一颗种子，到最后坚强地生长，让奶奶看到了生命力的顽强，所以态度发生了变化。

生：我觉得这棵桃树蓄着"我"的梦，是"我"梦想的种子，奶奶护着它，其实是护着"我"梦。

生：我赞成××同学的观点。小桃树是"我"种下的，小桃树身上还有"我"的影子，"我"出门在外，奶奶睹物思人，看到树，就好像看到了自己的孙子。所以护着小桃树，其实体现的是奶奶对"我"的爱。

师：一棵桃树，倾注着奶奶对孙子的爱。也同样代表着"我"对奶奶的思念，所以奶奶去世后，"我"深深懊丧对不起奶奶，也对不起小桃树。所以作者写树，再由树到人，突出的是"亲情"，我们把这叫作借物抒情。（板书：树—人—亲情：借物抒情）

师：我们再看看小桃树与"我"。请同学们再细细读读文本，看看，"我"与小桃树之间有什么际遇。

生：小桃树的经历就是"我"的经历。"我"与小桃树同病相怜。

师：这位同学直接给了我一个很正确的结论。你具体说说，看"我"与小桃树的经历有哪些地方是同病相怜的，从原文中能不能找到依据？

生：小桃树是很弱小的，经历很坎坷，长在偏僻的院子角落，被猪拱折，开花后还经受着风雨的打击。

师：这是小桃树的经历，刚才我们已做了详细的了解。那"我"的经历是什么？

生：在文章第7段。"我"走出了山，来到城里，才知道"我"的渺小。说明"我"的出身也不好，生长在农村，很渺小。

生：第8段也有，说"我慢慢发现我的幼稚，我的天真"，其实是说与城里的人相比，自己和小桃树一样，不被人理会。

生：我觉得还有最疼爱的奶奶的离世，也是"我"的挫折。

师：从山里来到城里，发现"我的渺小""我的幼稚""我的天真"，作者用三个相同的句式，强调了自己的渺小与平凡，与外在环境的格格不入。是不是与小桃树有特别相似的地方？

生（齐）：是。

师：所以我们说"我"与小桃树——

生（齐）：同病相怜。

师：后来，小桃树倔强地生长，最终开花，迎来了生命的蜕变。"我"有没有迎来蜕变？

生（齐）：有。

生："我"写出了这样的一篇文章，成为伟大的文学家。

师：嗯。虽然不敢说"我"最终成为"伟大的文学家"，但确实成为著名的作家。其实，文章里面的表述是这样说的：桃树在，就有桃花在，有桃花在，我的梦就在。因为，小桃树是"我的梦的精灵"。这样看，"我"与小桃树之间，树就成了"我"的精神寄托。树，就虚化成了一种精神与寄托。我们把这写法叫作——

生：托物言志。

师：对，托物言志。（板书：树—人—精神：托物言志）

师：小桃树，它首先是一棵树，文章写了它的渺小，它经历的坎坷，突出的是生命的无力与苍白，你是没有办法来选择你自己的出身的，或院子的角落，或野外的某个石头缝隙，但你可以选择你生长的样子；小桃树，其实也与人相关，它是作者情感的映照，是奶奶对作者的爱，是血浓于水的亲情；小桃树，同时还是作者梦的精灵，是逆境中生命的一种坚强，也是虚化的一种精神，更是美好希望的寄托与象征。大家有没有发现，这种写法，与前面学过的一篇课文很相像，是哪一篇？

生（齐）：《紫藤萝瀑布》。

师：是的，在作者笔下，小桃树是一棵可怜的树，又是一棵可敬的树，甚至是奶奶对作者的爱的映照，是作者自己的努力成长的化身。所以作者对小桃树的感情非常之深。老师挑选了几段文字，我们一起来带着感情读一读，感受一下这种特殊的感情。

屏显原文，并标红了"我的小桃树"这一称呼：

文段一：如今，它开了花了，虽然长得弱小，骨朵儿不见繁，一夜之间，花竟全开了呢。我曾去看过终南山下的夹竹桃花，也去领略过马嵬坡前的水蜜桃花，那花儿开得火灼灼的，可我的小桃树儿，一颗"仙桃"的种子，却开得太白了，太淡了，那瓣片儿单薄得似纸做的，没有肉的感觉，没有粉的感觉，像患了重病的少女，苍白白的脸，又偏苦涩涩地笑着。我忍不住几分忧伤，泪珠儿又要下来了。

文段二：雨还在下着，我的小桃树千百次地俯下身去，又千百次地挣扎起来，一树的桃花，一片，一片，湿得深重，像一只天鹅，羽毛渐渐剥脱，变得赤裸的了，黑枯的了。然而，就在那俯地的刹那，我突然看见那树的顶端，高高的一枝儿上，竟还保留着一个欲绽的花苞，嫩黄的，嫩红的，在风中摇着，抖着满身的雨水，几次要掉下来了，但却没有掉下去，像风浪里航道上的指示灯，闪着时隐时现的嫩黄的光，嫩红的光。

文段三：我心里稍稍有些安慰了。啊，小桃树啊！我该怎么感激你，你到底还有一朵花呢，明日一早，你会开吗？你开的是灼灼的吗？香香的吗？我亲爱的，你那花是会开得美的，而且会孕出一个桃儿来的；我还叫你是我的梦的精灵，对吗？

（学生饱含深情地齐读以上文段）

师：这是一棵很平凡的树，这又是一棵很特别的树。因为树的树生，与作者的人生，是高度吻合的。所以，作者用了很多饱含深情的句子诉说作者和小桃树的故事。用了很多很多的词语，用来表达作者对小桃树的感情。如，爱怜啊，安慰啊，忏悔啊，希望啊等。但是，我认为，这么多的词语中，情感最深的恰恰是最简单，却又情感最丰富的一个称呼：我的小桃树。这个称呼，在文中反复出现有8次之多。我想请问，那文章的标题能否直接改成"我的小桃树"？大家想想可不可以。

生：不可以。因为这棵小桃树，不只是我的小桃树，其实也是奶奶的小桃树。

生：我觉得可以，小桃树承载着作者对生活的思考与感悟，文章是借小桃树来写作者的精神的跋涉与心灵的蜕变。用"我的小桃树"更能突出小桃树与作者的相似之处，表达作者与小桃树同病相怜的经历及作者与小桃树感情的深厚。

生：我觉得不可以，这棵小桃树是作者的，也是奶奶的，更有可能是我们每一个人的。所以，用一棵小桃树，更具有代表意义。每一个平凡而又渺小的人，都能从这棵小桃树中汲取力量，找到安慰，完成生命的蜕变。所以，我觉得，用一棵，不用"我的"，反而更具有代表性及震撼人心的力量。

师：这是一个开放性的题目，前几位同学都说得很有道理。但我真的很赞

251

成这位同学所说的，小桃树是作者的，也是大家的，每一个人都有自己的小桃树，同样，也有可能，每一个人都是别人的小桃树。

师：同学们，当遇到挫折与磨难的时候，我们总会想到或者找到一些东西来激励自己。贾平凹，他找到了他的小桃树，从小桃树上找到了寄托，找到了向前的力量；诗人李白也遇到了不少的挫折与不如意，他找到了酒，用酒去浇灌他心中的千万般的忧愁；词人苏轼，其实也遇到了挫折与磨难，他找到了美食，也找到了山水明月，从而找到了生活的方向；老师也会遇到许多的不如意，我也有我的小桃树，那就是你们，有你们在，就有希望，就有幸福！同学们想想看，你有你的小桃树吗？或者说，你觉得，你是谁的小桃树呢？

生：可能是我家门口种的一朵花吧。

师：谢谢这位同学，这问题有点突然，所以这位同学直接让自己家门口种了一朵花。（生大笑）

师：当然，"小桃树"确实可以是一朵花，也可以是一株草，可以是一棵树，可以是一片云，当然也可以是一片海。人生处处，时时刻刻，都需要有小桃树在，也的的确确，这棵小桃树，它一定在！

师：今天的课上到这里就要结束了。一棵屡弱瑟缩的小桃树，让人心疼让人爱怜；一棵不屈不挠的小桃树，让人领悟到奋斗对于理想和幸福的意义；一棵暖人心扉的小桃树，让人不舍人世真情。其实每个读者都和贾平凹先生一样，心灵的某个角落，岁月的某段堤岸，都生长着一棵小桃树，你不常想起它，它却一直在默默地望着我们、守着我们、护着我们……

师：回去之后，请你用"_____，你是我的'小桃树'"或"_____，我是你的'小桃树'"为题，写一篇不少于500字的文章，交给你们的语文老师。

师：下课！

生：谢谢老师，老师再见！

师：同学们再见！

📱 **附1**

《一棵小桃树》教学叙事

一、关于导入：纯属闲聊

应学生们的期望，给七年级（12）班的同学上一节课，用他们的话说是，我先前去了（11）班，不能厚此薄彼。所以，让他们的语文老师一直留着这样一篇我特别喜欢的篇目，读一读，说一说贾平凹先生的《一棵小桃树》。选择这一课题，真的是喜欢啊，虽然知道教起来并不容易。

借班上课，为了提前准备。我与该班的学生都到得比较早，距离上课还有10分钟，我与我的学生均做好了准备。我装载并试用好了课件，开始与学生进行必要的沟通与闲聊。主要的话题包括：知道上哪篇课文吗？有没有认真看看这篇课文？喜欢这篇课文吗？平时语文老师是如何进行一节语文阅读课的？等等。闲聊中，发现学生对上公开课空前紧张，预习得异常充分，不少学生在课文的旁边密密麻麻地批注，细聊下知道，他们大多借助课文解读类参考书，逐字逐句地去把一些所谓的知识抄在书上。

这其实不利于今天的上课。学生太过拘泥于参考书，将大大限制他们思维的活跃，课堂的生成质量就会大打折扣。所以，真正意义上的公开课，应该是杜绝课前预习的。

这节课放在下午，学生与老师都会很困，自己的精神状态也不太好（几天来连轴转，没休息多少时间），为了给学生放松一下不至于太紧张，我采用了这种闲聊式导入。你们喜欢这篇课文吗？听说过贾平凹吗？看过他的作品吗？听你们的老师说，你们班很厉害啊。诸如此类。在课桌间的走道上转了好几轮，聊了好久的天。

其实，导入，不必非得激趣，也不喜欢故弄玄虚玩高深，自自然然，水到渠成，其主要目的就是拉近与学生的距离，消除他们的紧张感，适当让学生关注一些课文内容什么的。我个人觉得，借班上课，如此足矣。

二、关于生字：愿意花时间停留

第一环节，我检测大家的生字词情况，列出了认为学生可能会比较陌生的几个词语：

忏悔（　　　）　　　　纤纤（　　　）　　　　哆嗦（　　　）

矜持（　　　）　　　　猥琐（　　　）　　　　灼灼（　　　）

颤抖（　　　）　　　　屏头（　　　）　　　　祸不单行（　　　）

自己或许是一个另类，这么大型的公开课，竟然拿出如此宝贵的时间来讲生字词。

其实这是自己阅读教学一直坚持的做法，也是刻意给听课老师的一个示范。我们平时的语文课特别是公开课的节奏真的太快了！为了讲更多的内容，上课老师高度紧张地往自己设计好的流程赶，特别怕完不成教学任务，也怕课堂的结构不严谨（如果还有内容没有讲完的话）。所以，初中以上年级极少有语文老师还在带领学生读生词，解释词义，组词乃至造句。于是，学生们的词汇量越来越贫瘠，九年级学生甚至高中生写的作文让三年级的小孩看，绝对不需要查字典，没有任何阅读障碍，连生字都很难遇上一个。低龄化的用词，潦草的书写，幼稚的主题表达……没有生活没有阅读是主因，从初中开始不再积累词汇，绝对也是一个不容忽视的因素。所以，我愿意静下来、慢下来，给学生充足的时间，读读生字，说说意思与用途，特别是，让学生随便找几个词语，口头说一段逻辑清晰、主题明确的话。

欣慰的是，这一环节并没有浪费我多少时间，看来他们的语文老师已经在尝试这种做法，学生们张嘴就来的句子，竟也如此连续，妙哉！

三、关于课文：浅浅而教，侃侃而谈

如何快速切入文本？从文章题目上做文章绝对是最佳的方法。一是不显得突兀。根据阅读习惯来教阅读，是再正常不过的技巧了。平时阅读，不就是从题目开始的吗？所以，我这几年所上的示范课，如《怀疑与学问》《将进酒》《老山界》《王何必曰利》等，我都是从题目开始的，先聊题目中的关键词，再让学生说说从题目中读到的信息，自自然然就进入了课文内容的学习。千文万篇，题目五花八门，作者为什么用这个题不用其他题？不就是因为这个题有它匠心独运之处吗，我们为什么要放过去呢？

问题一：从题目"一棵小桃树"中，说说你读到了哪些信息？

那么，"一棵小桃树"，这个题能告诉我们什么信息呢？这是个短语，它告诉了我们这篇文章的写作对象是桃树，桃树的特征是"小"，当然，也告诉我们，这只是"一棵"，孤孤单单的，特别小的，特别无助的桃树。如你能带领学生读出这些信息，你不觉得，文章的内容不也理解得差不多了吗？特别是，知道了这个桃树"小"的特征，下一个环节，不就自然引出来了吗？

"我上的是常态课。"未上课之前，我就反复给我的学员们说这句话。之所以说常态，就是说没有啥高深莫测令人眼花缭乱的技巧，甚至幻灯片的内容都少之又少。有老师喜欢要课件，其实，拿到课件又如何呢，好像用处不大啊，因为课件就只有一个大致的流程，提出了诸多问题，却没有提供答案，不是我故意不给，而是我自己也没有答案啊。

问题二：认真读读文章，说一说，这棵桃树的"小"体现在哪些方面？

所以，文章内容的理解这一环节，我依然常态化操作：理解小桃树这一形象的特点。

小桃树的"小"体现在哪呢？学生们读得很认真，找出了好多个句子，如"它年纪儿太小了，可怜它才开了第一次花儿"，说它年纪小，"纤纤的生灵儿"，说它长得小，也有学生找到了"从未有一只蜜蜂去恋过它，一只蝴蝶去飞过它"这个句子，说它长得小，没有人理会等。极少有同学能把这些表象概括出来，小桃树之小，在于外形小而长得猥琐，在于地位低、渺小而不受待见，还在于弱小，所以备受外在环境的摧残等。

归纳完了这一步是不是就完成了呢？当然不是，刚才的师生对话，近乎一句一问一答，显得零碎，学生接收到的信息应该是碎片化的。所以，我再安排了一张幻灯片，让学生仿照一定的格式，填写下列表格，填完后读一读，很容易就发现所填句子中的虚词"竟"与"却"，然后就充分理解了小桃树的形象：桃树虽小，但生命力顽强。

过程	境遇	表现
出生	院子角落的土里	它竟从土里长出来了！
成长	谁也不理会	它竟然还在长着。
	被我漠漠忘却（被猪拱折）	一夜之间，花竟全开了呢
蜕变	暴雨摧残	高高的一枝儿上，竟还保留着一个欲绽的花苞

小桃树虽然平凡、朴素，甚至长得委屈不漂亮，生长过程中又经受摧残，但它以自己的姿态努力生长，倔强地开花。备课过程中，忽然跳出了《简·爱》中的一句话："你以为，因为我贫穷，低微，不美，矮小，我就没

有灵魂，没有心吗？你想错了——"

> 桃树虽"小"，但它……
>
> 一棵"小桃树"，虽然孱弱而又平凡，它"出生"的地方贫瘠，天生底子薄，无依无靠，无人关注;它"成长"缓慢，外形不美，还遭受磨难打击，但它默默地生长，倔强地开花，终于赢得了生命的"蜕变"。
>
> > "你以为，因为我贫穷，低微，不美，矮小，我就没有灵魂，没有心吗？你想错了——"

犹记得自己读《简·爱》之时，正是人生最为艰难之际，日日在不属于自己的城市里艰难生存，那一句话让我情不自禁号啕大哭的情景历历在目。

小桃树是简·爱，简·爱也是一棵小桃树！其实又何止简·爱呢？文中的"我"也是有一样的经历啊，甚至我们每一个平凡的人，从小桃树身上，是不是多多少少都能看到自己的影子？

所以，后面这个问题，就已不成为问题了。

问题三：仔细品读文章，想想，小桃树只是一棵树吗？作者仅是在写树吗？

小桃树当然是一棵树，它是一棵树的精灵。作者写树，也写人，写奶奶，写自己的兄弟，也写爷爷，更多的是写他自己。

学生的回答出奇地统一：写人，写"我"，写"我"奶奶。其实，备课预设当中，也准备了写"兄弟"与"爷爷"的（还预设了如何引导学生理解好"反衬"这一用法）。之所以学生的答案如此统一，或是因为主流阅读的倾向性决定了大家的目光都朝着作者的创作意图游走。

那么，写奶奶，有哪些故事呢？要表现什么呢？写"我"，又有哪些与小桃树相关的内容呢？再次带领学生回到文本，去读，去找，去与同学交流，然后充分表达自己的意见。

小桃树与奶奶，突出的是奶奶对小桃树前后态度的改变，而改变的原因，只因小桃树是"我"的化身，是"我"梦想的载体。所以，小桃树，其实也是奶奶的爱的化身。"看着桃树，想起没能再见一面的奶奶，我深深懊丧对不起我的奶奶，对不起我的小桃树了。"然后我给学生总结：这叫借物抒情。

小桃树与"我"，写自己与小桃树高度吻合的经历，写小桃树是我的"梦的精灵"，反复强调着小桃树是"我的小桃树"，这一份从内心深处生发出的爱怜与期待，动人至极。接着我再总结：这叫托物言志。

然后再小结一下，作者写小桃树，写树，也写人，更写小桃树身上承载的让"我"动容的东西：

小桃树，

是树，是生命的无力与苍白；

也是人，是情感的一种映照，是血浓于水的亲情；

更是一种虚化的精神，是逆境中生命的顽强，更是美好希望的寄托与象征。

学到这，情绪上来了，内容也理解得差不多了，但总是觉得少了点什么。情到深处，是不是又该领着学生再品一品、读一读呢？

然后，选择了文中抒情色彩最浓郁的第9、第13、第14段，让学生读一读、品一品。

"如今，它开了花了，虽然长得弱小，骨朵儿不见繁，一夜之间，花竟全开了呢。我曾去看过终南山下的夹竹桃花，也去领略过马嵬坡前的水蜜桃花，那花儿开得火灼灼的，可我的小桃树儿，一颗'仙桃'的种子，却开得太白了，太淡了，那瓣片儿单薄得似纸做的，没有肉的感觉，没有粉的感觉，像患了重病的少女，苍白白的脸，又偏苦涩涩地笑着。我忍不住几分忧伤，泪珠儿又要下来了。"

"雨还在下着，我的小桃树千百次地俯下身去，又千百次地挣扎起来，一树的桃花，一片，一片，湿得深重，像一只天鹅，羽毛渐渐剥脱，变得赤裸的了，黑枯的了。然而，就在那俯地的刹那，我突然看见那树的顶端，高高的一枝儿上，竟还保留着一个欲绽的花苞，嫩黄的，嫩红的，在风中摇着，抖着满身的雨水，几次要掉下来了，但却没有掉下去，像风浪里航道上的指示灯，闪着时隐时现的嫩黄的光，嫩红的光。"

"我心里稍稍有些安慰了。啊，小桃树啊！我该怎么感激你，你到底还有一朵花呢，明日一早，你会开吗？你开的是灼灼的吗？香香的吗？我亲爱的，你那花是会开得美的，而且会孕出一个桃儿来的；我还叫你是我的梦的精灵，对吗？"

四、关于情感：深深而悟，思辨与升华

读完之后，新的问题又来了，既然小桃树承载着"我"对生活的思考与感悟，是借小桃树来写自己精神的跋涉与心灵的蜕变，那文章的标题能否直接改成"我的小桃树"呢？

问题四：既然小桃树承载着"我"对生活的思考与感悟，是借小桃树来写自己精神的跋涉与心灵的蜕变，那文章的标题能否直接改成"我的小桃树"？说说你的理由。

其实，我很想告诉学生，是可以的，鄂教版语文选择这篇文章的时候就把文章的题目改成了"我的小桃树"。但这类问题问出来的倾向性太明确学生太熟悉了。以至于"身经百战"的他们异口同声斩钉截铁地回答：不能。

那就不能吧，至少贾平凹先生、统编版教材的专家们都不赞成。那就直接往这个方向体会他们的匠心独运吧：这棵小桃树不仅是"我"的，更是所有人的；小桃树不再是一棵小树，更是守护所有人心灵的参天大树。是不是很高大上呢？

问题五：你有你的"小桃树"吗？你又是谁的"小桃树"呢？

读读后写写，是自己比较坚持的做法，也布置给了所借的这个班的同学，他们很优秀，自然也听话，也许会有许多同学真的会写这篇小文章，毕竟整个课堂，情绪的渲染虽没有自己年轻时候那么夸张地把他们"弄"哭，但学生们还是比较沉醉的，应该会有写一写的冲动。这个环节，就让他们的老师去酌情处理吧。

五、赘言：关于我的备课

（一）你为什么对课文那么熟？

或许是看到我整个上课过程都脱离了课本，拿一翻页笔在学生课桌间的走道中穿梭，所以有老师问出了上述的问题。

不算很熟吧，看了一二十遍的样子，有空就读，边读边琢磨，所以对课文有了大致的印象。之所以熟，是学生对课文熟，提出的问题，学生总能跟得住节奏，找得到大致的区位，自然自己能做出反应。

另外，虽说写教学设计的过程（包括做幻灯片）只花了近一天的时间。但整个备课的过程是很漫长的，前前后后花了十几天。费了很多时间查阅了不少相关的材料（如中国知网，搜索"一棵小桃树"，对标题感兴趣的都下载了下来，有二十余篇），也读了些有关贾平凹先生的散文特点的相关学术著作，如对这篇文章的众多解读，甚至参考了公众号上众多老师有关这篇文章的教学设计。所以，课件上的诸多内容，或许都可以在网上看到原型甚至原文原句（因为我还真的忐忑，不知道平时的课堂教学，用别人的教学创意或设计，算不算抄袭），在此特意声明。

（二）你为什么不介绍创作背景？

还有老师问：你为什么不补充介绍这篇文章的创作背景，甚至对贾平凹先生也不做介绍？

传统的课堂，或许比较重视介绍作者（生平事迹与代表作，特别是什么家什么的），然后亮出创作背景与教学目标。不能说不可以吧，毕竟太多这样的课型。只是自己认为，学生能从文本中读到相关的信息，就不用再多此一举去补充介绍了。

这篇文章写"我"的经历的时候，运用了一些判断性的话语。如"走出了山，来到城里，我才知道我的渺小""我慢慢发现我的幼稚，我的天真了"……这些表述，足以让学生们找到"我"与"小桃树"的相通之处。所以自己认为，不必要补充那样一个特殊时期中贾平凹先生的那一段特殊的经历。至少时间不够。仅此而已。

附2

一桃一梦想，一树一人间

——听肖梦华老师《一棵小桃树》有感

阳春市第四中学　肖鸿婷

窗外，雨淅淅沥沥；室内，师生引颈而望。

2023年5月12日，广东省肖梦华名师工作室学员进入阳春市实验中学开展第四次跟岗研修活动。5月12日下午，肖梦华老师在实验中学电教中心直播室执教七年级下册课文《一棵小桃树》。

对于工作室学员甚至阳江的语文教师而言，肖老师的每一节课都不容错过，每一节课都会给人带来惊喜，都会让人惊叹他的匠心独运。听肖老师的课，不仅收获良多，更是在享受一场语文的盛宴。尽管今天阴雨绵绵，但师生们依然热情高涨。

《一棵小桃树》是中国当代作家贾平凹先生于1981年写的一篇散文。上课伊始，肖老师检查了同学们的字词积累，并让同学们在九个词语中至少选三个，围绕一个中心，说一段话，进而加大难度，由三个词增加到六个词，这一开胃小菜对初中生的思维锻炼是大有裨益的，让学生通过对文字的想象、拼接和组装，由词到句到段，训练了学生遣词造句的口头表达能力，又增强了学生特定语境中快速立意行文的写作能力。

字词积累过后进入读读说说环节，肖老师先问学生从题目"一颗小桃树"读到了哪些信息，并强调，解码文本最快捷的方法就是解读题目。学生们很快抓住了"小"字，肖老师因势利导，问这棵桃树的"小"体现在哪些方面。一石激起千层浪，学生们由浅入深，从书上找到十几条"证据"。当老师们为这一巧妙切入点赞叹时，肖老师却并不满足于学生对信息的筛选，进而"逼"学生将思维上升一个层面，从"小"的具体表现归纳为抽象的几个方面。学生在肖老师的点拨下深入思考，进而讨论出：在外形上"矮小""弱小"以及在地位上"渺小"这三个方面。学生们在探索发现中获取成就感，在座的老师们也叹服回味这四两拨千斤的巧妙方法。这一环节也成为这节课的第一个亮点。

接着是读读找找环节。肖老师设计了一个表格，让学生填写小桃树"出生""成长"与"蜕变"这不同过程的境遇和表现。表格给了学生一个抓手，让学生梳理小桃树的成长历程。学生们在探究中发现这棵弱小单薄的桃树虽屡遭挫折，每次的表现却令作者意外——四个看似偶然，实则必然的"竟"字诠释着小桃树的不屈的灵魂。通过表格，学生更深刻感受到了小桃树的"小"，而"小"中蕴含着"不小"，"小"与"大"在这里第一次产生碰撞。一切水到渠成，肖老师进而鼓励学生用"桃树虽'小'……但它……"说一段话，意在引导学生揭示小桃树的精神内涵，随即切入下一个读读说说环节。学生们深情赞颂这棵不平凡的小桃树，展现出对课文的深刻理解，肖老师也用精警的语言概括桃树虽"小"，但它依然没有放弃自己，默默努力生长，终于赢得了生命的蜕变的生命历程，师生此刻产生高度的共鸣。这时，肖老师展示出《简·爱》中的名句："你以为，因为我贫穷，低微，不美，矮小，我就没有灵魂，没有心吗？你想错了——"饱含深情地讲述第一次读到这句话时的因震撼而流泪的情景，并说："我们都曾是这样的贫穷，低微，不美，矮小的人，但是我们都有自己的灵魂。"披肝沥胆的倾诉让学生由震惊、感动到对比、沉思。短短一句话肖老师把学生的思维从课内延伸到课外，从物转向人，润物细无声，触动心灵，原来物与人有相似的地方，人也有自己的"小"，但面对自己的"小"，物可以有自己的"大"，人更是可以通过努力奋斗来赢得自己的"大"！这不得不说是这节课的第二个亮点。

　　下面就很自然地到读读品品环节，由树到人了。肖老师抛出的第一个问题是"小桃树只是一棵树吗？作者仅是在写树吗？"这一问题学生很快就能回答出作者不仅写树，还写了小桃树与奶奶，小桃树与"我"，肖老师在此又追问，"奶奶对小桃树的态度前后是不是一致的？奶奶为什么会有这么大的变化？"学生阅读文本得出结论，奶奶态度的转变是因为"我"离开家乡，奶奶对小桃树的照顾就是对"我"的梦想的守护，就是对"我"的爱护、思念。所以说，小桃树储着奶奶对"我"的爱；小桃树印着"我"的成长经历，蓄着"我"的梦。这时，肖老师又展示了一段自己写的话，还是三个凝练的分句，却把"树—人—精神"的内在关系凸显出来了，并在黑板上板书，明确小桃树既是树，也是人，是亲情，这是借物抒情手法；小桃树更是虚化的精神，是逆境中生命的顽强，更是美好希望的寄托与象征，这是托物言志手法。不得不说，这是这节课的第三个亮点，小桃树与"我"的关系正常都能找出来，都能捕捉到小桃树是"我"的精神寄托，但往往会忽略奶奶照顾小桃树是因为对"我"的爱，"我"通过叙述小桃树的经历，深沉地表达了"我"对奶奶的思念，对亲情的缅怀。这是《一棵小桃树》中暗藏的一条感情线，肖老师通过问题的设计，让学生通过阅读品悟出来，足见钻研教材之深刻。

　　接着，肖老师继续让学生读读品品，肖老师抽取了文章的三个段落叫学生来朗读，叫学生找出最能体现作者对小桃树的感情，最有价值，情感最真挚的句子，学生马上回答，这句话就是"我的小桃树"，这句话在文中出现了7次。这时，肖老师顺其自然地切换到读读说说环节，提出一个问题，"文章的标题能否直接改成'我的小桃树'？说说你的理由"。学生回答后，肖老师明确，不能改成"我的小桃树"，是因为这棵小桃树不仅是"我"的，更是所有人的，这时小桃树的意义和价值就得到了升华，小桃树不再单纯是"我"的，而是所有人的，不再是一棵小树，更是守护所有人心灵的参天大树。

至此，肖老师切换幻灯片到读读悟悟环节，提出问题"你有你的'小桃树'吗？你又是谁的'小桃树'呢？"问完学生后，肖老师又展示了自己写的感悟，三个排比分句加一个总结句，概括了文章的内容，点明了文章的中心，升华了文章的主旨，把学生的思维迁移到更广阔的想象空间，由一棵小树上升到对生活哲思、人文情怀的关注和思索。

最后一个环节是悟悟写写，请你用"＿＿＿＿＿，你是我的'小桃树'"或"＿＿＿＿＿，我是你的'小桃树'"为题，写一篇不少于500字的文章。再次让学生的思维向更深处漫溯，收束全文，余音袅袅。

回顾肖老师的这节《一棵小桃树》，一如既往地延续了他阳光语文"细读、慢品、浅教、深悟"的教学理念，课堂教学设计环环相扣，层层推进，整节课下来如同行云流水，收放自如，婉转流畅，给人教学启迪，更给人美的享受。这种美的享受得益于肖老师对教学语言的打磨，他的课堂语言准确、凝练、优美，既有适合学生的"实用"，又有教师喜欢的"深邃"。这节课肖老师三次展示了自己的写作段落，这三次展示，紧扣学生的学情，融合了中考作文语言的连贯性、遣词造句能力、多种句式变化、语言的优美深刻等要求，给学生提供了极好的写作范本，让学生学以致用，把课内课文资源转化成写作素材，由输入转向输出。此外，肖老师在课堂上的教学语言也是妙语连珠，优美句子俯拾皆是。都说散文的特点是"形散而神不散"，如果说贾平凹先生的文字如同散落一地的片片桃花花瓣，那么肖老师的课堂语言和微写作语言就像是一条用文字打造而成的流光溢彩的项链，它把朵朵花瓣串联起来，编织成一个充满生命活力的花环，呈现在听课的师生面前，给人温暖和慰藉，给人感动与力量。这就是肖老师这节课的第四个亮点，也是最亮的亮点，淋漓尽致地展示了语文教师的语言美，诠释了语文课堂的艺术魅力，这也应该是照亮听课者的最亮的那束光。

听完肖老师的这节课，我在自己心里也种下了一棵小桃树，怀揣梦想，追梦人间。

（肖鸿婷，女，阳春市第四中学高中语文教师，广东省肖梦华名教师工作室核心成员）